血與土

Blood and Earth

Modern Slavery, Ecocide, and the Secret to Saving the World

現代奴隸、生態滅絕，
與消費市場的責任。

Kevin Bales

著——凱文・貝爾斯

江玉敏——譯

目錄

推薦序（一）

我們如何穿越荒蕪的血土，捍衛古老森林與解放當代奴隸

台灣人權促進會秘書長 施逸翔

隨著凱文・貝爾斯溫柔細密的感受之力、以及其敏銳批判的文字，這段閱讀旅程，走過剛果民主共和國武裝解放軍所控制的錫礦場，途經迦納那些因汞污染而嚴重敗壞荒廢的黃金礦區，再穿越印度的花崗岩礦場與孟加拉紅樹林區的養蝦場，最後來到巴西那片藏匿著奴隸主與環境破壞者的森林保護區。

在這趟橫跨非洲、亞洲與美洲，由無數當代奴工以血淚交織而成的旅途，因為各種武裝衝突與貪腐體制的漏洞，讓不顧生態浩劫後果的奴隸主們，得以利用難以翻身的奴工們大規模破壞森

林、謀取暴利，《血與土》這本書讓我們清楚看見，漠視當代奴隸制的下場就是，我們生存的地球終將走向滿是荒蕪的血土。但作者並沒有因為各種敗德與暴力而喪志遠離，反而透過無數沾黏在血土上、動彈不得的奴隸故事與言說，不斷地引導我們作為一個人進行探問：面對荒蕪血土，我們還能如何行動？彷彿這片荒蕪血土仍能植栽，且終將長成巨大森林，而人類社會得以救贖。

儘管作者在巴西只是以一小段文字，談到涉及約三十萬巴西季節性甘蔗砍伐者所受到的酷刑與剝削，以及小農被從自己的土地上趕走、腐敗的政客開出假的土地權狀，探討我們如何終結甘蔗糖廠上的奴隸。但這段文字卻深深地勾起我在二〇〇五年擔任研究生時期，與論文指導老師們一起前往菲律賓北呂宋地區丹轆（Tarlac）路易西塔大莊園（Hacienda Luisita）的一趟人權之旅。與巴西蔗糖廠如出一轍的劇本，也在菲律賓上演。

路易西塔莊園佔地足足有六千五百四十三公頃，這裡有製糖工廠以及廣闊的甘蔗農地。我們就住在製糖工廠大門口，進行為期一週的人權事實調查任務，深度了解當地七位製糖工人如何被菲律賓軍警屠殺的經過。這次調查任務期間帶給我的震撼與啟蒙，成為我堅守人權工作的初始動力。而引領我見證全球南方真實景象的引導者，就是菲律賓路易西塔大莊園的一位製糖工人Aelardo Luna。

那年Luna交給我一張記載著只有九披索的工資單。正是這張有點被汗漬浸潤、微潮且皺摺的九披索工資單，驅動著路易西塔大莊園這片土地上原本應為土地真正主人的製糖工人們，勇於起身團結罷工，對抗欺騙他們的許寰哥家族（Cojuangco family），因為這個擁有龐大政商勢力且是柯拉蓉前總統和小艾奎諾前總統所屬的大家族，並沒有履行當初他們向政府借款來使用這片六千多公頃土地的條件承諾，也就是家族應在借款十年後，將土地重新分配與歸還給在地的農民與工人。這個卑鄙的家族不但擺爛，反而以轉換成股票的方式騙取土地所有權，最終農民工人手上的股票只剩一張廢紙。

製糖工人的罷工與非暴力抗爭，曾多次成功抵抗軍警的驅離行動，但在二〇〇四年十一月十六日的一次軍警暴力驅逐罷工行動的過程中，至少有七名工人被軍警開槍射殺身亡，儘管我們在一年後的二〇〇五年國際調查團中提出完整的調查報告，也在人民法庭上進行聽證，但至今仍無任何加害者為此侵害人權事件負責。這場屠殺事件徹底暴露出此地工人的悲戚、地主資本家的貪婪、以及政府軍隊的嗜血。如果嚐過這裡的糖，再聽過這裡工人們的血淚史，甜膩滋味背後，彷彿回味的是濃得化不開的血腥。*

* 註釋：製糖工人的抗爭紀錄片，可以在公視《獨立特派員》第二九四集「製糖季節」免費觀看，連結：https://youtu.be/SbeXXUFBoOA）

如果許寰哥家族將土地歸還給農民工人，這裡就不會只是圖利大家族的單一作物，農民可以在這片土地上進行多樣性的在地種植維生，製糖工人亦可透過合理有尊嚴的勞動力，讓製糖工廠在無勞力剝削的情況下，創造在地經濟的發展。這是七名製糖工人被屠殺後，菲律賓當地進步團體一再提出的論述與倡議行動，其實也是在呼應《血與土》作者的主要論述之一，解放當代奴工與終結強迫勞動，進而維護環境多樣性、對抗氣候變遷與全球暖化。我們只要採取行動，是做得到的，而且所要付出的成本與負擔，相對於人類社會其他的奢侈的消費，只是小菜一碟。

作為一位台灣的人權工作者，當我們大聲疾呼政府應該大力改革台灣遠洋漁船上外籍漁工的人權與尊嚴勞動時，我們不必像《血與土》書中許多令人尊敬但必須隱匿身分的人權捍衛者那樣，擔心害怕一旦曝光身分就會惹來殺身之禍。儘管台灣政府改革的動能與力道有限，甚至堪稱牛步，但至少台灣的公部門如果膽敢貪腐或動用槍桿子暴力來解決事情，那麼就必須接受民意的檢驗與司法究責。

但有一件事情是非常確定的，也就是台灣的人權工作者、政府、乃至每一位正在使用當代各種日常用品的每一個人，都跟《血與土》書中描述的每一位奴工、每個血汗勞動現場，以及每一個在暗中滋生的邪惡奴隸主結構，絕對脫不了關係，因為我們都被這個綿密複雜且高度國際化的商品產業鏈交織串連在一起，沒有人是局外人。

如同作者所說「解決問題需要的關鍵部分是人，帶來光明和揭露真相的人們、願意保護我們在自然和人性中所珍愛的事物的人們，以及足夠成熟以做出承諾並深入研究、直到奴役和環境滅絕逐漸消失時的人們。」在台灣的我們，當我們透過此書深刻了解到當代奴隸制度與氣候變遷之間緊密的關聯性後，只是深受震驚就拋下書本、無動於衷地繼續生活，還是願意開始思考，並採取我們能力所及的行動，端看我們自己的選擇。我們可以支持在地人權與環保團體，一起監督政府推動各項改革，包括任何足以促使各種大小企業必須尊重人權的法律責任，停止強迫勞動與保護生態環境。或者，作為消費者，我們至少可以開始查明任何購買的商品是否含有強迫勞動或有害環境的成分，若有就展開抵制行動。我們每一個人在每一個位置上，是否願意成為作者所說的「解決問題需要的那個關鍵的人」，將決定地球的生態與廣大奴隸人口的未來。

推薦序（二）

全球防「役」的前段班，台灣仍有努力的空間

羅秉成
行政院政務委員暨發言人

本書作者凱文．貝爾斯是英國諾丁漢大學政治學及國際關係的教授，同時是現代奴隸問題相關研究的權威。他透過本書——《血與土：現代奴隸、生態滅絕，與消費市場的責任》，呈現他長年追蹤現代奴隸問題，及監測奴隸對環境衝擊的研究；除了以學術的方式論證現代奴隸對迫害勞動人權和破壞環境的嚴重性外，更走訪發生現代奴隸的現場，深入海鮮、黃金、錫礦、磚塊等生產地，記錄被害人無奈進入奴役勞動、難以翻身的悲慘經歷。他們其中或許有人是懷抱著期待，夢想進入勞動市場便得以有擺脫貧窮的機會；不過，根據作者在書中調查的案例，他們的故

事卻往往朝向更悲慘的結局，除了惡劣的勞動環境，甚至是不得擁有行動自由和難以負荷的債務束縛。在他們眼前出現的機會曙光，宛如幻影，其實是在貧困的現實中不得不接受的唯一抉擇；而選擇後只會陷入奴役勞動深淵。

被害人所在的地點看似在距離台灣遙遠的孟加拉、剛果、巴西、迦納，但其製造的產品，一旦進入全球供應鏈體系，便可能出現在你我眼前。外界關注奴隸勞動問題，近年來不少企業提出制裁、禁止買賣奴役勞動產品的政策。作者以宏觀的角度檢視了這些措施的內容和執行狀況，依據他的研究，在全球化供應鏈一層層複雜的環節下，企業界防制強迫勞動的效果仍然有限。

無論是生產端或市場端，不少國家試圖透過政策、立法等方式抵制奴役勞動產品；不過，作者發現並不是所有立法和政策都能改善勞動人權；比如剛果武裝部隊，儘管在美國通過禁止衝突礦物的《陶德—法蘭克法案》後，撤離了其長年以武力控制的比西阿礦山，但這些叛亂武裝團體反而深入更加偏遠的礦區重起爐灶；或是美國國務院的人口販運辦公室試圖介入孟加拉奴役童工的漁產製造業，但經歷掃蕩後卻在同一地點又死灰復燃。

根據作者編撰的最新的二〇一八年「全球奴隸指數」（Global Slavery Index），台灣是該指數統計的一百六十七個國家中，存在現代奴隸問題嚴重性的第一百六十五名；這個排名代表作者認為相較於其他國家，台灣在防範現代奴隸問題上表現非常出色，是國際上的前段班。書中所提及的奴役勞動案例雖和台灣無直接相關，但不可諱言，我國遠洋漁船所聘僱的外籍漁工人權問題，長期受到外界的批評。為改善我國漁業人權問題，繼二〇二〇年行政院通過我國首部「企業與人權行動計畫」後，政府近期也透過跨部會合作的方式，提出首部「漁業與人權行動計畫」。該計畫檢視漁業特殊的工作型態，尤其是遠洋漁業的漁工容易面臨到的脆弱處境；遠洋漁船一次出海需要經年累月連續在海上作業，讓原本就遭到批評惡劣的勞動條件與環境，更加不易受到政府的檢查。因此，「漁業與人權行動計畫」從合理保障薪資給付、改善勞動條件、加強勞動檢查、提升保險服務、強化管理仲介等策略面向，來保障漁工人權。

本書所提出國際奴役勞動問題的嚴重性，以及對於相關防制措施成效的批判，給讀者宏觀的視野，也提醒政府在防制奴役勞動上，還需要更多積極的作為，以進一步彰顯人權價值。

譯者序言

江玉敏

凱文．貝爾斯十多年前在TED上的精彩演講，是促使我投身反現代奴役運動的原因之一。當時的我心中充滿不可置信，認為怎麼可以有這樣大規模的、對於人性的傷害正在發生，我們在社會上卻討論的如此少。二〇一五年，美聯社報導一系列在東南亞海鮮中極為殘忍的奴役故事，包含荒島上有被虐死漁工的百人塚、和被囚禁二十多年才重見自由的漁工。那些資訊深深震撼我。我不希望只是「關注」議題，而是希望出一份力氣，一起打擊現代奴役。

翻譯這本書之餘，我的本業是創業家，在過去將近三年的時間以來，經營一間位於英國、致力於打擊現代奴役的社會企業。我們接觸的客戶多樣，包含國際知名美妝品牌，因為發現他們在台灣的供應商，有移工護照被沒收、被超收仲介費等強迫勞動風險的狀況而來找我們。也有國際的大型非營利組織和智庫，請我們協助研究各式各樣和打擊現代奴役相關的主題，例如北非國家阿爾及利亞和中東小國巴林的反人口販運政策；或者柬埔寨和孟加拉人口販運倖存者該如何受到妥善照顧；又或者，新冠肺炎的疫情和政策，如何影響越南和緬甸的弱勢移工及人口販運狀況。

儘管這本書大多討論產業鏈裡面的現代奴役，也就是以強迫勞動和債務捆綁而出現的奴役形式，現代奴役一詞其實包含遠超過強迫勞動。人口販運、強迫賣淫、最惡劣形式的童工、童兵都算是現代奴役這個詞底下所包含的概念。基本上，當人處在無法自由離開的處境、受到他人剝削和控制的狀態，就是現代奴役。

延伸這樣的概念，另外一種形式的現代奴役就是強迫婚姻。強迫婚姻或許對於許多人來說，相對較難想像，因為在台灣社會中相關的案例和討論較少。然而，過去幾個月震撼中文社會的「中國徐州八孩母親案」就是強迫婚姻的血淚例子。自稱是她丈夫的兇手，將她用狗鍊拴在破屋中，接連讓她生了八個孩子，甚至她的牙齒都被拔光，在寒冷的天氣中讓她明顯受凍。在我和團隊所經手的研究案中，也有許多類似這樣的強迫婚姻案子，我們看到來自東南亞經濟弱勢的女孩為了體恤家人、希望前往國外工作賺錢養家，卻被人口販子賣作新娘，遭受毒打和強迫。叫天天不靈，叫地地不應，甚至從樓上跳窗，只為逃跑離開強迫婚姻。

有些人可能會認為，國家裡發生現代奴役，好像是落後、法治不彰的象徵。其實不然，只要有人的地方，現代奴役就可能會發生，包含歐美國家。在英國，常見的強迫勞動形式包含強迫外國移工作為洗車工，英國政府和民間組織還推出影片和App，鼓勵大眾舉發洗車奴工。或是英國的未成年女孩，在被強迫嫁給素未謀面、由家人選定的國外「丈夫」。就像任何其他種犯罪一樣，現代奴役和人口販運發生在所有國家，只是差別在於，有些國家會認為「家醜不外揚」而隱匿犯罪甚至無視犯罪，但是其他國家會積極處理，包含制訂法律、讓數據透明化、教育大眾等。

英國的《二〇一五年現代奴役法案》和美國《加州透明產業鏈法案》就是例子，要求一定營業額以上的企業必須確保產業鏈中沒有剝削人權的問題，而且還要企業們每年發布聲明報告，說明他們做出了哪些努力、有哪些監督機制來確保產業鏈中沒有剝削人權。另外，美國的法律也規定，透過強迫勞動所製造的貨物，均不得進入美國港口，而且禁止進口。如果美國的海關與邊境保護局認為某項產品中有涉嫌強迫勞動疑慮的公司，也可以發出暫扣令。新疆製的棉花、部分馬來西亞製的手套，和幾艘台灣人所擁有的漁船，就是因為這樣而無法再出口到美國。除此之外，歐盟也正在擬定法律效力更強的法規，一樣也是預計用經濟市場的力量，阻遏產業鏈中的可能剝削問題。

這本書鉅細靡遺描繪了幾個世界各地的現代奴役的狀況，在訴說令人心碎的狀況背後，作者更抽絲剝繭，理清表層的現象是如何因為整個社會系統的交互作用而走到這一步。作者在撰寫時，主要的預期讀者是美國人，也因此在書中依據的參考點常是美國為主。然而，即便如此，這本書仍舊能在多個層面上連結和提醒台灣社會，特別是三個層次。

第一是台灣作為產業鏈一環，如何確保我們在製造物品時，當中沒有現代奴役，或者用更高一點的標準，沒有勞權和人權的問題。這是為了我們作為個人和社會的整體，保護人性尊嚴和道德。但是說得近一點，也是為了保護產業的永續發展和生存。國際上對於產業鏈當中的剝削容忍度只會越來越小，如前面所提，各項法規和法律即使是立法在歐美國家，都可能會對台灣的產業出口產生影響。

第二是台灣人作為消費者，如何用消費的力量支持好的產品、避免有疑慮的產品。最早，我們在乎產品至少要沒有健康安全疑慮，不可以讓人吃了或用了會致癌。後來，我們在乎產品不要對環境產生過大的負擔，例如減少塑膠、減少碳里程數。現在，是時候我們開始多想一下，手中的產品對製造者的影響是什麼呢？「東尼的寂寞巧克力」在台灣最近開始打出市場，也是因為有消費者願意支持公平貿易、沒有勞動問題的巧克力。每一次的購物都是投票。我們可以選擇投給令人安心的產品，鼓勵企業以最高標準生產製造，或者投票給便宜但來路不明、產業鏈中有潛在剝削風險的產品，變相鼓勵企業以最低標準競逐更低的勞動成本。

第三是台灣作為國際的一分子，如何協助打擊現代奴役和環境破壞。我們看到有些國家有遠見，懂得利用手中的工具和方法遏止全球現代奴役的問題，例如不進口有剝削的產品，或者深入研究揭發世界其他角落的剝削問題。那麼致力成為亞洲人權燈塔的台灣，能否也用我們的力量，協助全球的夥伴一起終結現代奴役問題呢？當我們願意看得更遠，我們的格局可以不只是侷限在這塊土地上，而是思考如何用我們的經驗和工具，影響超越這塊土地上的人。正如前面所提，面對和打擊現代奴役是所有國家面對的共同問題，我們能夠提供世界的正面經驗，會遠多於我們在這塊土地上所需要處理的問題。尤其聯合國永續發展目標，早就敦促各國提升夥伴關係、和在二〇三〇年以前終結現代奴役。

這幾年台灣喜歡談聯合國的「永續發展目標」（Sustainable Development Goals，簡稱ＳＤＧ），而在十七項大目標當中，就有多項與終結現代奴役息息相關。尤其第八項目標中的第七點寫道：**「立即採取有效措施來消除強迫勞動、結束現代奴役、人口販賣，確保禁止與消除最惡劣形式的童工，包括童兵的招募使用，並在二〇二五年終結一切形式的童工。」**當組織和企業思考該如何確保價值和行動與聯合國永續發展目標一致時，考慮到保護人權與勞權、終結奴役問題，就是聯合國永續發展目標重要的一點。

這本書帶給我許多對事物新的理解，當然尤其是「氣候變遷」和「現代奴役」兩者如何禍不單行地影響我們的世界。除此之外，我也從中學習到關於奴役在過去數百年的血淚歷史，許多都是我不曾從其他書籍和影片聽聞過的歷史。作者對於自然世界的溫柔描述與深愛，也是我享受此書的一部分。希望你們也能一起感受這本書的知識厚度、關懷與愛。閱讀愉快！

中文版作者序言

在我撰寫這篇介紹時，世界各國的領導人（中國和俄羅斯領導人除外）正齊聚蘇格蘭格拉斯哥（Glasgow），參加二〇二一年聯合國氣候變遷大會（COP26）。之前的每一屆COP會議都取得了一些進展，但都不足以減緩二氧化碳排放量的上升、不足以遏止全球氣溫的上升、不足以讓威脅著孟加拉國等低地國家的海平面上升停止、不足讓赤道周圍的森林大量減少停下，更不足以讓人們停止繼續使用化石燃料。政客們發表了許多勇敢但空洞的演講，然後像往常一樣回家繼續做生意。我真心渴望，但也不敢奢望COP26會有所不同。

在處理全球暖化、物種喪失、森林砍伐和沙漠化和氣候難民等議題上所取得（即使有限）的真正進展，主要是由科學家、社會運動者，和在乎議題的公民們跨越國界共同努力推動。雖然命名地質時代的機構「國際地質大會」（International Geologic Congress）仍在集體思考，但只有傻瓜才會認為我們還沒有跨越邊界，進入「人類世」（*Anthropocene*），也就是地質年代的一個「世」（如侏羅紀或現在結束的全新世）。人類世是地球歷史上的一個時代，由改變世界的一個單一物種所定義：人類。

正是那產能極高、又問題重重的人類物種，需要我們的特別關注。問題不在於林地的喪失，而在於人類對林地的破壞。問題不在於整個動物和魚類物種的滅絕，而是人類造成這些動物和魚類的棲息地的破壞。是的，有時二氧化碳會被火山或自然發生的火災釋放到空氣中，但問題不是火山，而是人類對電力的永不滿足的渴望實際上正在燃燒地球。這些就是人類直接影響我們的環境和造成全球暖化的方式。處理我們作為一個物種所面對的問題的一個關鍵解方，就是去了解人類造成環境破壞的所有其他方式。正如本書所呈現的那樣，奴役是一種非常強大的破壞力，不僅會傷害人，還會破壞自然。

自從這本書的英文版於二〇一六年出版以來，它所呈現的觀點和事實已經以新的方式再度被證明是正確的。在諾丁漢大學的「權利實驗室」（Rights Lab），研究人員使用衛星找到了追蹤、計算和衡量奴役對環境影響的方法。其他人研究了許多物種的生命週期，揭露了被奴役的工人如何被迫非法破壞它們及其棲息地。還有其他研究人員揭露了環境破壞如何導致全球變暖和海平面上升，促使家庭成為難民——然後被犯罪分子掠奪為奴。人權與氣候變化之間的關係密切，看起來像這樣：

對於關心地球未來的每個人來說，我們面臨著大量的選擇。這並不容易。我們的許多生活都是舒適的，在內心深處，我們相信我們是善意的，我們是好人，值得我們擁有。如果我們真的想拯救我們所知道的地球，我們面臨的選擇將使我們質疑這些假設。我們喜歡吃的食物，我們使用的工具和玩具，我們的旅行方式和我們的購物方式，所有這些都需要仔細觀察和一些艱難的選擇。在這本書中，你將了解蝦和魚如何從孟加拉國等國家一直運到中國、美國和南美洲。在滿足我們對海鮮的需求的魚類加工營中，兒童被奴役和虐待，遭受性侵犯和殺害，這一嚴酷的事實令人難以接受。更進一步的事實是，這些可怕的罪行發生在聯合國教科文組織世界遺產地，對亞洲最珍貴的受保護森林和棲息地之一造成損害，這幾乎是讓人難以承受的事實。作為消費者和公民，我們如何才能真正改變如此大而可怕的事情？

答案是我們一次改變一步。是的，我們都想神奇地改變世界，瞬間拯救自然，但我們不是巫師，我們只是人。我們今天面臨的問題，包括全球奴役和全球暖化，都是因為數百年來，數百萬人做出了數以百萬計的微小的、通常是善意的選擇。這些選擇就像水滴在溪流中相遇，然後是河流，然後是洪水，以微妙但具有巨大破壞性的方式向自然世界襲來。這是一場緩慢增長的災難，直到幾十年前，人們才意識到這一點。我們無法改變過去，但我們可以改變現在和未來。為此，我們需要牢記三個關鍵思考觀點，三個關鍵方針：

第一，我們必須立即採取行動，不像我們前幾代人，我們沒有時間可以浪費。二氧化碳濃度、海平面上升、物種喪失，都處於臨界點。這是一個臨界點，一個邊界，一旦過去就不可逆轉。一旦一個物種消失了，它就永遠消失了；一旦土地變成沙漠，可能需要數百年的時間才能再生。同時，我們在數量和資源上具有優勢。世界需要種植數十億棵樹來更新地球的肺。這似乎是一項不可能完成的任務，但我們有數十億人，我們每個人都可以立即做出決定，是植樹，還是支持植樹的人。那只是一個例子。無論我們身在何處，無論我們做什麼，我們周圍都有更多的例子，我們每個人都可以做出大大小小的改變。我們沒有的就是時間，地球正處於臨界點，我們必須立即採取行動。

第二，我們必須明白，萬事都是相互關聯的。我們購買的東西通過非常長、非常複雜的供應鏈來到我們這裡。我們在珠寶店看到的那個漂亮的金戒指，並不是神奇地出現在那裡。追溯它，我們很可能會發現，正如你將在本書中了解到的，它可能起源於一個金礦，男人、女人和兒童都在那裡被奴役。那裡用來開採黃金的化學物質正在殺死那些男人、女人和兒童，也毒害和殺死金礦周圍的鳥類、動物、植物、魚類，甚至昆蟲。現代行銷使我們很容易專注於我們可能想要購買的東西。廣告向我們推銷舒適、時尚、自信、吸引力、幸福和成功。廣告旨在將我們所有的注意力和願望集中在當下，放在我們面前閃亮而有吸引力的事物上。但我們生活中的滿足，不應該也不能建立在對其他生命和自然的破壞之上。

第三，我們必須使用我們擁有的所有工具，來拯救世界並停止奴役。我們怎麼買，怎麼花，是一個強大的工具，但還有其他工具可以帶來急需的改變。如果我們有幸生活在民主國家，最重要的一項工具就是我們的選票、政治選擇和集體意志。世界各地的政客製造恐懼和憤怒來轉移我們對如何阻止氣候變化和奴役的思考，這絕非偶然。有不擇手段的公司和犯罪企業，會通過破壞環境和使用奴隸來賺取巨額財富，並且同時持續告訴我們謊言，以分散我們採取行動的注意力。對於已經選擇了以破壞環境為代價、為自己謀利的道路的自私貪婪政客和商人來說，威脅總來自「他者」。他們說難民是威脅，說不同膚色或宗教的人是威脅，說威脅是那些弱勢和絕望、可以拿來被指責和妖魔化的人，因為這樣，我們就看不到真正的威脅。然而，有些真正的威脅是一些個人，例如朝鮮的「最高領導人」金正恩。他的獨裁政權實行國家主導的奴役，控制、使用，有時甚至出口數十萬奴隸。他還利用這些奴隸剝奪土地和自然世界的價值。但大部分真正的威脅都隱藏在投資公司、商業品牌以及世界各國政府的政策和計畫背後，這些政策和計畫聽起來不錯但無所作為。我們的聲音在單獨的時候是微弱的，但集結起來，卻是強大無比。我們的任務，是使用公民和人類的所有工具來更新和培育這個瀕臨崩潰的世界。

值得注意的是，拯救地球的一個重要途徑，是打擊和終結奴役問題。罪犯以對環境極具破壞性的方式使用奴隸。正如你將在本書中看見的那樣，奴隸被迫從事的工作產生的二氧化碳，比世界上除中國和美國以外的任何國家都多。奴隸不想破壞環境；他們想要工作、生命和安全。一旦得到自由，他們通常會努力維護、保護和建設他們曾經被迫摧毀的自然世界。這個事實是給我們的禮物——停止奴役可以幫助阻止環境破壞和氣候變化，解決氣候變化和環境破壞，可以幫助我們結束奴役問題。

凱文・貝爾斯

諾丁漢大學權利實驗室

二〇二一年十一月三號

第一章——啟程

採購墓碑，從來就不會是個愉快的時刻。當死亡降臨，失去摯愛的痛苦蓋過一切，大多的墓碑採購都是在悲痛籠罩中進行。死亡，無論是以劇烈或緩慢的方式發生，都會造成活著的親友們生活上的巨大轉變。這是生命中最戲劇性、卻也最平常不過的事件，我們都終將一死，沒有例外，無法超越。

既然都知道死亡的可預知性，德國的墓碑短缺現象就顯得令人匪夷所思。這短缺現象不是由於德國人們不懂人終將一死，而是政府對死亡與葬禮徹底管控下的產物。舉例來說，每位死者都必須先經屍體處理才能下葬；火葬骨灰只能被葬在經核可的墓地，不能撒在花園或大海。葬禮與墓碑被層層規範束縛，甚至包含墓碑的大小、品質、棺材形式、教堂墓穴。這些集大成在一句常見的黑色幽默：「如果身體不適，請去度假，你負擔不起死在德國。」

製造德國墓碑的花崗岩，曾經來自美麗的哈次山（Harz Mountain），但現在沒人准在那採礦，免得冒上破壞這國家公園保護區暨熱門旅遊景點的風險。因此，如同法國，和包含美國在內的其他富有國家，德國從發展中國家進口墓碑。

其中，有些最物美價廉的墓碑來自印度。二〇一三年，印度出產了三百五十三億又四千兩百萬噸的花崗岩，成為全球最大的製造國。[1]再加上美洲與歐洲對廚房流理台製作用的花崗岩需求增加，這檔生意蒸蒸日上。當然，世界上還有其他更珍貴的礦產，但花崗岩足以帶來可觀財富。

在美國，安裝這類流理台的平均花費大約是兩千美金到八千美金，但拋光過的紅花崗岩，印度出口商只賣每平方公尺五到十五美元，這代表你家廚房總共需要的花崗岩其實大約是一百美元。墓碑的利潤也同樣高。在美國和歐洲賣五百美金到一千美金的紅花崗岩，從印度大批大批地賣，只需大約五十美金，加上只有百分之三點七的美國進口關稅。

撇開不談葬禮有多昂貴，到底花崗岩怎麼能這麼便宜？使用花崗岩的原因就是因為它堅硬耐用，但這也造成花崗岩難以開挖和加工。花崗岩必須以大石板的形式，小心翼翼地從採石場中移出，所以不能用炸藥和推土機開挖。如履如臨地處理石板代表手工作業，也就是需要人工用鑽子和鑿子、鐵錘和鐵撬溫柔地將花崗岩慢慢鑿出岩床。在印度，達成這目標最划算的方法，就是使用奴工。

「看到那位在玩鐵錘的小女孩了嗎？」當地的調查員問道，「隨著孩子年紀漸長，鐵錘的尺寸也慢慢長大，而這會是她的人生中唯一有的成長。」採石場中的奴隸是以家族為單位，往往因為落入狡猾的圈套欠了一身債，而失去自由。當貧窮人家來找工作，採石場主人已準備好要「預付」薪資來幫助這家人安頓下來。他們所吃的米和豆子、他們蓋小棚屋所需的廢料石材、他們工作所需的鐵錘與鐵撬，全部由採石場主人提供，但記在這家人所積欠的帳上。當貧窮人家感覺終於可以安身立命，就被困在這世襲的奴隸制度中。這種債務綑綁制度都是非法的，但不識字的工

人們不知道，而採石場主人渴望玩弄他們的服從觀念，掩飾這場將榨乾他們的陰謀。

奴役是壓低生產成本的好方法，但花崗岩如此便宜的原因還有另一個——採石場本身是非法經營的，沒有開採證照，也不繳稅。州立與國立森林公園保護區位在花崗岩礦床上，但四處賄賂，就可以讓當地警察和森林護管員裝聾作啞。在班加羅爾（Bangalore）城市之外，沿著一條泥土路，進入一塊受保護的叢林區，大塊花崗岩就在那等著被運載出口。「人們已經發現，走入叢林採礦非常容易，」當地組織「環境支持陣線」（Environmental Support Group，簡稱ＥＳＧ）的李奧・薩丹納（Leo Saldanha）解釋說明，「很明顯地，這代表政府在管制上失能，而且資深官員腐敗勾結，對破壞睜一隻眼閉一隻眼。」[2]

蘇皮雅．阿瓦斯特（Supriya Awasthi）在印度從事反奴隸工作已經將近二十年。她的工作帶她穿過政府部會的廳堂，走進人們勞苦受難的深處中。這位勇敢的女性，特別擅長依靠三寸不爛之舌，潛入奴隸主努力想隱藏的地點。不久以前，她拍了這一張驚人的照片，哄騙奴隸主展示他的採礦場和他的奴隸們。

我們腦海裡都描繪過奴隸主的樣子，在照片裡就是二十一世紀的奴隸主：乾淨整齊、錦衣玉食、而且為他的生意沾沾自喜。這個採礦場位於受保護的國家森林中，不是生產花崗岩，而是大片的砂岩石板，用以在歐洲城市裡鋪設廣場和步行街。你可以看見石板堆疊在照片右下角。靠近石板處，有小孩群聚切削和打磨石塊。在照片左邊，他們的父親艱難辛勤地拖動石塊，他們的母親搬運著採下的石塊，搬到他們的孩子負責將石塊加工成型的地點。森林早就不復存在，泥土也是，而當採石場被挖空並被捨棄後，此區就將淪為荒地，如森林或耕地般無用。

研究墓碑短缺的德國導演，是追蹤這條從歐洲墓地到印度採石場的供應鏈的第一人。[3]他們對於被發現的事感到震撼萬分。他們期待看見工業化的運作，卻發現宛如中世紀的工作條件，和一戶又一戶的奴隸家庭。突然間，為紀念和標誌已逝之摯愛的一片苦心，全然變了調。回到德國後，這位導演去測試販售墓碑的商人們，這些人看見採石場的影片後完全嚇壞了。古老教堂周圍墓園的祥和與寧靜，突然間被奴隸童工打磨墓碑的畫面給玷汙。

我們對墓地裡這些墓碑的認識，通常侷限在埋葬摯愛、或拜訪墳墓時的所見所聞。當我們想像這些墓碑從何而來，大概會描繪出一位老人在拋光過的石頭上細心端鑿死者名字的畫面。美國的墓碑產業就宣傳著這樣的畫面。有個公司解釋了影響墓碑價位的兩個關鍵因素：第一，他們指出「石頭近者來自加州或南達科他州，遠者遠至自中國或印度」，此外，「異國石頭必須經過海運和抽稅，因而增加整體價位」。第二，這間公司指出花崗石經過千年岩化，石頭「厚重且緻密，質脆且多銳利，需經過謹慎照料和多人來處理」，因為這些性質，必須透過「專業技術和加工，以及時間成本，來使你的墓碑恆久如新、美輪美奐」。這些說明，使我們對於花在摯愛親友上的墓碑上的心力感到踏實，但事實卻非如此。我們知道，儘管奴隸製造的花崗岩千里迢迢來自印度，卻十分廉價。我們也知道，即使的確必須經過拋光和專業的雕刻，但這些厚重、緻密、銳利的墓碑最早是透過童工來處理，即便他們當然也會「謹慎照料」石頭，因為主人正監視著啊。

墓碑，是我們所知的最古老物品的其中一種，從人類有歷史記載以來就存在。即使在今天，我們的文明仍仰賴從大地中開採出來的資源，像是用石頭與泥土來製磚塊，及鹽、沙，和為滿足我們需求的各種其他礦物。用以標記所愛之人長眠之地的石頭，承載著我們的濃情蜜意。還有另一種親密感，存在於另一種較不明顯卻同樣重要的礦石，使我們能和所愛之人以電話聯繫，或以電腦書寫訊息給他們。

手機已經成為連結我們與孩子、情人、父母的電子臍帶，帶來前所未有的即時、便利與精確。我們的生活以多樣的方式與他人連結，例如我們烹飪並共享佳餚、我們交換戒指和禮物。我們對這些事物的認識，起始於當事物開始出現在我們的私人生活中。我們認為穿黑色高領毛衣的史蒂夫．賈伯斯是iPhone的起源，或想像一位當地葬禮師傅雕刻所愛之人的名字在墓碑上。不論是為朋友燒烤蝦子或為孩子採購T-shirt，我們容易以為這些事物的起點即是我們第一次邂逅它們的時刻，在店家裡、購物商場裡、雜貨店裡。但是，正如我們每個人都比表面呈現的樣子更加複雜，正如我們每個人都有一段故事，這些和我們連結的工具、玩具、食物、戒指，和手機也是一樣。這本書收藏了跨越數大洲和數樣產品的故事，並且圍繞一個共同核心主題：許多我們購買的商品，其實是透過奴隸來生產，而且在生產過程中，他們被迫去傷害我們共享的生態環境，使氣候變遷惡化，並徹底摧毀被保育的動物。

看不見的奴工、看不見的傷害

其實現代奴隸和環境破壞的勾結是有跡可尋的，因為兩件事的起因常是同根同源。我們的消費經濟（consumer economy）是由最源頭的資源開採來推動，資源都是從地球開挖榨取而來，儘管這過程我們不曾親眼看過。我們當然從地表獲取食物，不過也從地表獲取我們的手機、衣服、電腦、平板電視、汽車——這些說穿了全都是來自土地。除此之外，從土地開採資源常是件骯髒的生意。因為既然要保持消費經濟蓬勃運轉、又得有經濟成長、又能即時滿足需求，尤其是產業鏈的源頭，成本都被商人壓縮到不能再低。這些因素造成對工人的剝削性工作環境，也傷害自然環境。其中最極端的狀況就是現代奴隸，和災難性的環境破壞。不過這一切通常都發生在人們看不見的地方，正是隱密性讓這些罪犯得以暗中胡作非為。

然而促使這個惡性循環生生不息的引擎早就不是秘密。這引擎就是我們，就是富有的全球北方*的消費文化。蝦子、海鮮、金子、鑽石、鋼鐵、牛肉、糖，還有其他五花八門的現代奴隸和環境破壞的產物，都進到北美、歐洲、日本，也日益增加地進入中國。我們消費時所產生的利潤，流回產業鏈裡，繼續火上加油更多對自然環境的破壞，也使更多人進入奴隸般的處境、並繼續讓更多產品進入全球生產鏈。反覆運作，我們的消費促使一個不斷循環犯罪的機器，像癌症細胞那樣侵蝕人們與自然環境。

這兩種犯罪的聯繫有多緊密呢？嗯，我們知道環境變化是奴隸制引擎的一部分。無論環境變化是像海平面上升和沙漠化一樣緩慢，或者災難性地如颶風或海嘯一般，窮人都是環境變化首當其衝的受害者。我看到男人、女人、孩子、家庭和整個社群因環境變化和自然災害而陷入貧困。一旦失去家園和生計，這些人和社區很容易被利用剝削。特別是在腐敗盛行的國家，奴隸販子在環境破壞之後肆無忌憚地行動，誘捕和控制難民、貧困者和無依無靠者。這種情況發生在像馬利這樣的國家，那裡的沙丘漂浮在村莊之外，迫使居民絕望地逃離，尋求新的生計，卻不幸淪為奴隸。同樣的故事也發生在亞洲，當每次海平面升高，就迫使倖存者往內陸遷移；也發生在巴西，當下一個熱帶風暴摧毀森林、沖刷土地，小農就會脆弱而失去生存能力。

這群從弱勢移民群體中引誘或捕獲的奴隸，接著被迫撕裂地球或鏟平森林，使一個惡性循環得以建立。在我們看不見的地方，成千上萬的奴隸們做著奴隸們幾千年來所做的工作：挖掘、切割和搬運。那樣的切割與挖掘工作，就像大鐮刀割過我們大自然裡最受保護的地方（包含自然保護區、保護森林、聯合國文教組織世界遺產），傷害受保護物種的最後一片淨土。而且，這樣的過程，通常都是由奴隸工人來完成。隨著黃金或鉭或鐵，甚至蝦子和魚群被帶離自然的破壞之處後，這些商品開啟它們的旅程，進入世界，也進入我們的家園和日常生活。

---

* 譯註：全球北方（Global North）和全球南方（Global South）指的並不是地理位置的南北，而是國家的經濟開發程度。經濟發達的已開發國家或地區通常都屬於北方世界，而經濟稍弱的開發中國家通常屬於南方世界。

原來令人驚訝的是，奴隸是自然界大部分破壞的罪魁禍首。但是，世界上估計有三千五百八十萬奴隸（編按：此數字乃根據二〇一四年的資料。根據二〇一八年公布的「全球奴隸指數」，現代奴隸人口已經上升到四千零三十萬。）[4]，他們到底如何具有這麼大的破壞性？畢竟，儘管三千五百八十萬人是很多人，但也只占世界總人口的一小部分，而且奴隸往往使用原始工具，鋸子、鐵鍬和鎬，或者是赤手空拳的工作。原因如下：奴隸主是犯罪分子，在任何法律或法規之外神不知鬼不覺地運作。當他們開採黃金時，他們用有毒的汞浸透了數千英畝的土地。當他們砍伐木材時，他們砍淨燒絕，帶走一些高價值的樹木，然後留下一個死亡的生態系統。法律和條約可以控制守法的個人、公司和政府，但不能控制連最嚴厲的法律都藐視的犯罪奴隸主。

在全球暖化的議題上，這些奴隸主只差沒有超越最大的汙染者，即美國與中國。若將以奴工為主的森林砍伐和其他種產生二氧化碳的犯罪行為加在一起，就會得出一個驚人的結論：如果世上的奴隸是美國的一州，那大約會有相當於加利福尼亞的人口數，和相當於哥倫比亞特區的經濟產出，但它將成為僅次於中國和美國的世界第三大二氧化碳排放者。這也難怪無論我們多努力，卻仍然無法阻止氣候變化並減少大氣中的碳排放量。奴工，也就是這個世界上最大的二氧化碳排放者之一，是我們平常觀察、監督不到的。環境保護主義者倡議要求制訂給國際社會的法律和條約是正確的，但這還不夠。我們還必須明白，不遵守這些法律和條約的奴隸是自然環境毀滅的主要原因。為了阻止這些，我們不需要更多的法律，我們需要結束奴工的存在。

好消息是，終結奴工不是不可能的。我們知道如何打擊奴隸主和如何還給奴工自由；我們知道這類行動的花費，也知道從何下手；我們知道重獲自由的奴隸，通常會是願意重建我們的地球的工人。結束奴隸的存在也是為了讓地球休養生息。終結奴隸的存在，一直都受到倫理道德面向的支持，現在，保護環境也是原因之一了。

打破循環

此時此刻，有一場致命的三角貿易，從地球最偏遠地區的、受威脅的村莊和森林，到達美國和歐洲的家園。這是一個貿易循環，它輾壓自然世界、壓榨人力，用以更有效率和更便宜地生產出商品，如我們的筆記型電腦和手機所需的錫礦和各種礦物。要阻止這循環，我們就必須先理解它。我純粹是偶然間開始理解到這樣的致命組合。我知道我在全球各地所見所聞所隱含的意義，但懷疑是不夠的，我需要蒐集真實和嚴謹的證據。因為如果環境破壞和奴隸的存在之間的聯繫被證明是真實的，而且我們的消費被證實是這種犯罪持續存在的原因，那麼打破這關係，將有助於解決我們世界中兩個最嚴重的問題。我想如果我們能全面了解這種人類苦難和環境破壞的惡性循環如何運作，我們也將發現如何制止它。

為了全盤了解現況，七年的深入旅程，帶我深入令人窒息的礦場，走進令人窒息的悶熱叢林。我的旅程從剛果東部開始，在這裡我們可以找到拼圖裡每一塊的線索：奴隸、貪婪、一場傷害人也傷害自然的戰爭，一切種種最終都是為了滿足我們的消費經濟的資源，流進我們的工作、家庭和口袋。我知道如果我可以去到那裡，並且想辦法和軍閥以及他們的武裝幫派保持距離，我便能開始揭露真相。

第二章——手機、錫礦與奴隸

為了閃避周圍森林裡反叛軍發射的飛彈，我們的直升機像自由落體的電梯直直下墜。我們在小型足球場上降落，著陸在一個由聯合國士兵圍成的緊密圓圈。士兵們背對著我們，將自動槍械瞄準樹線。直升機旋轉翼的氣流疾吹，周遭雜草因而拍打在他們腿上。我們著陸後，吉普車和四輪驅動車呼嘯而來，帶來要撤離的傷兵，要運出的物品和裝備，然後重新裝載剛抵達的人們和裝備。然而同時，孩子們站在不遠處，抱怨著他們的足球賽被打斷。

片刻之後，在我們的文件都被檢查完以後，一位嗓音低沉的俄羅斯聯合國飛行員把孩子們聚在一起，讓他們唱法國民歌。從孩子們圍著他嬉鬧的方式看來，這一定是每次著陸時的熟悉互動。他們的笑聲蕩漾，像水流聲一樣嘻嘻哈哈。我聽著他們打打鬧鬧，著迷於環繞我們四周如此美麗的山脈。有一瞬間，這一切彷彿如天堂。但這裡其實麻煩可多了，沒有電，沒有自來水，而且敵人就在眼前。

幾個月來，我一直在找尋方法接近剛果*東部一個反叛軍控制的礦坑。因為反叛軍控制了所有的道路，我發現唯一的辦法是使用聯合國部隊的直升機。現在，我終於到達了距離礦坑大約五十公里的瓦利卡萊鎮（Walikale）叢林營地。瓦利卡萊就像阿帕契堡（Fort Apache）†，是一個被敵對勢力和茂密的森林包圍的孤立前哨，庇護著少數當地人，他們為了不要被俘虜，在村莊被反叛軍肆虐後，穿過叢林匆忙奔逃到此。我們從著陸之處爬上山坡後，我僅僅因為習慣，從口袋裡拿出手機。我以為它在這裡會沒用，卻看見螢幕上顯示還有一小格訊號。這裡沒有電、沒有自來水，而且如果你需要醫生，那就好自為之了，但令人難以置信的是我還收得到訊號。「這就是為什麼我在這裡了，」我想著，「沒手機我活不下去，這裡的人們卻因手機而死。」

先來談談我們的手機吧。你的手機大概正在你觸手可及的範圍內。我們的手機如此無處不在，讓我們往往忘記它們是直到大約二十年前才出現的。當然，幾十年來一直有「無線對講機」，但那些是只有某些場所才會使用的大磚塊般的對講機。直到科學家們想出如何裝設六角形的蜂巢式網路，並連接到信號塔，再透過電信系統切換並分享所有電話通訊時，手機市場的爆炸才到來。一九九五年，全球約有五千萬支手機被購買；截至二〇一三年底，全球手機年銷量高達二十億支，而且全球手機總數超過人數。到二〇一四年，百分之九十一的人擁有手機。這是一個非凡的成功故事，新創和聰明絕頂的設計團隊大大改善通訊方式，進步的通訊系統支持新企業發展，共同加速矽谷經濟，使矽谷像鈔票噴泉般，財源滾滾。

---

* 譯註：非洲有剛果民主共和國（Democratic Republic of Congo, DRC），和剛果共和國（Republic of Congo），文中指的是前者。

† 譯註：阿帕契（Apache）是美國印第安人的其中一族。阿帕契堡保留區現在被針葉林和野生動物所包圍。

讓我們的談話搖身變成數據封包，在一座座電信塔間跳躍的科學家們、讓我們手機縮小再縮小的工程師們，還有讓手機越來越貼近生活需求的設計師們，共同改變了一切。對我們的孩子來說，人們曾經得撥電話到建築物裡，期待著對方或許剛好在那接電話的這種概念，似乎顯得古怪、笨重，又有點荒謬。現代科技集大成，將一個銅線連結的世界改造成一個數十億段對話充滿大氣的世界。這一切很美好，但背後有代價。創新點子或許來自矽谷，但為了製造我們的手機，我們需要其他礦物質，如錫和鈳鉭鐵礦（coltan）。雖然矽四處可見，錫和鈳鉭鐵礦只集中在世界上少數地方。我們日常生活和廣告中可見的創造型天才，使我們支持看不見的環境破壞和奴役發生。我們想要智慧型手機，市場需要資源來製造它們，而這些所需的資源引發和助長衝突。事實證明，我們新穎巧妙經濟的基礎，建築在礦產資源掠奪上，尤其在法律失靈、犯罪控制一切的地方，像瓦利卡萊這樣的地方。

東剛果的戰亂

威脅籠罩瓦利卡萊鎮，所有的目無法紀和法律失靈，反映出背後更大的衝突。剛果民主共和國東部的兩個省份，就像水槽下面的連通管，也就是髒東西堵在一起發爛的地方。一九九四年，隔壁鄰居盧安達的種族大屠殺之後，大量盧安達人跨越監管不嚴的邊境，定居在剛果東部。首先是許多圖西族難民，然後是加害者，包含胡圖族民兵和士兵，以及更多的胡圖族平民。民兵接管村莊，在槍口下奪走土地、貨物、食物甚至人民。十九年後，他們仍然在那裡，像寄生植物一樣生活，觸角深入到該地區。徹底的混亂吞噬一切，政府運作已經崩潰，十個不同的武裝團體爭奪礦物、黃金和鑽石，以及開採礦物的奴隸。其中的主要勢力是一個叫做「解放盧安達民主力量（Democratic Forces for the Liberation of Rwanda，簡稱解盧力量或ＦＤＬＲ）」的胡圖族部隊。這支部隊並不民主，也從未試圖解放任何人或事物。所有這些交戰團體的共同點是，他們都把當地人當奴隸使喚。

這兩個東部省份叫做北基伍（North Kivu）和南基伍（South Kivu），它們擁有地球上一些最原始、最美麗動人和最危險的地形。在一方面，山林重巒疊嶂、大湖碧波浩渺、加上奇山異水的火山與河谷，景觀壯闊非凡，另一方面，包括傷寒和瘟疫在內的地方性寄生蟲和疾病，是持續存在的威脅。南北基伍的自然保護區和國家公園是多種瀕臨絕種動物的最後庇護所之一，例如大猩猩。兩種大象漫遊在森林中，河馬徘徊在河岸邊。在樹梢頂端的安樂窩，是世界上唯一僅剩能找到我們最近親的倭黑猩猩的地方。有時被稱為「嬉皮黑猩猩」的倭黑猩猩不會以暴力來解決問題，而會以和平的性感擁抱來化解衝突，那是一種人類還沒有完全掌握的技巧。但是當反叛組織們進入這些受保護的森林和棲息地，隨之而來的是森林砍伐和非法盜獵，使倭黑猩猩的總數減少了百分之九十五。而這已經不是剛果第一次被踐踏蹂躪。

在二十世紀初，美國和歐洲當時非常需要一種劃時代的新技術：充氣橡膠輪胎。那時鐵路時代即將結束。亨利・福特正在製造數百萬輛汽車，自行車從工廠湧出，貨運用汽油動力卡車運轉，這一切都倚賴橡膠製造。剛果的天然橡膠比其他任何地方都多。為了滿足這一需求，在歷史上最大的騙局之一，比利時國王利奧波德二世（King Leopold II of Belgium）欺騙當地部落簽字放棄他們的土地，並活在他們沒人看得懂的假條約中。他向投機者出售這些「特許權」，投機者們利用酷刑、謀殺等暴力手段強迫整個部落進入叢林收割橡膠。這些依靠奴工生產的特許權利潤驚人。野生橡膠、以及用於鋼琴鍵和裝飾的大象象牙，以令人難以置信的高額人力代價從森林中產出來。專家相信當時約一千萬人因此死亡。這是二十世紀一樁徹底被遺忘的種族滅絕。有位目擊證人是名叫喬治・華盛頓・威廉姆斯（George Washington Williams）的非洲裔美國記者。他發明了「危害人類罪」（crimes against humanity）這一詞來描述他所看到的。

這場種族大滅絕、殺人兇手，和貪腐的國王終於被一位名叫埃德蒙・莫雷爾（Edmund Morel）的英國航運員舉報而曝光。他被分派到追蹤從剛果流入和流出的貨物，卻發現儘管價值百萬的橡膠和象牙抵達歐洲，回頭的船隻卻除了武器、手銬，和給指揮官的奢侈品以外，幾乎什麼都沒有。沒有任何有價值的物品準備輸入剛果以支付輸出的貨物。莫雷爾不斷挖掘，追蹤事實。他先是被威脅，然後被公司解雇，但他仍沒有停止。到一九〇一年，他和其他人一起全職投入一場反對使用剛果奴隸的運動，這場運動也得到例如馬克．吐溫等名人支持者。

僅僅一百多年後，廢奴運動者又回到剛果；一切是如此似曾相識。武裝暴徒仍然在地四處橫行。更多財富被創造，更多人受到殘酷對待，而且奴工生產的商品仍用於滿足對新技術的需求。不過這次不是橡膠，取而代之的是奴工揮著鏟子剷除森林、挖空山頂，在爛泥中掘出灰褐色的鈳鉭鐵礦礫石。一旦走私出剛果，這礦物將被轉變為「合法的」盧安達鈳鉭鐵礦石並合法出口。從地質學角度來看，這完全不合理；盧安達的鈳鉭礦床很少，卻已成為世界上最大的鈳鉭礦產出口國之一。這一次，要揭發這場使用奴工的交易，需要不止一位警覺的航運員，因為現代暴徒更懂得如何躲藏。但是真相就在雨林和受保護的棲息地，那裡正遭受奴工的戮伐，一群受到流氓民兵所控制的奴工。這就是為什麼我和我的同事佐巴．雷斯里（Zorba Leslie）在瓦利卡萊，拖著我的背包，站在一個足以吞下一台摩托車大小的超大車輪壓痕旁，沿著泥濘的小徑前行。

瓦利卡萊曾經是一個沉睡的小村莊，但現在卻擠滿了來自鄉村的難民。在過去十五年裡，戰爭多次席捲，四處是斷垣殘壁。一些生鏽的半履帶裝甲車和吉普車撞碎在路上，表面充滿彈痕。泥濘的小徑上，在一輛撞壞的廢棄俄羅斯軍用卡車上，三位男孩飛轉著自製的鼓槌，玩著自創版本的破銅爛鐵樂隊（STOMP）。*我們晚上要睡覺的鐵皮屋學校，曾經有好幾個月被用做反叛軍基地。牆上滿是彈孔，窗戶已被砸碎，我們的食物得用營火煮。我們一放下行李，一個命令馬上叫我們去和剛果當地軍隊指揮官報告，於是我們走回程城鎮、爬上峭壁上軍備森嚴的軍營。在這個殖民者留下的古老辦公室，氣氛親切卻令人發寒。

「你不可以去礦場。」

「等等，我們有放行證和許可證。」我說。我們千辛萬苦花了數天才抵達這裡，要我現在停下來，門都沒有。

「我在反叛軍那有個眼線，他們的領袖已經警覺到有外國人搭直升機到這裡來。」

「所以呢？他們不知道為什麼我們在這裡。我們就只是要溜進去，拍點影片，然後閃人。」

「不行。」指揮官說。「他們知道兩位美國人搭直升機進來，美國人是非常可口的肥羊，贖金很可觀。有一整組的軍隊已經準備要埋伏攻擊你們，就等你們離開城鎮。」

我用力忍住，但不得不乖乖屈服。他對這個飽受戰爭蹂躪的叢林瞭若指掌，遠遠超過我們所知道的。我們只得有耐心和保持機敏。

屠殺與奴役的循環

要參觀剛果東部的任何城鎮或村莊，都得要在瓦礫中漫步。孩子們天真地玩耍，人們辛勤地努力生活，但是毀壞四處可見。然而，這裡卻有種矛盾的天堂氛圍。這片土地是一個高原，所以儘管此地區幾乎位於赤道上，但空氣涼爽清新，風光明媚。全年的白天氣溫令人驚訝地舒適。富饒的火山土壤墨黑、易碎、而且肥沃。大多數夜晚都有短暫而強烈的降雨，使蒼翠繁盛的綠色植物和鬥色爭妍的鮮花充滿生氣。低矮的山連山峰上都覆蓋著森林。非洲大湖之一的基伍湖（Lake Kivu）裡面孕育了多種魚類，而且表面三百公尺以下的地方貯藏七百二十億立方碼的天然氣，預備著為新經濟提供燃料。山林、鮮花、陽光、水域、鮮魚、鮮蔬、水果和墨黑肥沃的土壤，這個地方應有盡有。

大自然準備好了，人們卻破碎不堪。戰爭粉碎了思想、身體，以及任何秩序的表象和對秩序

---

* 譯註：破銅爛鐵樂隊（STOMP）是一個結合了敲擊音樂、舞蹈，與情境喜劇的表演團體。他們運用日常用品如掃把、垃圾桶蓋、打火機等破銅爛鐵發出富有音樂性的節奏。STOMP在一九九一年夏天由兩名英國音樂家表演者路克・奎斯維（Luke Cresswell）與史迪夫・麥克尼可拉斯（Steve McNicholas）策劃發想。該團曾連續七年獲得百老匯劇院演出票房冠軍。

的期待。對這群以有槍和無槍來分別的居民來說，生活彷彿就只是為了活下來，除此之外別無意義。這樣的混亂是奴役的完美繁殖場，而當奇貨可居的礦物被攪和進來，大量人口淪為奴隸的可能性甚至更高。

當年煽動一九〇一年的奴役和大屠殺的循環，今天仍在繼續，不僅在剛果，而且在世界各地。這個過程有四步驟；形式簡單，但過程複雜。首先在富裕世界裡，伴隨著大肆宣傳，第一步驟開啟。某樣將改變我們生活的新商品被開發出來，於是突然間，我們生活不能沒有它。消費者需求驅動了生產，反過來又需要原材料。這些材料可能是食品或木材、鋼材或花崗岩，或一百種礦物中的一種，從閃閃發光的金和鑽石到泥濘石狀的鈳鉭鐵礦和錫礦。第二步驟是無法避免的詛咒，也就是落在世界上最貧窮的人們身上的「資源詛咒」，尤其當他們的泥濘小礦石、幾乎未被開發的森林，或其他一些自然資源突然變得非常有價值時。在經濟貧窮和政治腐敗的背景下，爭奪資源的控制權是立即且致命。竊盜型政府因為新的財富而擴張，並將財富用於購買武器，好使他們持續掌權。但每位腦滿腸肥的獨裁者背後，十個餓得只剩皮包骨的老百姓也知道如何使用槍枝，而且他們也覬覦產品鏈中流出的錢。很快，內戰成為一種慢性病，中小企業、學校和醫院等基礎設施崩壞，於是手無寸鐵的人們受到恐嚇和奴役，吃人不吐骨頭的犯罪禿鷲在長期而血腥的飼料中逐漸壯大。

當暴力武裝團體之間的權力關係穩定下來，開始減少攻擊彼此，而是最大化各自的利潤時，第三步驟就要開始了。少量混亂有助於混水摸魚的犯罪行為，但即使對軍閥來說，太嚴重的混亂也不是好事。黑市也是需要一定的穩定性，當領土被分割好，槍頭指向工人而非其他武裝團體時，這些消瘦飢餓的軍閥開始要把自己餵胖。第四步驟，建立在這種只為犯罪分子服務的新形態穩定上。暴徒鞏固權力後，生產力大躍進，尋找新的原料來源和新的勞動力資源來壓榨。發展到此時，資源詛咒達到最高境界。在那個無法無天、貧窮、朝不保夕的偏遠地區，奴役他人和環境破壞蓬勃發展。

在飛往瓦利卡萊之前的幾天，我們到達了邊境城市戈馬（Goma），如果你想了解剛果東部發生的事情，戈馬是一個很好的起點。它是門戶、補給站、聯合國的東部總部，基本上是北基伍省和南基伍省的交通樞紐。它也是政府垮台時，數百個介入幫忙的國際非政府組織（International non-governmental organization）的家園。這些團體致力於保護人權和婦女權利、終止性暴力、滿足兒童和孤兒的需求、促進裁軍、環境正義、法治、醫療服務、糧食安全、教育、多元宗教並融、民主等。如今，建築物裡都是這些組織的辦公室，街上開滿他們各自的四輪驅動車，結果就是一個氣氛迴異的小鎮。大型廣告看板和海報排在街頭，廣告的不是消費性產品，而是如何預防傳染病和家庭暴力。一個規模不小的城市，主要的產業活動是外國援助，給人一種奇怪的感覺。

就好像救世軍（Salvation Army）*發動了一場革命並占領了佛羅里達塔拉哈西（Tallahassee）這樣大小的城市，並且讓當地人唯一可取得的工作機會就是服務於一群致力於做好事的外國人們。

此外，籠罩著城市的是虎視眈眈的火山。這座火山名叫聶若貢勾（Nyiragongo），在過去一百三十年間，曾經爆發過二十四次。在一九七七、一九八二和一九九四年，都曾大爆發，並在二○○二年創下最具破壞性的大爆發。那一年，火山一邊裂開了一道兩百四十公分寬的裂縫，滾燙的火山熔岩流向戈馬市。聶若貢勾火山不尋常的液態火山熔岩以高達每小時十三公里的速度，衝過街道，摧毀建築物，覆蓋機場的一部分，破壞百分之十二的城市，並使得十二萬人無家可歸。幸好，火山爆發前的提早撤離使死亡人數不多於一百五十人。現在，冷卻後的火山熔岩到處都是，街道被一道道波紋狀的低矮黑牆擋住，是熔岩激流爆發冷卻後的樣子。雖然聶若貢勾火山還在翻騰攪動又冒著熱煙，人們在火山熔岩上生活照樣過。即使這看起來危險不祥，火山在戈馬市卻不是最大的問題，因為這座城市也坐落在政治和部族的斷層線上，且後兩者的衝突爆發，比聶若貢勾火山更加廣泛、更加致命。

剛果當代發生的困境是一九九四年盧安達政治和部族衝突爆發後的後遺症，該事件震撼整個東非。那一年的四月，全世界驚恐地看著種族滅絕式的大屠殺橫掃盧安達。超過一百萬人死亡，另外兩百萬人逃離國土。大量的難民，尤其大部分是被鎖定為屠殺目標的圖西族，穿越國界，逃到剛果。人流有如止不住的河水，以每小時一萬兩千人的速度衝進戈馬市旁的無人地。這些難民大多數最終都是在城市周圍的熔岩地上搭起大量而破爛的難民營。兩個月後，霍亂來襲，在短短幾週內殺死五萬人，無奈岩石地難以挖掘墳墓，屍體因此在路邊堆積如山。

僅僅一百天之後，一九九四年七月，盧安達的種族滅絕政權被推翻。冷酷的胡圖族民兵（也稱為聯攻派）現在正在逃離剛果，盧安達胡圖人為主的軍隊特遣分隊也隨之而行。一當他們越過邊界，胡圖族民兵開始襲擊居住在戈馬市周圍的圖西族難民，而圖西族民兵因此也開始對胡圖族難民進行殘暴襲擊。因為圖西人長期以來一直反對剛果獨裁者約瑟夫・蒙博托（Joseph Mobutu）的統治，所以他拒絕保護他們，於是一場人人為所欲為、不受控制的局面爆發。隨著暴力升級，其他鄰國和部族紛紛加入戰局，有人支持圖西人，有人支持胡圖人，有人想支持蒙博托，有人想攻擊他，有人單純趁機大撈一票掠奪該地區的鑽石、黃金和鈳鉭鐵礦。衝突擴大到現在所謂的第一次剛果戰爭。當大約一年後戰火止息，大約有五十萬人死亡，蒙博托被推翻，取而代之的是由盧安達和烏干達支持的新總統。但和平短暫，一九九八年，衝突再次爆發，第二次剛果戰爭的引

* 譯註：救世軍是一間國際基督教教會和慈善組織，致力於改變生命、關懷社群和造就信徒。救世軍於一八六五成立於英國倫敦，現在分支擴及全球一百三十二個國家和地區。

燃點，就是那些現在控制戈馬市難民營的同一批胡圖族民兵。

第二次剛果戰爭是現代世界被遺忘得最徹底的戰爭。歷時一九九八年到二〇〇三年，涉及八個國家和大約二十五個武裝團體，這場戰爭卻因二〇〇一年九一一的事件和隨後的「反恐戰爭」而在全球舞台上相形失色。到最後，五百四十萬人死亡，人數僅次於兩次世界大戰。這是一場難以想像的野蠻殘忍戰爭。強姦變成一種關鍵武器，數十萬婦女和大量男性和兒童承受痛苦。巴特瓦侏儒（Batwa pymies）是剛果森林的原始居民，他們像動物一樣被捕獵、被殺死並被吃掉。二〇〇三年，英國《獨立報》（*The Independent*）的一名記者在受保護的難民營內採訪了難民，並報導了他們親歷大屠殺和恐怖行徑的第一手資料：

「二十五歲的慕顏給（Katungu Mwenge）看到她七歲和九歲的女兒被群姦，她的丈夫被一個反叛軍小隊亂刀砍死。她和其他四個孩子一起逃到伊靈給緹（Eringeti），在那裡，他們在漏水的塑料屋頂下用香蕉樹葉子當作毯子。」

「十八歲的幅摟里柏（Tetyabo-Tebabo Floribert）受到嚴重心靈創傷。反叛分子砍下他的母親、三兄弟和兩個姐妹的頭顱。六十歲的尚嘉（Anyasi Senga）和其他四十個人逃離了她的村莊，在叢林中生活了兩個月，倚賴野果和樹根生存。依絲緹拉（Ambaya Estella）的三個孩子和她的丈夫被反叛分子殺害，那些人用斧頭和大彎刀殺死了她村裡的大多數居民。」[1]

沒有任何一方贏得第二次剛果戰爭；戰爭僅僅是因為資源和能量耗盡，精疲力竭而休兵。儘管已經達成建立中央政府的協議，北基伍省和南基伍省仍然由武裝營地拼湊而成，而且每個地區都受到其中一個敵對民兵的完全控制。道路、學校、醫院、供水系統、電力、房屋和農場被摧毀；大部分地區都是斷垣殘壁。所有服務，包括法治，都已不復存在。這些是環境大破壞、奴役飛地成型的關鍵下一步。

在戰爭最後，民兵開始採取控制和剝削當地人民的新方法。隨著「和平」到來，原本是四處流竄的戰鬥團體的他們，開始轉型為控制固定土地範圍的駐軍。他們在新領土上坐大，漸而越發將注意力集中在利潤豐厚的礦產貿易上。他們的採礦利潤增加，購買了更多的奢侈品、日常用品、武器，而且，在沒有戰鬥的時候，用更多方式來享受他們的權力。

每個民兵都對他們能夠控制和捍衛的土地提出了要求。然而，在這種土地爭奪中設定的邊界仍然是不穩定的，一旦認為有機可乘，武裝團體就入侵鄰近民兵的土地。我們很難理解那樣無法無天的混亂，但想像一下，在一個城市裡，警察和政府都跑了，五、六個黑手黨幫派掌管著一切，每個幫派都駐紮在不同的街區。這些暴徒擁有完全的控制權，可以為所欲為，所以只要從城市的一個地方穿越到另一個地方，就意味著要交稅或冒著被攻擊甚至被逮捕的風險。這是一種封建主義，但這些封建主對他們地盤上的人沒有責任感，也沒有至尊的霸主或國王來維持秩序。對於暴徒來說，鎮民更像是偷來的牲口；除了花在抓捕的努力，他們沒有任何投資，也沒有什麼理由讓他們活著。現在想像一下，當政府派國民警衛隊去對抗黑手黨時，警衛隊卻只是劃地為王、搜刮當地財富，成為另一個黑手黨。這就是東剛果。[2]

當他們在尋找可以搶奪的領土時，民兵們首先尋找的是礦物。在這裡，有黃金、鑽石、鈳鉭鐵礦、錫石（用於製造錫的礦石）和用於電子產品的鈮，以及用於製造高級鋼的鉬和硫鐵礦；所有這些都靠近地表，容易開採。多年來，當地人一直在用從溪流中收集礦物的錢來補貼他們的農作物的不足。武裝團體想要的更多；他們想要所有的礦物，不管他們必須挖多深，而且他們馬上就想要取得這些礦物。

一旦他們確定了一個理想的攻擊區域，民兵們就會在晚上包圍村莊，用武力奪取它。他們想在家裡抓住村民，並防止他們跑到森林裡去。如果村莊周圍的土地有豐富的礦產，士兵們就會搬進房屋。一名、兩名或三名士兵會強行進入一個家庭，並宣布：「我們和你住在一起，你要聽我們的話。」任何反抗的人都會被殺死。然後，男人和男孩被安排去挖礦和運礦。婦女和女孩也要挖掘和分揀石頭，做家務、做飯，並定期遭受性侵。當士兵們喝醉了或嗑藥時，暴力和強姦就會增加。

十九世紀的美國如何獵捕黑人？

雖然暴力和暴行仍在繼續，但一些武裝團體開始意識到，與強姦和屠殺相比，奴隸驅動的採礦業收入更高，引起的關注也更少。為了開發更多、更大的採礦，這些暴徒想出了「合法」的方式來奴役人民。

取得奴隸有很多方法，最顯而易見的就是暴力攻擊，即抓住一個人，用武力征服他。但在整個歷史上，人們也被引誘和欺騙成為奴隸，有時甚至認為這是機會而不是奴役，從而不幸淪為奴隸。在剛果就像不久前的美國一樣，還有另一種方式：由腐敗的、往往是完全欺騙性的法律體系構建的捕奴機器，將工人送入礦場。

這種蓄意杜撰出來的法律制度是一種幾乎萬無一失的獲取奴隸的方法，在有民族、部落或種族差異可供利用的情況下最為有效。它是這樣運作的：一個傳統的酋長、警察、地方官員或民兵成員會逮捕某人。罪名五花八門，從遊蕩到攜帶刀具或成為「恐怖分子」。不管是什麼指控，逮捕要嘛沒有法律依據，要嘛是基於一些無足輕重、很少執行的小條例。這只是一種控制一個人的方式。在這個遊戲中，逮捕後會有三種結果。受害者可能會被直接送入礦場工作，成為武裝看守下的囚犯。另外，可能會有一個根本不公平的審判，這個人將被「判處」必須工作，然後再次作為囚犯被帶到礦區。最後，假審判的結果可能是被捕者被「定罪」，然後被罰款一大筆錢。由於無力支付罰款，該人將被送往礦場「工作」，或將債務賣給希望購買礦工的人。所有的結果都殊途同歸：一個無辜的人在礦場被奴役。這場鬧劇表明，無法無天的叢林狀態如何被一個披上合法外衣的腐敗系統所填補。

這種制度與一八七〇年至第二次世界大戰期間在美國南部存在的一種捕奴機制「勞役償債制」（peonage），有著詭異驚人的相似程度。[3] 二十世紀初美國阿拉巴馬州的礦工被奴役的情況與今天的剛果非常相似，以至於令人難以置信。這並不是某種犯罪的相互學習的結果，至少我在剛果找不到一個聽說過美國「勞役償債制農奴」的人，也不知道這種做法在美國南方曾經實行了五十多年，其結果與剛果的情況相似。但兩者都是由同樣的動力驅動的，也許可以用同樣的方式來消除。

勞役償債式奴役有一種邪惡的優雅，一種意味著奴隸唾手可得、又容易控制的方便性。阿拉巴馬州從一八八〇年代開始迅速擴大鐵礦和煤礦，大規模地實行這一制度。根據《吉姆克勞法》（Jim Crow laws），幾乎任何非裔美國人都可以在任何時候被逮捕。有時根本沒提出指控，但為了掩人耳目，諸如流浪、賭博、搭貨運火車或在公共場合罵人等輕微罪行也可能被列為逮捕理由。如果你是一個年輕、強壯的非洲裔男性，你就被法律系統當作捕獵的目標。被帶到當地治安法官或警長面前時，犯人總是被認定有罪，並被命令支付遠遠超出其能力範圍的罰款。這時，警長、另一名官員或當地商人會站出來，說他們會支付罰款，但作為交換，罪犯必須在他們的控制下償還債務。裁判官會同意，然後囚犯會被他們的新「主人」帶走。被捕和被定罪的人數幾乎是由採礦公司或其他白人企業需要的新工人數量決定的。囚犯一旦被奴役，任何時間都得乖乖工作、手腳被拴住、可能受到任何方式的懲罰——包括禁閉、鞭打和類似於水刑的技術——並且根據他們的「主人」選擇的時間來關押。一些被逮捕但從未被起訴的人仍然在礦場工作了幾十年。然而，在礦區能長期工作是個例外，不是因為奴隸們獲得了自由，而是因為由於疾病（肺炎和肺結核很常見）、受傷、營養不良和謀殺，那裡每年的死亡率高達百分之四十五。

到二十世紀，阿拉巴馬州至少有二十個郡的地方政府直接從事奴隸交易，和美國鋼鐵公司（United States Steel Corporation）和其他公司簽合約，每年提供固定數量的「罪犯」。對鐵礦石礦工的需求是如此之大，以至於美國鋼鐵公司公開表示，他們會在已經簽訂的合約之外，購買當地警長可以逮捕的囚犯數量。地方官員從這些租賃契約中發大財。沒有人知道有多少非裔美國人是以這種方式被奴役的，但由於這種做法在南方各州都很普遍，特別是在喬治亞州和阿拉巴馬州，普遍到很少有人會質疑數十萬美國黑人男子曾被非法奴役的事實。

了解美國的勞役償債式奴役很重要，因為這有助於我們把剛果的奴隸制看作是漫長的奴役歷史的一部分。衝突、偏見和奴隸制之間的密切聯繫，將這兩個故事結合起來。一八六五年，美國南方被打得支離破碎、一貧如洗。內戰至少殺害了六十二萬名士兵和數目不詳的平民。戰後的混亂創造了絕佳條件，對那些仍然手握權力的人來說有機可乘，讓他們的行為不受懲罰，混亂也催生了白人至上主義者三K黨這樣的武裝團體。若要比較，第二次剛果戰爭後的動盪，還比美國內戰後的動盪更大，但有些結果卻幾乎是一樣的。對當初貧窮的美國南方來說，帶來「資源詛咒」的是棉花和鐵礦石，它不但吸引了貪汙腐敗，也誘使充滿種族主義的地方政府展開迅速行動，強化控制並使其控制合法化。無論是佃農制還是農奴制，最後結果都是白人權勢者累積巨大財富，以及土地的不斷退化和南方大片森林的破壞。

美國如何結束奴役制？

在瓦利卡萊外等待襲擊我們的反叛部隊在幾天後回到了他們的營地。這讓我們得以溜到另一個地點，靠近民兵控制的鈳鉭鐵礦和錫石礦。在當地人權社會運動者的帶領下，我們來到一所被毀壞的學校，我與那些成功逃離礦區的年輕人聊了聊。他們告訴我，奴役的威脅來自於兩者，武裝團體和當地酋長。正如一名男子所解釋的：「他們總是需要工人。」因為部落首領控制著大部分土地，他繼續說：「當他們需要更多的勞動力時，他們會憑空捏造對人們的指控。你可能在村莊裡走過，或穿過他們的土地，你可能帶了一些來賣的東西，但突然你被抓起來，被指控為偷竊，說你欠別人錢，或說你來自反叛組織。沒有人知道法律是什麼，那我們如何為自己辯護？這種情況一直在發生！」

這些逃跑的奴隸說，人們被逮捕並不只是被送進礦場。另一個年輕人解釋說：「有個部落首領決定要挖一個大魚塘，所以他與當地民兵隊長達成協議。隊長負責逮捕人們，說這些人犯了一些罪行，然後把他們賣給酋長以『工作抵消』他們的罰款。」商人也是這樣買工人的。正如有個人說：「商人會付錢給警察，讓他們抓人，然後判他們三到六個月的工作。但是一旦他們到了礦場上，他們就屬於商人，商人就不允許他們離開。」他繼續說：「任何事件都可以作為逮捕人的藉口。就在這裡的北部，一具屍體在森林中被發現。當屍體被發現時，周圍的人都被逮捕了，甚至有一整個家庭的人都被逮捕。當地行政長官下令，每個家庭成員都被罰款五十美元，於是每個人都必須為當地老闆挖一個魚塘。然後警察接手了這個案子，他們再次逮捕了整個家庭，共有十七人，對他們的罰款更多。警察要他們進行了十天的苦工，然後再把他們還給了當地的行政長官。所有這些逮捕行動都是在當地酋長的合謀下進行的，他們要嘛從錢中抽成，要嘛從勞動中抽成。」

另一個逃跑的奴隸加了進來，激動地喊道：「首領有份！領袖有份！民兵有份！我們卻什麼都沒有得到！你可以繳納罰款，但還是會被送去礦場，被迫工作！」

我問這些人是否需要任何證據才能逮捕。「不，」一個人說，「不需要證據，不需要任何紙本文件，甚至不需要任何證詞，就可以抓人。在附近的比西阿礦（Bisie mine）中有很多人被用這樣的方式限制住，我想有一半以上都是。有些甚至是從遙遠的城鎮被送過來的。」

由於曾在礦區工作過，這些人深深地了解到「勞役償債式奴役」是如何運作的：「罰款或債務通常為一百美元或更多。但在礦場上，債務被重新計算為你必須挖掘和供應的礦石之噸數。當你在工地上時，你吃的任何食物、你使用的任何工具，還有其他任何東西，都會加到債務和你得挖的礦石噸數上。礦石的噸數取決於老闆，以及從地下挖出礦石的難易程度。」

這些年輕人明白，罰款和債務只是奴役更多工人的一個詭計，這個花招的目的是讓工人相信有一天他們可能可以還清債務並離開。其中一個人是這樣解釋的：「一旦你到了礦場，在這種情況下，你就是老闆的奴隸了。許多人被帶到那裡，然後死於疾病或坍方，而你的家人甚至不知道你已經死了。你就這樣消失了。礦工的命運從這種子虛無有的債務開始，接下來的十到十五年都得做老闆的奴隸。」在二十世紀初的阿拉巴馬州也是一樣，被奴役的礦工也經常失蹤；正如研究美國勞役償債式奴役的作家道格拉斯．布萊克蒙（Douglas Blackmon）所寫的那樣，「當罪犯在礦坑下被殺時，公司人員有時不會花時間埋葬他們，而是把他們的屍體扔進附近發著紅光的焦爐裡。」

勞役償債式奴役也是算帳和恐嚇的好辦法。剛果的一個年輕人解釋說：「比方說，有人欠我錢，但不想付錢。我去找酋長，酋長把他抓起來，然後把他送到礦上挖礦石。我從他挖到的礦石中抽成，酋長抽成，開礦的人也抽成。欠我錢的人什麼也得不到，他可能最後會在那裡待上好幾年。」

勞役償債式奴役以同樣的方式被用來恐嚇美國深南方的黑人人口。布萊克蒙給出了阿拉巴馬州一個郡在「重罪犯」被賣到礦上時列出的「罪行」[4]：「有二十四名挖煤的黑人因為使用『淫穢語言』……十三人因出售威士忌、五人因『違反』與白人雇主的合約、七人因流浪、二人因『日落後出售棉花』，這是一項為防止黑人農民將作物賣給白人業主以外的人而通過的法規……四十六人因攜帶隱藏的武器、三人因為是私生子，十九人因賭博，二十四人因說了虛藉口（在作物季節結束前離開白人農民的工作）。」只要對白人說髒話，甚至靠近白人，就能把黑人送進礦坑。男子和一些婦女因任何被認為威脅到權威的行為而被逮捕。在阿拉巴馬州的那個郡，種族主義的暴力表現令人不寒而慄，甚至還有八名男子的罪行被列為「未提供」。

一方面，看到歷史如何重演令人沮喪，但另一方面，美國深南方和今天剛果的奴役問題的相似之處有助於我們的理解。今天，美國南部不再有大規模的假合法奴役。幸運的是，我們可以從美國人如何結束這個殘酷的制度，學到有哪些教訓可以幫助剛果人結束他們今天的勞役償債式奴役。

成功的捷徑就是比美國政府在十九世紀末和二十世紀初所表現出的更大的決心。南方國會議員對侵犯「州權」的抵制，還有美國大公司對農奴制的精心掩蓋，以及人們總是相信非裔美國人有罪的偏見，意味著那些揭露這種奴隸制的人被排擠，他們的故事受到掩蓋。幾十年來，司法部的政策是對奴隸問題睜一隻眼、閉一隻眼，讓當地法官來審理任何浮上社會的案件，而這些法官往往也是犯罪的幫兇。結束這一悲劇的最終關鍵因素，不是對被奴役者的關注，而是富蘭克林．羅斯福總統的恐懼。在第二次世界大戰前夕，羅斯福擔心「強加在非裔美國人身上的二等公民身分和暴力會被美國的敵人利用」。但直到日本襲擊珍珠港五天後，司法部長弗朗西斯．比德爾（Francis Biddle）才發出指令，命令司法部的調查員和檢察官針對「有關非自願勞役和奴隸制問題的案件」進行立案。[5] 與一八七〇年代的美國一樣，剛果也在等待正義，而這需要法治。

幸運的是，與十九世紀的美國不同，剛果民主共和國無論多麼破敗，都是國際社會中的一員，擁有共同的法律公約和條約。雖然腐敗的政客經常統治國家，但今天他們知道自己是錯的那一方。剛果和所有其他國家都同意，反對奴役的國際法位階最高，優先於任何國家法律，允許任何地方的政府去執行反奴隸的法律。到目前為止，還沒有國家決定利用這一國際法來幫助剛果結束奴役問題，但工具是存在的。

美國和剛果的勞役償債式奴役之間的相似之處很重要，但這並不是奴隸身陷礦場的唯一方式。當我與更多陷入奴隸制的人交談時，我驚訝地發現，在剛果東部至少有六種不同類型的奴役：武裝團體的強迫勞動、債務陷阱奴役、勞役償債式奴役、性奴役、強迫婚姻，以及對兒童兵的奴役。所有這些類型的奴役也各自以不同的方式造成對這個豐富而獨特的環境的破壞。最著名的奴役類型，也是我一次次反覆接觸到的，是在槍口下強迫勞動。

在軍事團體手中的強迫勞動是一個連續的過程。在最極端的情況下，村民被武裝團體圍捕，遭到毆打和攻擊，並在暴力威脅下不得不工作。沒有薪資、沒有行動或選擇的自由，反抗會遭到暴力，如強姦、酷刑和謀殺。工作內容可能包含挖掘礦物、拖移礦石、分揀或清洗礦物。

雖然一些工人被俘虜並被迫進入礦區，但有些工人實際上是自己前往礦區，希望能賺錢顧生計。這聽起來是一件非常冒險的事情，而且確實如此，但戰爭使許多人沒有土地、沒有工具，也沒有任何形式的工作，絕望無助。由於沒有新聞或媒體，他們靠傳言生活，所以當他們聽說有人在礦場發財時，有些人決定鋌而走險，孤注一擲。

在礦場，監工們高興地迎接他們，承諾給他們一份工作，但很快就會把這些人鎖在債務束縛的奴隸中。他們先把錢、食物和工具以未知的利息預付給工人，讓他們開始工作。在這一個讓人聯想到佃農制的系統中，衍生費用（無論是真實的或欺詐性的）、敲詐性的利息和虛假的帳目被堆積在原始債務之上。在瓦利卡萊附近的礦區，交換的媒介不是金錢，而是一袋袋錫石礦，用來交換食物和其他物品。來到礦區的自由工人很快就發現，他們挖礦的速度不夠快，無法購買維持生命所需的食物。如果他們「貸款」購買食物，就會進一步陷入債務。他們很快就發現，自己淪落必須按貸款人的要求做任何事情的境地，也就是所有的自由都被剝奪。一位曾在礦場工作過的人告訴我，如果工人們沒有先死的話，工人被債務束縛奴役十至十五年是很常見的，而且貸款人往往會將這些奴隸出售或交易給其他人。

不同類型的奴隸制支持供應鏈中的不同環節。例如，一位當地人權工作者向我解釋了購買礦物的商人如何與礦場的武裝團體勾結，奴役工人。礦物買家會去找軍事領導人，說他有十噸礦物儲存在一個礦場，需要把礦石經過危險地區運到邊境，這樣就可以偷運出國。一旦商人向民兵指揮官支付了運輸礦石的費用，指揮官就會派出部隊去抓人。然後，這些「罪犯」被迫在沒有報酬或選擇的情況下，將一袋袋礦物穿過灌木叢運到邊境：由強迫勞動者和債務擔保奴隸開採的礦石，現在被裝在勞役償債式奴隸的背上。一個當地人告訴我，在他的村莊附近，「我認識的幾個人被逮捕，但拒絕搬運礦物。當他們拒絕時，一個人在其他人面前被槍殺，另一個人的二頭肌被大砍刀切開，導致他殘疾。」其他「罪犯」嚇壞了，扛起袋子就往外走。

另一種奴役與利潤關係不大，更多的是用以支持民兵的恐怖統治和剝削。這就是奴役兒童，把他們變成戰鬥人員。在襲擊村莊的過程中，年輕的男孩們，甚至有時是女孩們，被武裝團體綁架並接受殺人訓練。他們往往被迫強姦其他兒童或年輕人，作為洗腦過程的一部分，或謀殺自己的家人或村莊的鄰居。這些孩子們被虐待，受到創傷，而且常常被下毒，他們很快就會服從任何命令。聯合國部隊和救援人員的經常性報告說，以這種方式帶走的兒童，會被派去攜帶攻擊性武器並在礦區巡邏。這些兒童是民兵的砲灰，是可以扔給敵人的一次性戰士，很容易被替換。無論他們是男孩還是女孩，都會被強姦。剛果法律和國際法都禁止招募兒童兵，聯合國駐剛果東部的部隊在可能的情況下，將拯救這些兒童作為首要任務。儘管有這樣的努力，童兵問題仍然比比皆是。

奴役即強姦

女性在這個系統中占有特殊的地位。在剛果，女孩和婦女承受著最大的奴役負擔：她們的身體不僅被當作工具，也被當作戰場。雖然有些男性奴隸受到性虐待，但對於被奴役的婦女來說，性攻擊是常態。無論她們被招募或淪為奴隸的理由如何，無論她們被迫從事何種類型的工作來為奴隸主賺錢，被奴役的婦女都不可避免地會受到性侵犯。這是規則，而不是例外。性侵犯發生於非常年輕和年長的人身上，發生於田間、工廠和家庭。性虐待者超出了奴隸主的範圍，包括他的兒子、朋友、親戚、自由工人和顧客。能夠對任何人類活動做出斬釘截鐵的聲明是很罕見的，但我毫不猶豫地指出：對婦女來說，奴役意味著強姦。

男性奴隸主要被看作是具備勞動潛力的生命；女性奴隸則被看作是勞動力的來源，是可以作為性的出口、有生殖潛力的身體，就像鑽石首飾或昂貴的汽車一樣，是炫耀性消費的物品。這導致了一個悖論：雖然奴役是一個人對另一個人的完全控制，但對婦女的奴役達到了一種絕對性，一種恐怖，超過了對男人的奴役。

剛果東部的男性和女性，都向我描述了民兵和剛果軍隊在襲擊村莊時，如何以婦女和女孩為目標，把她們帶到叢林中充當性奴隸。一些婦女和女孩就這樣被帶到了礦場，而另一些婦女，特別是孤兒，則被年長的婦女引誘到礦場，承諾為她們提供食物，但實際上是以性交易來換取少量的礦石。這些老年婦女，透過滿足對年輕女孩和青少年的巨大市場需求而獲利。一位人權工作者向我解釋說：「男人認為年輕女孩患有愛滋病等性病的可能性較小。而且，由於年輕女孩無法自己談價格，她們的價格較低，甚至是免費的。」

這個問題因文化而變得更加複雜。一位當地人向我解釋說，女孩和婦女在傳統上被看作是物品，是繁殖的工具。在礦區，脫離了傳統的角色，她們的價值就更低了。「她們是廉價的商品，」他說，「可以用幾塊從地下收集的骯髒石頭（礦石）來交換。」另一位當地社會運動家也看見此問題，強調了機會的缺乏。「對女孩來說，她們的身體就是她們的商品。」有些婦女，尤其是在戰爭中成為寡婦的婦女，會來到礦區尋找工作。她們最終從事技術含量不高的工作，如礦物加工或為工人做飯。很快，她們就負債累累，壓力龐大，為了養活自己的孩子或僅僅是為了生存，她們轉而從事賣淫；從那裡開始，她們很快就淪為奴隸。在所有情況下，婦女或女孩都無法自由拒絕與控制礦場的武裝暴徒發生性關係。所有情況都是一個更大的共同模式的一部分：利用強姦作為戰爭武器，導致社區的社會結構被普遍的性暴力所破壞。

證人也進一步區分了關於被奴役的婦女的遭遇。除了叛軍和政府軍會綁架婦女、將她們作為性奴以外，剛果國民軍（Congolese National Army）士兵也強行帶走婦女作為「妻子」。這通常涉及到由一個人占有一名婦女，假以時日，這種關係被轉變為傳統的（儘管明顯是強迫的）「婚姻」。以下是一位婦女描述她的經歷。

那是二〇〇七年的一個晚上，我和我的家人正在家裡睡覺。外面傳來敲門聲；襲擊者命令我丈夫開門。一群身著軍裝的六人、四人持槍、兩人未持槍，走進屋內。他們開始洗劫我們所有的貴重物品。他們把我們帶到外面，強迫我們跟著他們去森林。我們到達森林後，他們釋放了我丈夫，但強迫我繼續和他們一起深入叢林。一位指揮官選擇了我作為他的妻子，他把我關在森林裡七個月，隨時強姦我。因為他認為我沒有能力逃跑，所以允許我獨自徘徊，這時我才逃出來。[6]

雖然這名婦女逃脫了，但這種類型的強迫婚姻可能成為永久性的。當一個女人失去了所有其他家庭成員，並在軍隊中找到了一個稍微安全的地方，成為指揮官的「妻子」時，可能會出現放棄和屈服。在某些方面，它類似於所謂的斯德哥爾摩症候群，即人質開始認同和同情綁架者的矛盾狀況。心理學家描述，人質會將犯罪者視為「因為單單不奪取生命，而賜予生命」。[7]在剛果東部的暴力環境中，婦女的生存極為不易，因此這種反應並不罕見。

強迫婚姻、強迫勞動、奴役、性奴役、債役、兒童兵，基伍省的無法無天和混亂程度可見一斑，以至於可以找到這麼多不同類型的奴役。衝突和混亂為奴役創造了非常肥沃的土壤，而在這裡，不同形式的奴隸制似乎都在同時出現。在戰爭的混亂中，在對礦物的爭奪中，剛果的資源詛咒開始了，法治崩潰了。那填補真空的蓬勃黑市中，奴役和破壞盛行。

精神創傷

二〇一〇年，哈佛大學的一個團隊針對這種失調症對人們的影響，做了成果卓越的調查。[8]這個團隊做了一件非常罕見的事情：與其收集個案故事或案例研究，他們蒐集了涵蓋基伍省全部人口的數據。由於進行隨機抽樣對研究人員團隊的危險，這種類型的代表性調查在剛果幾乎聞所未聞，但當涉及到受奴役、戰爭和性暴力影響的地區時，這種調查是迫切需要的。

研究人員發現，在該地區的六百一十萬人中，近五分之一的成年人報告說，他們被迫捲入衝突，包含被綁架然後被強迫拿起武器、被充當性奴隸，或以某種其他方式受到影響。這些暴力和強姦的受害者中，有些人自己有時也是加害者。被迫成為童兵的孩子們被綁架者強姦和虐待，又被迫去強姦和虐待他人。甚至還有更多的人，遭受性暴力，通常是強姦，大約兩百五十萬婦女和一百四十萬男子，總共超過一半的人口。

為了理解這個問題的嚴重性，請注意，東剛果的人口與大芝加哥地區大致相同。想像一下芝加哥的所有房屋和公寓，綠樹成蔭的郊區和市中心的街區。現在想像一下，每三棟房子中就有兩棟被武裝暴徒襲擊，住在裡面的家庭被殺或被強姦，或兩者都經歷，他們的財產被搶走，他們的孩子被帶走，他們的房子被放火燒掉。這是一個超越最殘忍的恐怖片的景象，然而這就是南北基伍的現實。

毫不奇怪，哈佛大學團隊發現，這種規模的混亂和暴力使人們失去了理智。一半的倖存者出現了創傷後壓力的症狀，幾乎一半的人深感憂鬱，四分之一的人時常考慮自殺，六分之一的人實際上曾試圖自殺。最後這一個事實需要再次強調：在六百萬人中，有一百萬人曾試圖自殺。沒有人知道還有多少人成功了。

衝突中人們的生活

走在瓦利卡萊附近，很難看到南北基伍悲劇的真正嚴重性，相反，卻能看到擺脫悲劇的方法。孩子們仍然在玩耍，母親們揹著她們的孩子，一個唱詩班正在教堂裡進行下午的練習，他們清澈的歌聲在街上迴盪。

當我們沿著一條土路走時，越來越多的孩子開始和我們一起走。在歡聲笑語中，我們發現到一件驚人的事：幾乎每個孩子都帶著一把新磨好的砍刀。他們的笑聲和閃亮的武器形成了一種奇怪的對比，我的同事大聲地開玩笑說：「這是什麼？帶著砍刀去學校的日子？」然後轉向一個當地人，用法語問他發生了什麼事。「哦！」那人也用法語回答。「今天被稱為『帶著砍刀上學日！』所有的孩子都會在今天花一些時間去割學校周圍的草和雜草。」孩子們很投入，同時玩得很開心，大人們也在想辦法忘記一切。

鎮上沒有電，但到了晚上，當地的牧師會點燃一台以天然氣為動力的發電機，持續兩小時。少數人被允許使用這種電力，用於兩項被認為比照明或做飯更重要的必需事項，也就是給手機充電和在一台破舊的電視上看肥皂劇。在赤道附近，從白天到黑夜的過渡是突然的，凝重的黑暗逼迫人們結束工作。有時，當黃昏降臨時，我們會在一家簡陋的開放式咖啡館裡停下來喝上一杯。坐在棕櫚樹葉的遮蔽物下，圍著一張用廢物做成的搖搖晃晃的桌子，我們喝著不熱不冷的蘇打水，一旁昆蟲則蜂擁而至。有時，剛果軍隊的軍官會喝啤酒，而他們隊上的六或八名年輕士兵則在大門口閒逛。看著這些年輕人，我被他們隨意掛在肩上的武器裝備所震撼。一個少年抱著一枚火箭筒、他的夥伴穿著一件裝滿火箭彈的背心、附近的一個年輕人拿著一挺重機槍，其餘的人都帶著AK-47突擊步槍，有些人還帶著手槍，手榴彈掛在他們的腰帶上。這支隊伍的青年從頭到腳都是武器。對於一家咖啡館來說，這是一個很強大的火力。我努力不盯著武器的先進性和完全缺乏自來水或電力等基本設施之間的鮮明對比。

在聯合國的保護下，瓦利卡萊正在慢慢找到一些秩序。即使在一個廢棄的帶狀礦坑的折磨下，堅韌的野草和野花也從礦渣中擠了出來。儘管學校的建築被炸毀、物資匱乏，但學校仍在運轉，課堂上擁擠熱鬧。失去一切的男人和女人做著小生意，並試圖重建。一些最有韌性的是本土的社會運動者、人權和環境工作者，他們得面對政府和叛軍。他們的薪水，即使有，也是微乎其微，而且有些人的頭上還掛著懸賞價格，但他們持續不懈、穩紮穩打，為實現正義而奮鬥。能和他們在一起是一種榮譽，就像能和菲德烈克・道格拉斯（Frederick Douglass）*和哈莉特・塔布曼（Harriet Tubman）†在一起一樣。

在我們到達瓦利卡萊前不久，一位政府部長從首都趕來，「調查這一情況」。在部長在場時，當地的一位人權活動家公開談論了殺戮和奴役的問題。在這一天結束之前，他就被逮捕，被帶到戈馬，並被指控「與敵人交流」。在後來的幾天裡，他被推來推去，最後被帶到一位官員面前，這位官員警告了他：「不要談論大人物如何在大桌子上吃飯。」（Don't talk about how the big people eat at the big table.）我說我想見見這位勇敢的人，並問他的名字，但我被告知：「也許在你的家鄉，你可以說出這樣一個社會運動者的名字，但在這裡，說出一個人的名字，就會讓他們暴露在死亡面前。」我的線人繼續解釋說，為了獲得有關侵犯人權和破壞環境的可靠信息，必須把證人藏起來，「如果軍方發現有報告或證人，所有人都會被逮捕，然後消失無蹤。」

這些社會運動者光是與我們見面，就已經冒上風險。我們到達該地區的消息早就透過口耳相傳而傳開。一位當地社會運動者告訴我們，當地的剛果軍隊指揮官已經飛到瓦利卡萊，警告他的部隊，我們要來了，重要的是「要小心這些白人，他們聽到什麼就說什麼」。軍方稱與我們一起工作的活動人士為「bouche trou」（大嘴巴），因為他們願意談論罪行和破壞。而每當剛果軍方或反叛組織感到暴露的威脅時，他們就會關閉這些張開的嘴。

我希望我可以告訴你更多關於這些英雄的事情，但是他們每天都在威脅下工作，他們的身分需要保密。民兵想讓他們死，許多政府官員想讓他們閉嘴；但他們還是繼續奮戰不懈。有些人致力於保障東剛果的人民和打擊奴役，有些人則試圖保護環境；幾乎所有的人都明白其中的聯繫，並為這兩者而努力。這些男人和女人準備好犧牲一切，有時他們也會這樣做。與大多數廢奴主義者一樣，這些前線工作者將他們所承擔的風險視為工作的一部分而已。他們的生活也很拮据，因為除了少數反奴隸團體外，更廣大的世界甚至不知道他們的存在。[9]

這些社會運動者在礦場周圍悄悄地協助奴隸逃跑，並記錄露天採礦對森林和流經森林的河流

---

* 譯註：菲德烈克．道格拉斯是一位革命家、政治家、演說家、作家。在十九世紀，成為廢除奴隸制與社會改革的領袖，影響力涵蓋全美，畢生爭取黑人權益，是廢奴運動的代表人物之一。

† 譯註：哈莉特．塔布曼是美國的一位廢奴主義者和政治活動家。塔布曼出生時是一名奴隸，但她長大後成功逃脫，並運用反奴隸的社會網絡和「地下鐵路」，發起了大約十三次行動，並救出大約七十名奴隸，包括她的家人和朋友在內。在南北戰爭期間，她曾擔任聯邦軍的武裝偵察員和間諜。到了晚年，塔布曼則積極地為婦女爭取選舉權。

造成的巨大破壞。但是，並不是所有的武裝幫派都定居在可以選擇採礦的地區。一些幫派在與烏干達接壤的邊境一擁而上，跨越國際自然保護區的脆弱邊界，把他們的奴隸推到他們面前。破壞是難以想像的；稀有的大猩猩被屠殺，因為牠們本該「受保護」的森林家園被燒毀，以製作木炭出售。河馬因其肉和河馬牙而被宰殺，隨著一個又一個物種被滅絕，牠們周圍環環相扣的生態系統亦隨之崩潰。

大猩猩之死

在我寫這一章的時候，有一座自然保護區傳來了不幸的消息。一枚火箭筒炸死了三名公園管理員和五名士兵[10]，當時他們正在維龍加國家公園（Virunga Park）裡幫助難民到安全地帶。自一九九六年以來，已有一百三十多名護林員在保護這個自然保護區時被殺害，或被捲入不同武裝團體的戰鬥中。占地七千多平方公里的維龍加公園是非洲最古老的公園，成立於一九二六年，是世界上大約三分之一的稀有山地大猩猩以及大象、河馬、水牛和羚羊的家園。它是如此珍貴的生態系統，以至於聯合國教科文組織宣布它為世界文化遺產。但在近九十年後，維龍加公園的處境岌岌可危；在那些打砸搶奪南北基伍資源的武裝暴徒的眼裡，這個受保護的森林保護區像是一個可以恣意摘取的甜美果實，他們已準備好使用和消耗任何數量的奴隸來實現這一目標。

在他們的火力面前，大自然沒有存活的任何機會。二〇〇六年，一個德國保護組織對維龍加公園的河馬進行了一次普查。他們的發現讓他們和全球環境保護界感到震驚。之前的普查發現了三萬多隻河馬，是地球上最大和最健康的河馬種群之一，但這次他們卻只能找到六百二十九隻。研究人員乘坐小型飛機，沿著愛德華湖（Lake Edward）岸邊和為河馬們提供水源的河流數河馬，但他們看到的不是預期的河馬群，而是馬伊馬伊叛軍（Mai Mai，又稱麥麥民兵）[11]在殺戮和屠宰動物，岸邊散布著一堆被肢解的屍體。這是用機槍和手榴彈發射器進行的工業化屠殺。士兵們砍掉河馬的牙齒作為河馬牙出售，受奴役的搬運工走成一長條隊伍，抬走河馬的肉，在公園外的城鎮和村莊市場出售。來到岸邊喝水的大象和水牛也被殺害和屠宰。湖水被血染紅了，染紅了海岸線。

屠殺不僅對河馬的數量產生了災難性的影響，而且對湖泊的生態系統，以及為避免衝突而逃到那裡的難民也是飛來橫禍。幾個世紀以來，愛德華湖一直養育著捕魚的當地居民，他們的主要漁獲物是吳郭魚，這是一種重要的蛋白質來源。但是，魚群的規模取決於河馬的數量，因此在河馬被屠殺後就崩潰了。美國魚類和野生動物管理局（U.S. Fish and Wildlife Service）的非洲專家理查德．魯吉羅（Richard Ruggiero）這樣解釋：「任何吃大量生物質的動物，如河馬吃草，都會對生態系統產生重要影響。河馬不僅吃掉大量的草，而且消化了這些草，並將其沉澱進入到水生生態系統中，從而使其肥沃。」[12]這是一種非常好的解釋方式，即每天每隻河馬向湖中排泄出將近三十公斤的糞便。浮游生物以這些糞便為食，然後吳郭魚和其他魚類的蠕蟲和幼蟲以浮游生物為食。因此，沒有河馬就意味著沒有魚，湖周圍因為衝突而逃來到此處的難民而增加的總人口，隨著魚群的崩潰而餓肚子。但是，武裝團體並不關心這些魚或湖邊的村莊。當河馬的肉被賣到附近的城鎮時，他們賺得飽飽的。

與河馬不同，維龍加的山地大猩猩數量從來沒有高到數千以上，動物保護者對大猩猩被殺的新趨勢特別擔心。在過去，大猩猩偷獵是由兩個可能的原因之一驅動的。在地方上，武裝團體或飢餓的村民和難民為了吃肉而殺害大猩猩。在國際上，專業獵人在非法野生動物市場上以一隻數千美元的價格出售大猩猩寶寶。但在最近的殺戮中，支持維龍加公園護林員的團體「WildlifeDirect」的前主管伊曼紐爾・德梅羅德（Emmanuel de Merode）解釋說：「沒有一隻大猩猩的肉被切下，而且其中一隻母猩猩身上還有一個嬰兒。在大猩猩保護的歷史上，從來沒有發生過像這樣的事件，一群大猩猩被攻擊，不是為了肉，也不是為了小猩猩。我們相信這是從事木炭生意者的破壞行為，他們就是想對大猩猩趕盡殺絕。」

這些外表雄壯但通常個性溫和的猿類，一般生活在小家庭群體中。牠們主要以植物為食，每天大部分時間都在湖邊山上霧濛濛的雲霧森林中吃草，經常停下來互相梳理和玩耍，特別是與幼年大猩猩。雌性在覓食時帶著牠們的嬰兒，並以母乳餵養，直到牠們的孩子大約三歲。母親和後代之間的情感聯繫很緊密，雌性也傾向於與單一的銀背雄性終身交配。這種緩慢而樸素的生活，以及大猩猩與牠們狹窄的生態位之間的緊密配合，意味著繁殖率很低。雌性每六到八年生一個嬰兒，一個母親在四十年的生命中只有兩個孩子的狀況也不少見。

儘管山地大猩猩擁有強大的體能，但卻相當膽小，會害怕蜥蜴和鱷魚，也會避開變色龍和毛毛蟲，並儘力在不弄濕腳的情況下穿過任何溪流，甚至有時會用棍子來測試水的深度。研究人員發現牠們會使用簡單的工具，如用石頭砸開棕櫚果，或用樹枝臨時製作的棍子。大猩猩是繼黑猩猩（chimpanzees）和倭黑猩猩（bonobos）之後我們最近的親戚，共享我們大約百分之九十七的DNA。

大猩猩是衡量奴役和環境破壞之間聯繫的一個明確標準。牠們是礦坑中的金絲雀，是強大但敏感的人科，牠們的滅絕將標誌著偉大的雲霧森林的結束的開始。牠們是一種稀有而重要的物種，但在一個缺乏外來投資的國家也是非常有利可圖的。在剛果東部，大約有六百萬人口，但只有大約七百隻大猩猩，大部分生活在維龍加公園。雖然大猩猩的數量不多，但牠們有可能為剛果的經濟帶來比幾乎任何一個人都多的收益。剛果的人均收入為每年兩百八十美元，同時，即使是在衝突肆虐的情況下，以觀賞大猩猩為賣點的旅遊業帶來了三百萬美元的收入，另外還有兩千萬美元的間接利潤用於旅館、餐廳、交通等等。簡單地說，每隻大猩猩每年給東剛果帶來大約兩萬五千美元的收入，而這是一種資源，如果不被破壞，就會源源不絕（並慢慢繁殖）。維龍加公園位於盧安達境內的那一部分清楚顯示這是可行的。在那裡，新的小徑已經建成，遊客可以參觀山頂、恩嘎基湖（Ngazi）和《迷霧森林十八年》（*Gorillas in the Mist*）的作者戴安・弗西（Dian Fossey）的墳墓。三群金絲猴（golden monkeys），一種只在公園裡發現的華麗物種，因為已經適應了人類的存在，每天都可以被參觀，這都是觀看大猩猩以外的機會。這是為當地經濟注入資金並保持森林安全的好生意。

同時，大猩猩也守護維持著牠們的棲息地。我們可以把牠們看作是雲霧森林中的河馬。像河馬一樣，這些大型食草動物每天都在「處理」大量的植物性養分。與河馬不同的是，牠們並不只是生產肥料。大猩猩喜歡吃水果，而水果有種子。種子通過大猩猩的消化道，然後在新鮮的糞便堆中生長。或者，靈長類動物學家形容得非常微妙：「大猩猩吃了大量的種子……讓這些種子沉積在小路上的糞便中，或散落四周在原本樹冠下或附近的地方。」[13]這聽起來簡直像是大猩猩小心翼翼地用手取出種子，然後用手術式地將牠們植入糞便中，直到看到「散落四周」一詞：這是一種我寧願不去想像的廢物處理方法，但這意味著大猩猩不只是吃森林，牠們還幫助森林向外擴張和生長。

與許多吸引遊客的物種不同，大猩猩擁有溫柔的靈魂。雖然牠們可能容易感染肺炎等人類疾病，但在牠們的棲息地開發觀光，同時保證每個遊客的安全是可能的。但是對於入侵維龍加的武裝團體來說，大猩猩的稀有和優雅並不重要，大猩猩和河馬一樣，只是食物。牠們很容易被追蹤和射殺，被黑幫吃掉，多餘的肉被送到城鎮去賣。在叢林中，大多數被殺的大猩猩完全就不見蹤影了，但三年前，當兩隻著名的雄性銀背大猩猩被殺時，公園管理員在一個叛軍營地的廁所裡發現了牠們的頭和腳。「那是一種可怕的臭味，是腐肉和人類排泄物的混合物。」一位保護主義者在現場報告說。其中一隻大猩猩已經習慣了人類，因此，牠特別容易成為目標。面對全副武裝的叛軍，發現遺體的管理員完全無能為力。

殺死這些大猩猩的武裝人士，並不是屠殺河馬的馬伊馬伊叛軍，而是另一個名為剛果民主聯盟（RCD）的武裝團體，人數約兩千人，由一個叫洛朗·恩昆達（Laurent Nkunda）的人領導。恩昆達在維龍加附近建立了自己的「山地國家」[14]，並利用他的士兵強姦、恐嚇和奴役當地人，以竊取黃金、木材、鈳鉭鐵礦石和其他自然資源，以及屠宰受保護的物種進行銷售。他尤其以強迫數以千計的兒童成為士兵而惡名昭彰。二〇〇九年，一支盧安達和剛果的聯合部隊抓獲了恩昆達，但他的「山地國家」剛剛落入新的人手中。他被趕走的原因，似乎是因為更多強大的武裝團體不僅想掠奪維龍加的動物，還想吞下整座大森林本身。

維龍加的木炭

在世界各地，熱帶森林正以令人難以置信的速度被破壞，每棵樹的倒下都會釋放出二氧化碳，加劇全球暖化。剛果擁有世界上第二大的雨林，但衛星圖像顯示北基伍省和南基伍省越來越多地方的樹木被剝奪了。雖然維龍加公園的樹木可能是有用的木材，但對叛軍來說，它們在被燒成木炭時更有價值，這一過程又增加了溫室氣體排放的速度。在沒有道路的情況下，很難將巨大的原木運出森林，但一袋二十多公斤的木炭可以被抬到肩上或平衡在自行車上，由一個在槍口下被趕來的少年奴隸運出森林。這些奴隸，尤其大部分是男孩，離開森林後，沿著山坡上下來，加入到通往戈馬的道路上。在那個城市，大多數人使用木炭做飯和取暖，而供應木炭對武裝團體來說估計每年有三千萬美元的價值。然而，戈馬的炊事火堆只使用了保育林中的一小部分木炭；甚至更多的木炭越過邊界流入盧安達。二〇〇四年，盧安達為了保護自己的森林，通過了一項法律，禁止在該國任何地方生產木炭。這意味著約九百萬盧安達人不得不到其他地方尋找供應，而盧安達附近唯一可用的來源，就是維龍加國家公園。

維龍加公園護林員之一的保林．恩戈博博（Paulin Ngobobo）是這種破壞的見證人。他解釋說，罪魁禍首既是反叛組織，也是被派來保護森林公園和當地居民的剛果軍隊。士兵們雖然建立路障，也定期巡邏，但他們也在尋找賺錢的方法。一些士兵已經多年沒有領到薪水，於是轉而將製造木炭作為收入來源。[15]恩戈博博解釋說：「軍隊是因為森林公園裡有武裝匪徒活動而來到這裡，但他們卻沒有拿到薪水，所以他們開始伐木、造炭，自謀財源。」

派軍隊投入戰場卻不支付軍隊薪水，這在剛果有悠久的歷史。[16]在剛果掌權三十二年的獨裁者前總統蒙博托「曾經問過他的士兵，既然他們有槍，為什麼還需要薪水？」據恩戈博博說，軍隊利用軍事活動作為木炭貿易的掩護。「我們會收到一份報告，」恩戈博博指出，「他們的軍事指揮官說，由於軍事演習，我們不能在公園裡巡邏一段時間，但他們實際上就是在砍伐樹木和盜獵。」

「大猩猩已經成為木炭貿易的阻礙，」伊曼紐爾．德梅羅德解釋說。「剛果過去十五年的歷史，就是一段對自然資源的非法開採史，」德梅羅德說。「木炭貿易絕對吻合這種狀況。盧安達境內的自然資源是不具永續性的，所以不得不向外尋求。現在的情況是，盧安達只有一個真正的木炭來源，那就是維龍加國家公園。」與此同時，公園附近的人們，其中許多人是戰鬥中被犧牲的難民，他們急切地渴望透過任何方式賺錢。恩戈博博試圖說服當地人相信森林的價值，但這很難說服當地人。「人們非常貧窮，他們不可能看到公園的價值。他們反而把森林看作是另一個障礙。」他說。武裝團體對恩戈博博對木炭貿易的干預感到不滿。二〇〇七年，當他與村民會面討論保護森林的問題時，他被民兵逮捕，被剝光衣服，並當著前來拜訪他的村民的面被鞭打。一年後，他被剛果軍隊逮捕，並被指控提供有關木炭貿易的虛假信息，以及阻礙對大猩猩被殺事件的調查。[17]

這是一個在許多層面上的悲劇，很難知道從何說起。環境破壞、死亡和奴役在循環中相互滋生，一旦開始，只有當它們達到毀滅的極限時才會停止。武裝團體以暴行和性侵將人們趕出家園；成千上萬的人被奴役。他們透過砍伐、宰殺森林中的珍貴資源購買武器和子彈，這有時是透過供應到當地市場的肉和木炭，有時是用於生產我們購買的產品的礦物。法治蕩然無存，盜賊蜂起，什麼事都可能發生。由於民兵們沒有理由保護或維持聚落或自然環境，他們破壞和榨乾一切。當地的農業被破壞或被棄置，飢荒悄然而至。腐敗在混亂中滋生，人類禿鷹到來，每個人都想從該地區豐富的資源中分一杯羹。

很難找到擺脫這一困境的方法，但有一個地方，理性可能占上風，並促使真正的正面改變——那就是你和我在這場災難中扮演的角色。讓我們回到我們口袋裡的電話。我們不買維龍加森林的木炭，也不吃大猩猩的肉，但支撐剛果東部罪犯的真正金錢不是來自大猩猩或木炭，而是來自電子產品中大量使用的礦物質。因為它是通過一個全球供應鏈過濾的，這個供應鏈對礦石進行了粉飾和綠化，掩蓋了其破壞性的來源，所以當我們每次使用手機或打開筆記型電腦時，我們既推動了對這些礦物的需求，也從中受益。如果這些礦物能夠從奴隸的手中被追蹤到我們的手機和筆記型電腦中，我們就能找到阻止這場災難的地點和方法。站在被燒毀的森林裡，現在已經沒有了豐富而寶貴的生命，我知道這是我的下一步，我必須努力挖掘，追蹤這些礦物。

回到瓦利卡萊，我走到一處山脊上，往下看那條奔騰穿越村民聚落的河流。我從口袋裡拿出一支破舊的諾基亞手機，按下一長串數字，將我和住在倫敦的愛妻聯繫起來……

第三章

錫從哪裡來？

過去這裡曾經是一座山，現在則成了瓦礫堆，成為一整座內層被掏空、又滿布著人類的廢棄物、有毒化學物質和血液的垃圾堆。這裡是比西阿（Bisie）礦區，距離瓦利卡萊鎮將近五十公里。這是一座錫礦和鈳鉭鐵礦（coltan）山，因為螻蟻般的奴隸們蜂擁而至、開挖隧道採礦，所以礦藏量迅速銳減中。現在有兩萬人居住在這座山裡的破爛之城中。

從遠處看，這裡並不像一座城市，只有成千上萬個廢棄塑膠袋被風捲起、飄蕩在空中，直到勾在電線和變形的桿子上，然後布滿結塊的泥灰雜亂堆積在四處。露天的坑洞淤積著雨水和汙水，裡面還有蠕動的蚊蟲幼蟲和寄生蟲。精疲力竭又眼神空洞的孩子們、形容枯槁的男人們以及表情木然的女人們如鬼魂般飄過霧中，且在昂首闊步的士兵經過時，畏縮害怕。他們的恐懼是真實的，正如一個女人對我說：「這是女孩像山羊一樣被屠殺的地方。如果有人被懷疑吞下了寶貴的礦石，就會被割破肚子。」

曾經有一段時間，這個森林的腹部，也就是山的正中心，尚未被人類破壞得滿目瘡痍。但在我們回到過去之前，你先環顧四周。靠近你的四周應該至少正有一塊電路板，它是資訊時代主要的零組件之一。但如果沒有採礦奴隸們在比西阿礦山挖錫石，電路板無法運作。錫石其實就是錫礦石，錫被用來製造焊料（solder），而焊料就是將電子零件焊接在一起的材料。用於電子零件的焊料（該詞源於拉丁語的「製造固體」〔make solid〕）是百分之六十三的錫和百分之三十七的鉛的混合物。錫和鉛的精密混合物可以非常精確地將一個電路連接到另一個電路，也能將積體電路片固定至電腦主機板上，或成千上萬種用途在製造手機、筆記型電腦，和其他（汽車、玩具、嬰兒監控器，甚至龐然大物如大型噴射式客機和超級油輪）需要電子零件的物品。[1]

一座錫礦山的沉淪

這使我們回到剛果和比西阿礦山。在一九八〇年代，住在森林這邊的村民發現，在比西阿河的淺水河床上布滿錫的錫礦卵石（cassiterite pebbles），便把礦石收集起來賣給到訪的貿易商人。隨著手機和筆記型電腦使用量激增，貿易商於是渴望更多，錫礦價格飛漲。村民們便沿著河岸撿拾更多的錫礦卵石，更往上游走，欲尋找錫石的源頭。在森林深處，河切入山中，遍地都是錫礦卵石。當村民們挖到山腰時，他們發現山上到處都是黑色的卵石。在河對岸的那座小山，也是密密麻麻的紅色錫石礦。這兩座礦山，黑山和紅山，連同河流本身及河流氾濫出來的洪氾平原，共同構成了礦區。最早發現礦石的村民們如今已杳無蹤跡。沒有人知道他們發生了什麼事。在剛果戰爭期間，武裝部隊被礦產資源吸引到了該地，並殺害、奴役或是趕走原本在那裡的人們。

山上滿地坑坑疤疤，彷彿被轟炸過一樣，這個被遺棄的城市坐落在山頂和山邊。樹木全部被砍光，到處都是巨石和瓦礫、泥土和碎石，土地上寸草不生。礦區豎井深入山邊，山的心臟幾乎都是純錫礦，因此有多條隧道匯聚到山心，開鑿一個中央空間。男人和男孩僅僅靠著綁在頭上的微弱頭燈，用錘子和鑿子在隧道裡猛烈敲打牆壁。日復一日，年復一年，他們將數百萬公斤的廢石用人力背負的方式搬運出礦區，將廢石丟棄在山腰上。開採後的錫礦被帶到河邊，被放置在舊油罐中，這些油罐頂部被切開，側面和底部打孔，礦石在舊油罐裡被清洗一番，以除去灰塵和沙子。

礦工們由形形色色的人們所組成，但全都面黃肌瘦、精神困頓。有些是聯合國介入並解救的、曾經擔任過兒童兵的孤兒。政府開了空頭支票承諾會協助他們，卻從來沒有兌現過，他們因此來到礦山希望能圖個溫飽。許多礦工陷入以勞役償債或假債務的騙局中而被奴役，有些則在槍口下受威脅而逃不了。婦女和女孩們的工作往往是清潔礦石、煮飯或者是性服務。有些人被抓、被強姦，然後被帶到這裡來。也有些人的家庭和村莊被摧毀了，所以來此尋求生存機會。在兩萬名居民中，大多數人是生病和受傷的。只有那些當老闆的人、軍人和某些商人能衣食無缺。

由於沒有安全防護設備，工作時很容易會受傷。最嚴重也是最普遍的是矽肺病，這種病是因為肺部吸入了被磨得非常微小的屑石粉塵。粉塵導致肺出血，並且會在組織留下疤痕。疤痕組織若是越擴越大，肺部就越無法將氧氣吸入人體。久而久之，即使健康的人也會被擊倒，總有一天甚至窒息而死。鑿石時飛出的碎片常會傷到眼睛，而石頭掉落及其他意外事故發生則會傷到骨頭。因為一堆人全擠在隧道裡「安全」的地方一起睡覺，大多數礦工都飽受疥瘡[2]和紅疹發炎之苦。身體健康狀況差，加上過度擁擠，代表傳染病會快速蔓延。在這裡罹患了明明可預防的疾病，最後卻喪命的情形比比皆是。性病也同樣不可收拾，現有的少數幾個女人，幾乎完全沒有身體自主權，在毫無保護措施的情況下，被許多男人強姦或利用，導致傳染病快速蔓延。被困在這個地獄中的許多礦工用礦石交易毒品，通常是換大麻和當地缺少的麻藥，而吸食毒品後精神恍惚的去上工，導致他們發生事故的機率大增。

有一天晚上，外頭閃電暴風雨交加，我坐在一個戶外的休息處，與兩個在比西阿礦區工作的年輕人聊天。當下情境簡直像是廉價電影中老掉牙的情節：提到每個關於詭計和暴力的字句時，鋸齒狀的炫目閃電隨即劈打而下，怪異的白光使附近的樹木看起來蒼白又虛幻。詭譎又陰沉的雲，持續而低沉的轟轟聲，預示著他們故事中埋藏的伏筆。儘管我們靠在一起，但雷聲常大到蓋過他們的聲音，我得扯開嗓門才能讓他們聽得到我說的話。兩人溫和緩慢地談論著疾病和危險：「上個月，」其中一個人說，「霍亂爆發，死了兩個我們的朋友。」「接著是地震，」另一個補充說，「礦坑裡牆壁坍塌，岩石掉落，許多人受了傷，有些人被活埋。」

兩人都是為了找工作而來到礦山，但兩人現在都背負根本無法償還的債務。其中一位年輕人被交代將數袋錫礦石上鎖，但就在等待鑰匙時，其中一袋錫礦石被偷走了。他因此被要求必須對遺失的那袋重達五十公斤的礦石負起責任，現在他的工作是將一袋一袋的礦石從礦山裡搬運出來以抵債。粉塵已經開始在敲喪鐘，他總是咳嗽並且會胸痛，疝氣也令他經常疼痛。生病時他不得不再次借錢治病。不斷加劇的繁重工作、疲憊和疾病，以及越來越巨大的債務，使他螺旋式地向下沉淪，難以翻身。他不知道還得這樣工作多久，或者何時他的債務才能還清。

武裝團體入侵

比西阿礦區本來有機會在沒有強姦、奴役和謀殺的方式下運作。根據剛果習慣法，這些山的所有權應該歸屬於居住在現場附近的兩個部落氏族所有。隨著第二次剛果戰爭結束，一家名為「剛果礦業與加工」（Mining and Processing Congo）的礦業公司致力於開發比西阿礦場。中央政府核准其探測權，另外還與當地部落氏族進行協調，同意要蓋學校、保健中心、水力發電廠、木薯粉磨坊，以及培訓和雇用當地工人。該公司在山上建造了由隔板房屋組成的一個住宅群、一間工人餐廳，和一個直升機停機坪。但是正當公司準備提高產量時，當地的軍事強人也採取了行動。

戰爭期間，薩米・馬圖莫（Samy Matumo）上校在同一地區領導一支馬伊馬伊叛軍。戰後，他接受了政府的提議，將其部隊併入剛果國家軍隊，他的部隊則更名為第八十五旅。政府的計畫是吸收這些反叛軍後，讓他們在軍中解散掉，但是馬圖莫拒絕讓他的士兵解散，反而在採礦場建立了一個營區，並瞬間改變角色，轉而以收取保護費為業。剛果礦業與加工公司的工人很快就遭到了粗暴對待。有個工人被槍擊中腿部，必須靠直升機載運出去。隨之而來的是更多的暴力，以及隨機逮捕、騷擾和死亡威脅。之後馬圖莫向礦業公司喊價：每個月支付他一萬美元，所有這些問題就會消失不見。面對勒索，剛果礦業與加工公司把工作人員全撤走並且停工，馬圖莫因而將目標轉向以非法武器交易來接收礦場，以及不恪守法規的商人們。不久之後，地方官員的腐敗和收受賄賂形成一個緊密的網絡，使馬圖莫能與一家影子礦業公司搭上線，這家公司位於戈馬，正準備購買礦產，且不過問礦產來源。馬圖莫開始以自己的方式開採該礦場，完全沒有為當地人蓋任何基礎建設，僅只是奴役工人，並指揮其擁有的戰鬥人員管理其他工人。比西阿礦場的合法權利仍然歸屬於剛果礦業與加工公司所有，但是從他們在戈馬的辦公室裡所能做的唯一一件事就是，不斷眼睜睜看著一架架舊式俄國飛機從頭頂上飛過，將他們的錫礦運出該國。

事情原本可以有轉圜餘地。如果剛果政府落實法治的話，剛果礦業與加工公司今天就能合法地、負責任地開採比西阿的錫礦。薩米．馬圖莫的士兵可能早已經被解散，可能正在學習過著奉公守法的現代生活。奴隸們可能可以享有自由，婦女和女孩們可以免於性侵害，而從走私錫礦所獲得的利潤可能也不會流入罪犯的口袋，用於支持恐怖犯罪。一切情況或許有可能會不同，但很遺憾事實並非如此。政府已經腐敗至無法控制武裝團體，也無法控制屈從於黑金的地方官員。法律並不能保護人民，更別提採礦合約了，所以那裡並沒有任何的救濟對策。

而所有這一切背後的事實是，因為你、我需要這些礦石原料。我們的需求量是如此之高，以至於犯罪的人（來自政府的內部和外部）都無法抗拒抄近路賺錢、奴役他人，以及在過程中犧牲地球的自然生態。

錫的全球供應鏈：從地底到走出非洲

從比西阿礦山到進入你口袋裡的手機，大約需經過十一個供應鏈環節，其中倒數的兩個環節，一個是我們平常購買商品的零售商，另一則是我們自己，也就是手機、筆記型電腦，以及其他所有產品的最終端消費者。由於大多數企業不希望奴工出現在他們的產品中，因此，在供應鏈的最初端，就已是充滿層層隱藏奴工存在之事實的謊言。對於原物料出身來源的罪惡感或責任感，在供應鏈上的每一環節中逐次消減，直到在許多消費者的心中徹底不見。

現在讓我們來仔細稽查該供應鏈，但是與其關注於礦石本身，不如順著供應鏈來檢視相關的人員，探索他們運送礦石背後的動機。這樣，我們就可以適當地確定誰在法律上有罪、誰應受罪責、誰可能沒有觸犯法律但仍然必須對於剛果境內發生的事情承擔部分道德責任。

供應鏈中的第一個環節是礦工，他們是挖礦和鑿礦的人，也是受害最深的人。礦工除了知道礦石被運走後，他們的主人會從這麼多袋骯髒的礦石中賺取很多錢之外，他們對於礦石後續有什麼用途其實一無所知。這些礦工們都是被奴役者，他們因為被毆打、被詭計欺騙、或被抓來此而被奴役。在現場被剝削和被虐待的女孩和婦女們，她們既無辜也無須負任何責任。他們全都是受害者。他們之所以捲入這條供應鏈並非自己所願。他們會採礦，僅僅是因為他們別無其他選擇。

第二個環節，是施暴於這些男人和女人、男孩和女孩的流氓惡棍，他們罪證確鑿，無從推卸。無論他們是叛軍集團的成員，或是剛果軍隊的成員，只要曾經奴役他人都是有罪的。那些靠這個犯罪活動過活的寄生人物同樣有罪，包括官員、部落首領、貪汙的警察、放債人、妓院老闆，和礦物交易商。這些人要嘛強收稅金，要嘛假逮捕卻真擄掠奴隸，要嘛透過債務來奴役他人，不然就是交易兒童的肉體，或者明明知道到在礦石背後有見不得人的血淚暴行，偏偏卻還來買賣這樣的礦石。他們參與的動機就是要在這個貧窮的地方盡可能地搜刮財物。在此環節較高層級中，金錢被使用於為他們的民兵部隊提供資金和賄賂官員，藉以獲得相對的財富和權力。使用於較低層級時，也就是在一般士兵的層級中時，一般士兵的動機與奴隸本身的動機幾乎沒有什麼區別：一般士兵也是被這殘酷的系統給束縛住而力圖苟延殘喘，但這絕不能成為他們施加暴力予供應鏈上比他們更低一階的人的藉口。

就是在供應鏈中的此階段，我們很容易發現「生態滅絕」（ecocide），也就是對自然環境的大規模破壞。[3]這就是結合了奴隸制與破壞環境之罪行，此兩者彼此交互作用，成為每況愈下循環的開始：生態滅絕讓當地人變得更窮困，因為他們正常的生計被摧毀了，害得他們更加難以對抗奴役制。奴隸制使環境更進一步地遭受到破壞，首當其衝的是本地小區域的環境，其次是全球的大環境。在供應鏈這一層級裡，驅使奴隸制的暴徒和罪犯們，無論其身分是官員、是叛亂分子，還是「商人」，他們同樣都是對於生態滅絕犯有罪行的人。他們的動機是什麼？民兵領袖所處的都是爾虞我詐、弱肉強食、朝不保夕的地方，他們不會花時間去想，這個鞏固他們權力的奴工系統對環境造成的重大傷害。在尋求金錢和權力的暴力過程中，對當地棲息地和物種的破壞、對生態系統的摧殘，以及溫室氣體釋放等問題，他們根本一無所知。因為他們知道一旦被其他武裝軍團包圍，他們隨時可能會被迫離開，殺戮和掠奪成為他們的日常工作，同時還必須保留開放的逃生路線，與一堆備妥帶走的黃金和現金。

供應鏈中的第三個環節是礦石交易中間商，還有他們雇用的飛行員、卡車司機、記帳員與其他雇員。大部分的武裝團體或地方官員都不自己出口礦產；而是僅將礦石賣給這些代理商（在剛果以法語稱之為 négoçiants）。代理商會到礦區採買礦石，並安排礦石的運送工作，有時是用卡車運送到戈馬，有時是以空運方式非法走私到某個鄰近國家。這些人是罪犯，是沒有攜帶武器或穿著戰鬥裝備的罪犯。他們受過足夠的教育，懂得如何管理帳戶和國際匯兌，他們聚集在剛果東部的聚點、鄉鎮和城市中，透過所經手的礦石來獲取最大利潤。這些白領階級的代理商，泯滅良知甘為奴隸制和生態滅絕的共犯，他們確切地知道他們所購買、所運送和所販售的是什麼。當可怕的罪行發生時，他們正是站在一旁的第一手證人，但袖手旁觀只為了抽取酬金和利潤。

代理商將他們的血礦產運送給第四環節，也就是貿易公司及出口商（法語稱呼其為 comptoir）。他們可能位於戈馬、盧安達、蒲隆地、烏干達、肯亞或其他國家中。這些人是犯下協助與煽動教唆奴隸制和生態滅絕罪的商人。他們及其公司蓄意從犯罪中獲利[4]，且他們的行為助長了這些犯罪行為。此舉在大多數國家都已符合刑事犯罪的法律要件。即使他們沒有親手參與對奴隸施暴，或者是介入破壞環境而弄髒自己的手，但這些人負責參與銷售贓物，等於為暴徒及其同夥築起防護牆掩護他們。就某些方面而言，這是最困難的一環：將被盜的貨品、金錢或礦石置入於表面上看似合法的生意中，藉此將受汙染的礦石，由不合法轉成為「合法」商品並投入市場中行銷。儘管貿易商行和出口商一連串否認此事實，但沒有任何花言巧語能推諉其責任，假裝不知情。已經有太多的調查人員循著衝突礦石的蹤跡追到了他們的家門口。奴役罪和生態滅絕罪是靠這些貿易公司和出口商的支持才得以繼續存在。而這些人所說的謊言只會更加重他們的罪行。他們的動機很容易被理解：「燙手」商品的價格總是比合法的商品便宜，他們才以低價買入、高價賣出，從中賺取可觀的利潤。

這些經營貿易公司和出口倉庫的商行，要不是將受到汙染的礦石與其他可能沒有受到奴隸制與生態滅絕汙染的礦石混雜在一起出售，再不然就是將礦石重改標籤，改標記為「盧安達錫石」，然後再售予第五個環節，即遍布於歐洲、北美、中國、俄羅斯和澳洲的企業。也就是在此步驟裡，礦石被運出非洲時，被套上了面具，藉以掩蓋掉真正的來源處。這些買下已經被改頭換面的錫石的公司經營冶煉廠，會將錫礦石進一步加工，製成純錫或焊料，或是把生鈳鉭鐵礦轉化為細粉，再用細粉來製造出電子電容器。

此步驟共有三家巨頭公司，消耗了全球大約百分之八十的礦石，分別是總部設在美國的卡博特公司（Cabot Corporation）、總部設在德國的世泰科（H.C. Starck）公司，以及中國國營的寧夏有色金屬進出口公司。[5]其中卡博特公司和德商世泰科公司的經營者，有制訂嚴格的政策，禁止從剛果購買鈳鉭鐵礦或者是其他的衝突礦石，且公司內部會自行管理稽查。但是我就一直找不到寧夏有色金屬進出口公司發布這一類的相關政策。直接打電話給他們在英國和美國的代理商也是徒勞無功，得不到結果。他們英國的電話號碼「早已不使用了」，至於美國的電話號碼則是語音留言說：「你要聯繫的人不接受來自未知號碼的電話。再見。嗶。」[6]

在大型公司底下另有一系列較小型的加工廠。[7]小型加工廠中有一部分正在做對的事情，他們參與了「國際錫研究組織」（International Tin Research Institute, ITRI。現更名為「國際錫協會」（International Tin Association））[8]的「錫供應鏈倡議」（ITRI Tin Supply Chain Initiative）的追蹤計畫，或簡稱為「iTSCi」。[9]這個iTSCi計畫是一個有前瞻性的做法，參與的小型加工公司了解非洲，也了解礦石。iTSCi計畫提供了各項稽查，使用條碼標籤作業，同時也將地方官員的角色包含進來，使他們做該做的正事。透過此計畫，國際錫研究組織有信心他們能從源頭端，也包括剛果東部的礦區在內的源頭端，標記出乾淨、未受人權侵害汙染的礦石。他們想要稽查的礦山名單中排行首位的，就是比西阿礦山。

或許你以為大家會踴躍支持此計畫，但實際上在二〇一一年一月時，根據鉭鈮金屬研究中心（Tantalum-Niobium Research Center）負責人的說法，由於資金短缺，此計畫曾經「陷入瀕臨失敗的危險中」。[10]當時特別令人沮喪的原因是，該計畫一開始預計向礦物加工商徵收少量款項，來達到資金自給自主架構。其實，由供應鏈中較後端各方相關者來支持此計畫才應該，亦即從電子零組件製造商開始，一路下達到主要的零售業者都參與其中，而且計畫具有很好的建議功能。當我與剛果東部的小型家庭礦石業者與人權工作者交談時，他們向我提起了國際錫研究組織，並表露想參與其中的想法。iTSCi計畫不是他們的絆腳石，反而是必須從貪腐官員的手中拿到他們已經在開採中礦場所需的法律許可，才是他們的絆腳石，因為如果拿不到許可證的話，就無法證明他們才是礦區真正的經營者。

截至二〇一四年止，該計畫尚未停止，仍舊處於緩慢擴張中。這裡有一個良性循環等著被啟動，它需要供應鏈中更多不同層級的更多公司加入參與才行。但令人難過的是，有些公司選擇袖手旁觀，因為他們不確定用哪種方法是處理和檢核供應鏈的最佳方法，而另一些公司則按兵不動，希望未來問題能夠自動一掃而空，並且是由別人來解決掉問題，讓他們可以省掉麻煩和費用。

錫的全球供應鏈：電子工廠的上游與下游

當礦物離開這些大大小小規模不一的冶煉廠和加工廠時，供應鏈的第六個環節將一分為二，形成兩條截然不同的分流。兩條分流都是由製造基本零組件的公司所組成，例如像用鈳鉭鐵礦石製成電容器，或者用錫製成焊料等零組件公司。之所以會出現這種分流，是因為有些公司會選擇購買無奴隸參與和無生態滅絕的原礦石，而有些公司則沒有此要求。但也就是在供應鏈中此環節裡，又出現了另一層迷霧，因為在這些製造商當中，有一部分是亞洲的小型工廠，會根據市場需求來進出其產品，而其他的製造商則是知名的大公司。在較大型的製造商當中，令人驚訝的是，他們鮮少採取積極措施來避開使用奴隸生產的礦石。這些製造商大部分都有某種「企業社會責任」（corporate social responsibility）政策，但它經常看似只語焉不詳的敷衍而已。

二〇一一年三月時，崔歐朵斯（Triodos）銀行審查發現，夏普（Sharp）和松下電器（Panasonic）明確拒絕使用衝突礦石，但是諸如索尼（Sony）、台灣國際航電（Garmin）、卡西歐（Casio）和三洋（Sanyo）等公司則沒有做出明確的、可衡量的嘗試，來避免使用有奴隸參與生產的礦石。[11]

在第六個鏈結中，要緊的是分辨出哪些是有法律罪責的，而哪些是有道義責任的。經營這些公司的任何人都沒有以任何直接方式犯有奴役奴隸或生態滅絕的罪行，儘管他們可能並沒有要求（或有時有要求）供應商確保原礦石乾淨、不沾染奴工的血汗，確實也沒有法律規範他們非這樣做不可。但是同時，當血汗奴工和生態滅絕被明確地揭發出來，而且證據確鑿顯示受到汙染的礦石下一步將流向你家，這樣，如果你還不承擔責任並處理這個問題，那麼即使在法律上沒有過錯，但是在道義上，你仍有罪。夏普和松下電器對他們公司使用的礦石負責任，欣然以負責任的態度行事，避免可能的罪過。但令人訝異的是，這些公司領導人至今沒有讓公司加入iTSCi計畫，即便他們需要做的僅僅是參與計畫過程，並對公司所使用的礦石付出少量徵收的稅額即可。他們是供應鏈中相互關聯的環節，可能彼此早已經認識了。那麼，為何提供乾淨不受汙染礦石的計畫會因為缺乏資金而險些夭折呢？原因之一，是公司律師可能會迅速指出，發布公司責任聲明本身或許無須承擔任何責任，但是，積極參與保證供應鏈乾淨不受汙染的計畫，等於間接承認你所使用的產品有可能有奴隸存在的風險，這就恐怕會為公司的聲譽帶來不必要的風險。這就像老難題：「你何時不再毆打妻子？」同樣弔詭難作答，或用於此則是「你幾時停止使用有奴隸參與的礦石原料？」有一些企業認為，做太多努力於解決問題，形同承認有罪，並擔心因此衍生出責任。

同樣的恐懼和混淆也出現在供應鏈第七環節的分歧中，介於致力禁止受奴工沾染礦物的人與不在乎的人。這發生在當電子零配件被賣到將其組裝成電路板的公司，組裝生產成應用於我們所買的手機和電腦中的電路板。

這些業者很可能設廠在中國、亞洲其他國家，或者在墨西哥。你應該基本上不會聽說過大部分的公司名，例如捷普集團（Jabil）、華碩（Asustek）或是新美亞電子製造服務公司（Sanmina）。偉創力公司（Flextronics）是其中最大的公司之一[12]，他們有一項政策要求供應商需提供證明文件，並使用他們的網站來解釋衝突礦石的問題。其他電路板組裝公司也傾向於制訂政策，但問題是這些政策僅止於「盡職調查聲明」而定。換句話說，他們詢問供應商是否有出售受奴工沾染的貨物，且接受供應商所做的回答。但這根本就不足以阻止供應商使用奴工啊。電路板組裝公司需要透過監視和檢查來找出真相，但是在消費大國中，沒有任何一個國家的法律有要求這樣做。因此，在第七個環節中，有一些公司，例如偉創力公司，試圖承擔起責任，然而另外一些公司則未能以身作則。

從供應商那邊取得了盡職調查聲明後，公司經營者再將這些免責保證傳遞到第八個環節：也就是把電路板組裝到消費性產品上的大公司。在此環節，我們與剛果已經相距甚遠，公司只在乎以低價買進其零組件，藉以在生產成本上勝過其競爭對手。公司會計師指出，進行更多調查或檢查，或是禁止向不在乎奴工問題的供應商進貨，是公司經營的責任。這些公司的價格競爭之所以非常激烈，是由於消費端價格壓力驅使的結果。因此，當會計師在向其供應商施加壓力時，相同的壓力也會一路反推，最後回到剛果的礦區。把目光拉回到礦區這邊，人為財死的貪念驅動奴工的存在。在供應鏈的最頂端處，也因為向錢看齊的緣故而對奴隸制問題視而不見。說到底，消費者願意花多少錢、想要省多少錢，決定了這裡的狀況。

世界上最知名的組裝公司之一是設廠在中國的富士康（Foxconn），他們是蘋果公司（Apple）最大的供應商，並有明確的公司政策，規定不向剛果購買礦石。[13] 隨著各項零組件安裝於手機和筆記型電腦愈來愈趨近完工階段，這些產品來源背後的法律與道德責任就相對地越來越淡。把電路板組裝成商品的人縱然沒有犯下直接參與奴役奴隸或破壞環境的罪，但如果沒有做好必要的把關來確保電路板和產品乾淨不受汙染的話，他們仍然有過失。就如同這條供應鏈上其他所有人一樣，這是他們的責任，本應如此把關。此外，富士康的回應，在許多面向來說，也取決於他們最大的客戶，也就是蘋果公司。

錫的全球供應鏈：全球知名品牌與零售商

我們離供應鏈終端，也就是我們自己的家中很近了。供應鏈的第九個環節是完成產品、進行最後組裝、出售手機和筆記型電腦的人，例如蘋果、戴爾（Dell）、IBM、諾基亞（Nokia）或其他一些知名品牌。我以蘋果公司的人舉例，因為我自己就用蘋果電腦、蘋果iPhone手機和iPod，而且在此本人公開聲明，我持有蘋果公司五股的股票（史蒂夫．賈伯斯曾經擁有五百五十萬股）。蘋果公司的底線，與大多數電腦知名品牌公司一樣，就是承擔責任。雖然起步稍嫌晚了一點，他們試圖找到確保供應鏈乾淨無虞的方法。二〇一四年夏季，他們朝著正確的方向前進，但還沒有真正達標。誠如蘋果公司的人所說的這段話，真的對極了：

鉭的供應鏈涉及多種行業多項業務，商品在抵達最後完成組裝的工廠前，早已被包括來自礦山、經紀人、礦石加工商、精煉廠、零組件製造商，以及電路板組裝廠經手過。再加上供應鏈和提煉加工工序長，使得欲追蹤鉭礦來源從礦區開始，到完成製作過程變成商品之事變得困難重重，對蘋果公司和其他公司而言這是個挑戰，我們正在以各種方法設法克服。[14]

對蘋果公司而言，此項工作涉及與「提煉物工作小組」（Extractives Workgroup）中的其他大公司合作。「提煉物工作小組」是「電子業行為準則與全球數位永續發展倡議」（Electronics Industry Code of Conduct and the Global e-Sustainability Initiative，簡稱ＧｅＳＩ）中的一個工作小組，專注於電子業及其供應鏈中所使用的礦石。目前為止，其主要行動是一份對供應鏈做的詳細研究，並且要求供應商須確保所提供的是乾淨無虞的礦物。這是很棒的事，透過把許多公司串聯在一起，共同處理問題，他們已經做出對的事情。

二〇一二年時針對衝突礦石的「受夠了計畫」（Enough Project）審查和發表了他們第二組針對主要電子公司所做的評分。「受夠了計畫」評分根據各家公司內部的檢核機制，以及該公司與他人的合作程度，包含政策性的以及與供應鏈的合作程度兩者一起納入考量中。蘋果公司的評價不錯，得分三十八分，在二十四家主要公司中排名第九名。英特爾（Intel）則是榮登榜首，獲得六十分高分。反觀任天堂（Nintendo）以零分敬陪末座，真是丟臉。[15]「受夠了計畫」同時指出「四家領先的公司——英特爾、摩托羅拉系統公司、惠普及蘋果——一直是進步的先驅。」當其他公司還在觀望等待美國證券交易委員會（U.S. Securities and Exchange Commission，簡稱SEC）制訂出規則時，這幾家公司早已超前準備。蘋果和其他公司擬出衝突礦石計畫，包括「一個冶煉廠審查計畫、一個對落後冶煉廠與直接供貨的援助計畫，協助剛果發展乾淨礦石交易的援助計畫，以及用以挖掘供應鏈更深層的追蹤計畫，以掌握冶煉廠共有幾家的確切數量。」蘋果公司需執行自家用來規範冶煉廠的規則，配合遵守國際組織制訂的新準則，並執行美國證券交易委員會制訂的新法規。如果他們公開反對美國商會（U.S. Chamber of Commerce）針對證管會提起的訴訟，那也不錯；該訴訟正試圖撤銷對衝突礦石的新規定。

我們常可以看到，大眾媒體對知名電腦品牌大公司的執行長們的視野、遠見的褒揚。那麼，我們為何不期待有朝一日我們的筆記型電腦在生產過程中完全不會使用奴工與他們的勞動產品，也完全不會加速生態滅絕呢？何不讓一些意見領袖發揮影響力，讓此事成真呢？或許改掉供應鏈單一個層級的橫向組織，取而代之改採垂直整合，串聯供應鏈數個層級，且範圍遍及整個同業間的小組，就像「提煉物工作小組」那樣，比較能解決難題。沾染血汗奴工的礦石越靠近開採端，就越容易識別，那麼何不相信iTSCi計畫，以及德國加工大廠世泰科公司所支持的、已經知道如何標記乾淨礦石的礦物學、晶體學專家？何不與反奴隸團體合作，透過他們介紹良好穩定的礦石源頭端，使礦工及其家人獲得良好工作並過著能免於匱乏的生活？[16]新經濟中的英雄，不是那些三餐不得溫飽的國民兵，也不是那些在戰爭世界中長大、變得殘忍、粗暴和貪婪腐敗的政府官員，而是當今世上某些最有錢的公司的億萬富翁和公司負責人。他們能對於這個他們正參與創造的世界做出選擇。

我們耳熟能詳的科技遠見者之一，是線上第三方支付平台PayPal的共同創辦人彼得．提爾（Peter Thiel）。他確實有遠見，他對組成供應鏈第九個環節，亦即遠從剛果礦山一路把手機製造並帶給使用者的這些人，所說的話是：

> 在爭取尊嚴和自由的奮鬥中，沒有人是局外人。那些知道世界正在發生什麼事情的人不能只坐在一旁，卻期望政府或其他虛幻的組織來處理事情……當你認同一個原則是重要的，例如自由，你就必須在生活中的各個面向來努力推廣它，透過工作、投資、演講、寫作，和慈善事業等等。當你投入的越多，你的作為也就將越有果效。[17]

供應鏈的第十個環節就是公司與消費者碰面的地方，也就是零售商店中。到處都在賣電子商商品，有些公司例如美國3C電子零售商睿俠（RadioShack）或百思買（Best Buy），或巨型零售商如沃爾瑪（Walmart）和塔吉特（Target），出售的商品確實不計其數，不單只有手機和電腦可能內含衝突礦石。我希望我能假設這些大型零售商了解到，消費者通常不願買購買在其生產過程中有奴工參與製造的商品，因此會清楚表態公司的立場。但令人難過的是，事實並非這麼一回事。雖然這些公司中的每一家很有可能確實已有自家制訂的政策，禁止出售含有奴隸參與的衝突礦石製成的電子零件產品，但是從他們的網站上卻無從得知。我用搜尋的選項在RadioShack、Target、Walmart、Best Buy、Costco，和英國大型電子產品零售商Currys和Dixons的主要網站上查詢，發現「衝突礦石」這幾個關鍵字總是會被帶到相同的答案寫著：「很抱歉，我們找不到符合你需求的內容。」如果是這樣，一般消費者要怎樣了解呢？

不過平心而論，這些網站下方的精美編排，通常會有一個小的「企業」連結，會帶到「全球責任」，接著又帶到「倫理採購」連結，再來又帶到「供應商及貨源規範」連結等等。所以，或許他們有負起責任，只是不想讓人知道他們在做此事，因為誰也不想暴露在風險中，承認自己所做的事情或許有問題。他們的行銷部門會說，如果把關於衝突礦石的悲慘故事放在網站首頁，只會造成顧客困惑進而趕跑客人。他們的律師會說，不希望網站上出現任何可能被解讀為企業該為此負責的內容。他們的市場研究人員會指出，那些真正了解並關心奴工與礦石關聯性的消費者數量少之又少，可說是微不足道。種種考量，網站上於是只有最少最敷衍的資訊。

錫的全球供應鏈：你與我

當然啦，供應鏈的末端並不停在那些經營大型商店的人，也不是製造出電腦、手機的知名品牌公司的人。供應鏈的最末端是你和我，我們就是那最後一個的環節。提爾的話對我們也是一個挑戰，而我們需要這個挑戰。令人遺憾的事實是，我們當中有很多人認為供應鏈終止於我們購買商品的賣家，而不是實際在家家戶戶裡使用這些商品的你與我。整條供應鏈中的每個人，包括你和我，都有責任使其成為無奴隸、無生態滅絕疑慮的供應鏈。所以，我們該來做些什麼呢？事實證明，你我可以做的事情很簡單：可以發送電子郵件給戴爾、蘋果公司、IBM或諾基亞，告訴他們，對你而言，你所使用的手機和筆記型電腦沒有剝削奴隸是很重要的一件事。這樣當你在選購手機和電腦時，便可以從他們精美設計的網站上，查出哪家公司對於反對奴隸制、反對環境破壞做出了有力的政策回應。若欲獲取相關訊息，可以從努力推動此議題的組織來查到。切記你在購買之前，先查看「受夠了計畫」的排名和報告，他們用具體數字來評分各家公司承諾要使用無衝突原料的事。[18]幸運地，在美國，書上的一條新法律能對此有所助益。

二〇〇九年，國會議員吉姆．麥克德莫特（Jim McDermott，民主黨華盛頓州）和法蘭克．沃爾夫（Frank Wolf，共和黨維吉尼亞州）共同發起《衝突礦石貿易法案》（Conflict Minerals Trade Act）。雖然結果沒有在國會獲得通過，但是在下一個會期中，它重新又回來，而且這次是屬於一個規模更大的《陶德—法蘭克議案》（Dodd-Frank bill）的一部分，該法案目的是金融改革華爾街。後來，《陶德—法蘭克華爾街改革和消費者保護法》（Dodd–Frank Wall Street Reform and Consumer Protection Act）於二〇一〇年七月通過，並於二〇一一年生效。該法案除了規範其他事宜之外，也要求美國的公司，若進口商品中含有某些礦物的話，需提出報告說明是否是從剛果或其鄰近的任一國家中取得的礦物。如果有公司報告其供應鏈確實有牽涉到該地區，那麼就必須報告他們做了哪些措施來追蹤礦物，以杜絕公司採購為武裝團體提供資金。該法律並沒有把進口由奴隸所開採的礦石列為違法行為（因為已經有另外一條法律規範之），但是有明文規定要求各公司必須載明於公司網站上，揭露公司做了什麼（或是沒做什麼），使消費者能選擇他們想向哪一家公司購買商品。

例如在蘋果公司的網站上，如果搜尋「衝突礦石」則會連結到專門介紹「供應商責任—勞動權與人權」的部門。在好幾份關於工廠條件和聘雇方式的報告中，有一份報告關於衝突礦石，以及一些令人欣慰的消息：「蘋果公司已於二〇一四年一月，確認供應鏈中現有的、確認和蘋果合作的所有鉭冶煉廠，均已通過第三方稽核員檢驗，證實無使用衝突礦石，我們將繼續要求所有供應商只能使用來源經過驗證的鉭礦。我們知道供應鏈會變動，因此我們將持續監控供應貨源的冶煉廠。」然後，他們也報告監管錫礦、鎢礦，和黃金供貨來源進展到什麼程度。蘋果公司提供和所有合作冶煉廠的季報，並公開合作的非政府組織（NGO）名單，以及合作讓供應鏈變乾淨的商業夥伴。這就是身為消費者應該要期望看見的，其他公司該比照蘋果公司的標準，或者，向擁有更高標準的英特爾公司看齊。

《陶德─法蘭克法案》對於那些使用衝突礦石之一「黃金」的公司而言是個震撼彈。[19]美國珠寶商警醒委員會（U.S. Jewelers Vigilance Committee）的資深法律顧問在世界珠寶聯合會年會（World Jewellery Confederation annual conference）上說，新法律「造成了極大的混亂，更衍生額外費用」。[20]該聯合會還寫信去美國證券交易委員會，投訴說從前黃金是「因為供應鏈非線性，而且走私高價少量黃金如此輕而易舉，追蹤來源是難上加難」。[21]

這就是犯下奴役他人和生態滅絕的罪犯所做的事：他們隱藏自己的所作所為，使犯罪事實的蛛絲馬跡難以被追蹤。然而，如果交易礦石是你的生計，不論是以賣珠寶或是以賣手機為生，都有責任在賺錢時不要傷害到他人。業界的供應鏈或許真的很複雜，然而道德標準卻一清二楚，不容模糊。

和平之後的新挑戰

場景回到瓦利卡萊，陽光和煦，人們笑看著我。我在低矮建築物外面等候時，剛好看到一群蝴蝶簇擁在路邊附近的灌木叢上。這不是北半球的小蝴蝶[22]，而是好幾種不同種類的赤道森林大蝴蝶。牠們的顏色令人驚奇，數量龐大，我笨拙地在灌木叢中跳來跳去，只為了想更近距離欣賞蝴蝶。我的舉動引來旁觀一群人的哄堂大笑，樂不可支的孩子們笑到倒在泥地上打滾。片刻之後，過來了幾個警察，用嚴厲的表情定定地環顧現場，接著放下武器，開始追逐蝴蝶。有一位年輕的士兵，雙手合著，帶著羞澀的笑容，走過來遞給我一隻帶著彩虹藍與白色的花蝴蝶。我溫柔地拿了半晌，在溫暖的陽光下欣賞牠的奇妙，然後高舉起手讓牠飛走。

剛果東部的局勢很糟糕，戰爭、隨機暴力攻擊、強姦、環境破壞、混亂和腐敗等似乎陷入了持續的惡性循環中，但是此地也仍有轉機曙光。轉機是否能出現、剛果東部的人民是否能開始過著免於恐懼和免於被奴役的生活，其中一部分關鍵取決於你我在未來幾年內所做的事情。二〇一〇年底時，事情開始轉變。首先是卡比拉（Kabila）總統宣布禁止瓦利卡萊地區出口，也包括比西阿礦區在內，接著他又禁止南基伍省和北基伍省的礦物出口。我們希望卡比拉總統這樣做是出於正確的理由，但是剛果即將舉行的選舉以及《陶德—法蘭克法案》的通過都助了他一臂之力。

電子行業中最大的好幾家公司，也大約在同一時間宣布不再從剛果東部進貨。剛果政府宣布支持ITRI計畫來追蹤乾淨礦物。這真是三重擊，其一是剛果的出口禁令，其二是美國對衝突礦石的新法律，其三是電子業主要大公司的實際行動抵制。沒有人知道還有多少礦物仍然被非法走私運送出口，但一些明目張膽的犯罪者已經無法再繼續運作了。

一直在控制著比西阿礦山的剛果武裝部隊，在二〇一一年春季時撤離了，再沒有比這個更好的跡象來證明政策的成果了。從礦區移走武裝部隊，再將礦區移交給北基伍省採礦特許權管理局，耗時超過六個星期。在交接空窗期間，一個在地的馬伊馬伊血卡（Mai Mai Sheka）民兵反叛團體暫時占領過比西阿礦山，偷走能偷的礦石及當地礦工的財產和金錢，然後就像土匪一樣逃走了。國有許可機構的主管說：「政府意圖是終結東部的徒手採礦。」[23]與此同時，有一家礦業公司，總部設於加拿大溫哥華的阿爾法脈資源公司（Alphamin Resources Corp.），宣布已經收購了比西阿礦山百分之七十的股份。到了二〇一四年，阿爾法脈公司不僅掌控該礦區，也進行了廣泛的地質調查以確認礦床的範圍大小。武裝部隊之前實際上只開採到礦山的表面而已。調查結果證實地下深處有豐富的礦床，礦山未來的產礦量看好。同一時間，阿爾法脈公司也已經開始設立培訓課程給當地人，預備未來礦山發展時可以雇用的人才。[24]阿爾法脈公司還成立了一個慈善基金會，提撥百分之四的當地預算，以透過選定的計畫援助當地社區。這家礦業公司相較平凡，但是對當地發展卻更加重要，他們已開始修建一條連接比西阿礦區與主要道路的聯外道路。待完工以後，礦山及其周圍的社區將不再脆弱孤立無援。[25]

從長遠來看，所有這些都很好，但是大型改變極少在短期內令人舒服，在剛果東部更不可能。在政府不間斷進行的改組中，叛亂的剛果士兵於二〇一一年六月下旬襲擊了南基伍省的村莊，強姦並毆打一百七十幾位婦女。位在巴拉卡（Baraka）的臨時法庭判處基比比．穆特韋爾中校（Kibibi Mutware）二十年監禁，因為其士兵犯下大規模強姦罪，顯然為了報復村民之前將其單位的一名士兵處以私刑。宣判後，基比比和他的軍官帶著一百五十名士兵，逃離了軍隊訓練中心，並襲擊了當地村莊。其他礦區在美國《陶德—法蘭克法案》生效之前，也發生了激烈的打鬥場面，因為暴徒竭盡所能地趁法案生效前將礦石搬運出去。

不確定性仍然瀰漫著南北基伍省，而那些曾被奴役的人，以及僅能靠著小規模採礦來賺小錢過活的人們，如今則前途未卜。儘管剛果軍隊將武裝團體趕出了一些礦區，叛亂團體仍繼續控制著數百個更偏遠的礦區，並掠奪礦物市場、貿易商，和運輸商。

隨著武裝團體的衰落，戰爭不可避免地會留下後果。一位致力於熱帶森林的著名科學家傑佛瑞．麥克利（Jeffrey McNeely）這樣描述：「戰爭雖然對於生物的多樣性不利，但是和平也可能更糟。」[26]他指出在婆羅洲、印尼、尼加拉瓜、寮國，和越南曾發生過的內戰或邊境戰爭，一旦戰爭結束，有些戰鬥人員會變相展開一場非法砍伐木材和出售木材的競賽。要重新掌控這些受保護的森林是一大挑戰，需借助外力幫忙才行。所以未來如果剛果東部出現了和平，屆時對於土地、燃料、建築材料、礦物，和生計的需求勢必大增。北基伍省和南基伍省的老百姓一直在等待重建，等待恢復農場和商業活動，所有這一切都有賴自然資源和金錢支援介入。說到底，這是好事，會帶來更多的安定性和基礎建設。隨著造成奴工存在的那些因素一一消失後，奴工基本上會減少。但是當然，奴工不可能完全消失。對於礦工和搬運工這類大規模的奴役現象可能會減少，孩童和年輕人被迫去當兵的情形也可能逐漸消失，但是奴役逼迫女童和婦女從事於商業性質的性產業，以及驅使男孩和女孩作為家庭奴隸的可能性則大增，因為人們收入增加後，有些人選擇將錢用在滿足性需求，或者使喚奴隸。

這就是為什麼不能只單獨解決奴隸制和生態滅絕問題的原因。因為如果僅解決一小部分的問題，其他部分的問題其實可能會變得更加棘手，必須要有整體解決方案。大家渴望擁有新型消費性產品的這種需求本身，並沒有直接導致剛果東部的恐怖狀況，但是這項需求導致該區域礦產豐富的地方像是被下了詛咒，法治瓦解、暴徒橫行肆虐、黑市猖獗。當盜匪破窗而入、侵入民宅、洗劫一空的行為日漸猖狂擴大、奴役和生態滅絕也無可避免地隨之而來。為了擺脫使用奴工和生態滅絕，所有這些都必須扭轉。我們不必放棄使用酷炫的消費性電子產品，關鍵是要能恢復法治，並重建一個能遵守法律的社會。這樣，奴隸制和環境破壞的惡性循環，才得以翻轉成為永續發展和環境責任的良性循環。一位協助保護大猩猩、在地的自然環境保護主義者告訴我說：「只要能確保永續性並且不會傷害環境，那麼在保護區外採礦可以被接受。我們無法將整座森林隔離開來保護之，但是我們不能等到森林被破壞殆盡時才來保護森林。這就是問題的所在！重點是必須保持平衡，當地社區才能受益。這些（自然）保護區過去受到傳統的首領和部落所保護，但是後來外來者（武裝團體）來了，他們說：『當我們砍取桃花心木時，你們只要閉上眼睛就好。』然後便開始掠奪森林資源直到資源耗竭。如果你膽敢反抗，就會被槍殺。」武裝團體留下了混亂而支解的社會，無論如何都必須被重建。

我們創造了這個市場……

我著手了解生態滅絕和奴工問題兩者如何交互影響，但在了解人類與所留下來的環境殘骸之後，我也覺察到自己的見樹不見林。如果奴工的存在和環境破壞的受益者是我們的話，我們的責任將遠比只確認使用零奴工和環境破壞的筆記型電腦多更多。如果有其他人付出了他們的身體健康和心力，只為了供應我們最喜愛的工具和玩具給我們的話，我們還虧欠他們救濟、照顧和賠償。如果不如此做的話，對他們的傷害將會像遺傳病一樣，傳遞到他們的代代子孫。

光只是心理影響就已令人生畏。例如住進剛果東部布卡武市（Bukavu）班濟醫院（Panzi Hospital）中的婦女，已經因為她們所受到的傷害的可怕程度，以及她們生命堅韌的程度而聞名於世。兩萬五千多次的手術在那進行過，其中大部分是為了修復女性的生殖器，修復由於反覆強姦和其他性暴力造成的可怕傷害。這些強姦，不是幾個特別流氓的士兵違反軍紀的行為，而是被作為一種摧毀家庭和社區的戰爭武器。在剛果東部，整個人口數近乎一半的女性和近四分之一的男性都遭受過強姦和性暴力傷害，這所造成的心理影響程度，令人難以想像。

性暴力的震撼常被作為奴役他人的開始，再來就是折磨虐待，逼迫從事危險工作，和從事有辱人格的工作，以摧毀自然世界。強姦被用來破壞人的精神意志，讓新來的奴隸能更順從，然後奴隸再被用來作為破壞大自然的工具，藉由賺取資金，用以更多的暴力和奴役。這種強姦、奴役，和生態滅絕的循環不是單獨的罪犯工作，而是一種從上至下的惡性政策，為「全面戰爭」一詞帶來了新的含義。

確實，人們常在看似無法生存的狀況之下，仍舊存活下來，倖存者同時也會被改變。威廉・福克納（William Faulkner）在描述自己的密西西比州時，他是理解此事的，因此寫道：「過去永遠不朽；過去甚至不是過去。」對於這場全面戰爭的倖存者來說，過去即是一段很長時間的死亡。但是如果我們伸出援手的話，他們的解救能更快到來。

該如何讓我們自己，以及電子業界的人，一起共同分攤責任，亡羊補牢呢？第一步是先承認我們過去所做的，而不再只是抱持著「我們是受害者，因為我們被迫接受衝突礦石」的那種想法。沒錯，犯罪組織會竭力掩飾自己的所作所為，但是我們締造了這樣的市場，我們渴望擁有新型電子商品，希望商品推出上市時，最好能夠貨源充足又物美價廉。因為這樣的消費需求，而造就了一個倉促的、輕率的供貨奇蹟出現。這些公司正好滿足了我們的需求，儘管互動得還不錯，但是我們沒有留心注意所有這些重要的原料是來自於何處。現在我們該開始來收拾因我們而產生的亂局。

下一步是將焦點放在兩個面向上。首先是支持正於在剛果東部推動改變的人和團體。在本書的最後，可以找到一份在剛果東部工作的誠信可靠組織清單，他們會非常感謝有你的幫助。其次是讓我們的政治人物知道我們在乎這件事。剛果東部的人口數與康乃狄克州的大致相同，大約三百五十萬人。如果康乃狄克州一半的婦女和四分之一的男子被強姦和遭受性暴力對待，我們將會有什麼反應？如果為了要提供零組件給我們所使用的手機和電腦，使用暴力來達成目的，我們的感覺又將如何？康乃狄克州同時也是美國森林最茂密的幾個州之一，其百分之六十的土地都被森林所覆蓋。這些阿帕拉契山脈的林地如果被全面破壞，只為了讓橫行該州的暴力行為更加助長的話，那麼我們的感想是什麼？

現在來糾正過去我們也參與有份的一個嚴重錯誤，遠比黨派政治和意識形態鬥爭更為重要。請呼籲政府，無論是在美國的政府，還是在歐洲的政府，都很重要，因為剛果民主共和國內普遍性的貪腐，正是暴力、奴隸制，和生態滅絕行為滋長的溫床。個人力量幾乎是不可能面對如此遙遠的腐敗，但是政府與政府之間則能發揮作用與影響力。最起碼的底線是：清理我們的供應鏈僅只是第一步而已，應該要能清理因供應鏈的貪腐和暴力所遺留下來的混亂局面，且對無辜百姓和對自然界造成的傷害能使之癒合，這也是我們的責任，而這需要一段時間。至於需要多久時間才能達成，則取決於我們如何快速地、全力地配合做出對的事。

戰爭不是唯一的因素

在剛果，人與自然所遭受到的全面浩劫令我震撼。這難道是特殊劇烈戰爭留下的後果嗎？盧安達種族滅絕事件蔓延到剛果並引發內戰當時，這股勢力是否也塑造一股獨特的暴力和破壞氛圍？在戰火當中，奴役和生態滅絕在光天化日下相互催化，當把環境摧殘得千瘡百孔可以換來數百萬美元進帳時，這股歪風就更無法遏止。但如果一個國家處於和平呢？我曾聽說亞洲有類似的環境破壞和奴役，有大片森林落入奴隸主的手中。如果奴隸制和生態滅絕之間的連結，不單只是由戰爭衍生出來的悲劇性異常現象，那麼我需要找到案例來證明這在任何地方都可能發生。在孟加拉時，我發現了一個水漾迷宮，那裡的孩子們也許免於擔憂被武裝暴徒強姦和綁架，但若一旦被抓走，被送去摧毀樹林的話，就被推入了另一種不同的恐怖中。這一次，有個不會奴役他們、但會殺害和吃掉他們的角色：孟加拉虎。

第四章——消失的紅樹林

舒米爾（Shumir）大約十九歲，蓄著年輕男子的細小鬍子，臉頰上有少量鬍渣。他將濃密黑髮往後梳，另外在兩眉之間、左眼上方以及右臉頰上，紅棕色皮膚上都有一些小疤痕。他的額頭高，眼神銳利，儘管帶著緊張，卻大膽無畏。他穿著淡藍色的長袖襯衫，寬鬆地罩在一件灰色和黑色的T恤上，裡面還有另一件黃色T恤。他的確需要穿這麼多層衣服，因為今天很冷。我們一起坐在一間教室裡，這間教室是個梁柱架構的陽春建築，鐵皮屋頂下，棕櫚編織而成的墊鋪蓋著牆壁和地板。這裡沒有窗戶，但開放式的棕櫚葉百葉窗能讓晨光照進來。教室裡除了一張老師專用的桌子之外，再沒有其他桌椅設備了。

我們在一個小河畔村莊中，這裡是魯普薩河（Rupsa）近乎最下游之處，位於孟加拉國的底部。只有乘船才能進入這裡，再往下游前進約五十公里左右則是杜布拉查島（Dublar Char）。環繞我們周圍的是數百個島嶼組成的桑達爾班斯群島（Sundarbans），這裡有世界上最大面積的紅樹林森林。我們盤腿坐在地板上後，舒米爾向我娓娓道來他的故事。「我十六歲時，」舒米爾說，「我父親把我送到了杜布拉查島。我的家人、我的父母都非常貧窮，因為經濟狀況很糟，父母才把我送到那裡。當時一名招募者來到我們家，他告訴我的父母，如果同意讓我去工作，他會給他們兩千塔卡（約二十九美元）。他還承諾等我以後賺更多錢時，再付給他們更多錢。他說工作很容易，只需要殺魚，然後將魚掛在架子上曬乾，而且船上有很多食物可以吃。我的父母需要這筆錢，而我也想幫助家計，於是達成了協議，我跟著招募者走了。」

被老虎吃掉的男童

「我們待在船上航行了一整晚，天氣雖然很冷，但還可以接受，然後他們給我吃了一些米飯。船上也還有一些其他男孩。早上我們到達了小島，招募者將我們交給了老闆。之後老闆馬上對著我們大吼大叫，他叫我們要自己搭建休息處。他給了我們工具，然後我們開始切割樹桿和棕櫚葉。工作中，有一棵樹倒向一個男孩，壓斷他的手。骨頭被擠壓出來，皮膚變得凹凸不平，老闆卻只把他送到某艘船上，叫他們把他送回去。

「在我們蓋好休息處之前，有幾艘船就已經帶著當天捕抓到的漁獲回到了島上。現在真正的工作要開始了。只要一有船回來，我們就必須繼續工作。首先，我們要涉過水並提著魚籃把魚帶到岸上。提幾籃之後，一旦魚量滿出一塊墊子時，我們之中有些人就開始剖魚和清洗魚。有些魚必須以特定方式來剖殺，有些則需直直切一半。清洗好和切好的魚堆積起來後，由其他男孩跑到架子前將它們懸掛曬乾。架子由幾根桿子綁在一起而成，有的是一層，大約一百二十公分高，有的則是組合起來疊高的。為了讓魚晾曬在不同層，必須爬上二、

三、四公尺或更高的高度。

「那時天很冷。我們總覺得又濕又冷。因為需涉水到漁船，我的衣服總是濕透，而且沾滿魚內臟，因為殺魚時，劃破魚後內臟和黏液會噴濺到我們身上。我們整夜都坐在濕地面上，如果我們放慢動作或停下來，老闆就會毆打我們。如果我們把魚掛在架子上時速度不夠快，他就會用他隨身攜帶的長棍棒打我們。無論何時他都在對我們大吼大叫、用髒話罵我們。有些船在晚上把漁獲帶回來，有些則是天剛要亮的黎明時回來。我們常常必須連續工作二十四個小時。有時可以小睡一會兒。只要有魚需要清洗、或需要吊掛於架上，老闆就要我們繼續工作。隨著工作時間拉長，我精疲力竭之後會變得頭昏腦脹。有時取魚內臟時，我會不小心用魚刀割傷自己，或是從曬架上滑倒掉下來。即使割傷或受傷時，仍然必須繼續工作。每次我一犯錯，老闆都會打我。

「我們大約十二個人睡在同一個休息處，每天只有吃一餐。吃的方面招募者先前根本騙人，老闆只給我們全部的人吃兩百五十公克（九盎司，大約半杯量）的老扁豆，我們煮成很稀的湯來吃。我們身邊都是魚，但我們卻不能吃。魚內臟隨處可見，到處都有魚腥味，我們不想吃魚，我們已經受夠魚了。有時候，我們如果真的太餓了，就會吃一小塊魚。有時候老闆除了扁豆，還會給我們兩個或三個馬鈴薯，讓我們大家分食，或者給一些老花椰菜讓我們煮進湯中。我們會在湯裡放入許多辣椒，以掩蓋老扁豆味道。我們一直在挨餓狀態中。

「我曾經生病，一度還發燒，虛弱到無法工作。老闆跑來暴打我，打到我起身回去工作。總是這樣，經常發燒和拉肚子。我在那時，那個處理魚的營地就有七、八個人死於腹瀉。守衛會把他們的屍體帶進去森林裡，然後就把屍體留在那。

「我們住的地方有兩個小男孩，守衛當時多次性虐待他們。晚上時，他會從休息處帶走其中一個。小男孩們真的受到了非常嚴重的傷害，無法保護他們讓我非常內疚。守衛會在晚上過來帶走一個男孩，我們想阻止他，但卻阻止不了。如果我們膽敢說半句，守衛就會暴打我們。終於，兩個半月後，出現一艘從我村莊開來買魚乾的船。那船上有一個我認識的人。我跟船上的人說，告訴他們這裡發生的事情。那天晚上，當我們裝載魚時，我們把兩個男孩偷運上船。船開走時，兩個男孩藏匿在魚乾簍的後面。船上的人都很害怕，他們知道一旦被抓，他們都會遭殃受害。

「那天晚上我們也很害怕。我知道守衛若發現絕對會殺死我們，但我有一個主意。於是第二天一早，我們去找守衛，問說，那兩個男孩在哪裡？你對他們做了什麼？我們找不到他們！我們知道如果守衛知道真相，就會殺了我們。但守衛很困惑，他只有說：『哦，也許他們跑進了森林，被老虎吃掉了……』他對於發生的事毫不起疑。他或許以為他們逃到森林裡去了。

「魚群來臨時的整個冬天，我在杜布拉查島待了六個月。漁季近尾聲時，老闆讓我上了船，船上還有一些最後一批被賣掉的魚。我當時生著病又很虛弱，但船把我留在靠近我村落的地方，因此我得以返家。我從沒得到過任何工資，而且除了招募者當時給我父母的兩千塔卡，我的雙親再也沒收到任何東西。現在又到了冬天，父親要我去那，因為他需要那筆錢，但我說『絕不』，現在這裡有一個培訓計畫，而我在那學習木工。我製作椅子和桌子，按照接到的訂單要求製作。我現在過得還可以。」

舒米爾現在似乎並不緊張，我們已經談了近一個小時，他的目光堅定，對世界充滿好奇。我感謝他，非常誠摯希望能向他訂購一些椅子，來幫助他創業。他告訴我的內容印證了先前我所聽到的和看到的。因為對魚和蝦需求，改變了這整個地區。舒米爾的魚營只是冰山一角而已。

廉價海鮮席捲市場

有數千名兒童在杜布拉查島、桑達爾班斯群島的其他島嶼上，以及大孟加拉灣中被奴役著。

有些人像舒米爾這樣做魚類加工，有些在養蝦場或臨時蝦加工廠工作。五十年前，這裡並沒有養蝦場，也沒有開墾受保護紅樹林而建造的魚營。過去當地漁民在這邊的水域工作，然後將捕抓的漁獲帶往鄰近的河岸城鎮市場販售。當時，作為聯合國教科文組織的世界遺產、廣闊的紅樹林，和全東南亞最大的固碳儲存槽的桑達爾班斯群島，是因地處偏遠野地而受保護，而非因法律將其劃為國家公園。但是隨著海鮮全球化來臨，一切都改變了。

在美國和歐洲，這是一個緩慢的、幾乎沒有引起注意的變化。在一九五〇年代，一頓饗宴可能始於雞尾酒蝦，四到五隻蝦子排列圍繞在盛滿醬汁的雞尾酒杯上。那是城郊俱樂部[1]的食物，價格要比牛排貴，你吃的時候會翹著小拇指，認為自己真是仕紳名流才得到這麼有面子的食物。除非你剛好是在墨西哥灣附近，否則這些新鮮小蝦會被以巨額成本快速運送到遠方販售。考量通貨膨脹調整後，一九五〇年時，擺在雞尾酒杯旁邊的五隻小蝦每隻要價都超過了一美元。但時至今日則是三美元可以買到四百五十公克重的蝦，大老遠從孟加拉被帶到你家冰箱裡。

在美國和歐洲，冷凍的蝦和魚隨處可見，一大袋一大袋放在冷凍庫裡，都是超大的美式容量，便宜、方便，甚至可能還滿健康。當貨運船變成了如辦公室建築那般尺寸的浮動式冷凍庫時，蝦和魚成為被運送的貨物。而且不像野生的遠洋魚類如鱈魚或鮪魚，魚群數量日漸枯竭，蝦子可以被養殖。只要有平坦和可以承受水淹的海岸線，能改成像巨型水稻田那樣的池塘就行了。

隨著對廉價魚蝦的需求猛增，海鮮淘金熱開始在孟加拉、印度南部、印尼、泰國、緬甸和斯里蘭卡盛行。

「沒有價值的」沼澤地被改造成單一經營的養蝦場，魚類加工營如雨後春筍般湧現，而且巨大的冷凍貨船總還有胃口要更多。聽到有工作機會，貧窮人家湧入了桑達爾班斯群島的野地。有些人因此平步青雲，有些地主實實在在經營魚蝦生意，對待工人也很好。但罪犯分子也開始在海上的捕魚平台利用童工奴隸。對他們來說，奴役更多工人砍伐紅樹林，然後來養殖那些可以讓他們賺到高利潤的小魚小蝦，再簡單不過了。

曬好的魚乾從一個像舒米爾魚營的地方，主要會銷往在地市場，用作寵物食品、牲畜飼料以及人類食物，例如魚湯塊。你想不到犯罪組織竟然會參與製作高湯塊，但是像杜布拉查島這樣偏遠的荒島，正是以奴隸為基礎的完美加工場所。

當然，並非所有海鮮都由奴隸經手，但在這整個地區，孩子們被奴役於捕撈、清潔、包裝以及有時協助烘乾魚和蝦。美國人每年進口約十億公斤海鮮，約占美國人食用海鮮總量的百分之八十五。尤其蝦子，美國的進口量明顯超過其他國家。美國人愛蝦，美國進口的海鮮中幾乎有一半是蝦，其中百分之九十的蝦子來自於東南亞。[2]亞洲蝦也是英國進口量第二大的海鮮（排在鱈魚之後），而且蝦子的需求量正在逐年增加中。二〇〇九年熱帶氣旋艾拉（Aila）侵襲重創生產地，之後來自孟加拉和桑達爾班斯群島的進口蝦子的數量便下降，然而當養殖場復原以後，二〇一一年和二〇一二年，進口量急遽上升。

熱帶氣旋提醒了所有人海洋與海岸之間的界線可能是一個危險的地方。艾拉帶來了暴風雨，捲起三至七公尺高的大浪，掃毀了低矮土堤壩，沖走村莊，也摧毀大約六千座位於桑達爾班斯群島上的養蝦場。這次大浪與二〇〇五年卡崔娜颶風襲擊美國紐奧良所產生的大浪，規模大致相同，但是與美國紐奧良不同之處在於，桑達爾班斯群島沒有大型防洪堤或混凝土海堤。

在捕魚平台或在沿海岸線的魚營裡工作的童工奴隸，沒有受到任何警告或保護措施。有一個在距離河流出海口數公里遠的養蝦場工人告訴我說：「當大浪席捲而來時，我們只有短短幾分鐘能盡可能往高處爬逃命。我站在一棟房屋的屋頂上，房子雖然有加高支柱，但洪水仍然淹過窗戶上方。不斷湧入的洪水上布滿了浮屍。」

建造養蝦場

近距離觀察時，桑達爾班斯群島看起來、感覺起來、聞起來都像是上個星期才剛被創造於世上一樣。一切都欣欣向榮、生意盎然，生命才剛從泥濘中冒出，土地和水域你爭我奪，誰也不讓誰。然而幾千年來，「聖河」恆河與南亞其他河流都在此匯聚入海。孟加拉國土中，大部分都只是河流沖積而成的廣闊三角洲，淤泥沉積增加的三角洲高度非常微小有限，但全球氣候暖化導致海平面上升得越來越快。千年來從河流沖下來的沉積物、土壤、植被以及所有漂浮起來的屍體，小自昆蟲屍體到大象屍體，一旦來到了平坦的三角洲，便減緩了它們的旅行速度，進而埋進淤泥裡。微塵一點一滴堆積成泥巴和土壤，靠近地表的泥巴，是紅樹林的扎根之處。煙霧瀰漫，霧氣繚繞，這是一個水與土不斷翻騰的世界，不過水是主要領頭的一方。紅樹林森林以這種節奏茁壯生長著，樹枝在天空中伸展。樹幹則被規律的、有時是每天的氾濫帶來的養分澆灌著。一百多樣不同的品種居住在這種河海交界的特殊地方，他們的生物特性格外適應這種由淡水和鹹水交互作用的潮間帶。

有兩個生命力旺盛的生態系統肩並肩在這裡。海洋這邊有營養豐富的沿岸沙洲水域，是螃蟹、魚類、海鳥、海膽、海龜、蛤蜊、軟體動物，以及生長在河海交界地方所有生物的家。另一頭，新鮮淡水源源流向大海，滋養著紅樹林，樹木能將其根系大範圍伸展於沿海淺灘的泥濘和淤泥中。在兩者之間的交界處，是大自然的精采狂想：猴子、爭奇鬥豔的鳥、開花植物、寄生蘭花、沼澤鳶尾、水果和灌木、藤蔓和匍匐植物，這些生物底下還有青蛙，更多海龜、蛇、魚類以及偶爾快閃而過的水獺。這裡的水微鹹，有時是鹹水湧入，有時淡水又把鹹水擠壓回大海去，一個供應豐富沼澤地上所有生物的生氣勃勃的循環。植被倒下、腐爛、餵養沿岸水域的魚類和甲殼類動物；海水湧進，將食物沖刷入海，供應海鳥和食腐動物。像兩隻手的手指互相纏繞一樣，潮濕世界和乾燥世界被鎖在平衡狀態裡，海洋和大地，鹹水和淡水的對抗競爭被轉化，進而孕育生命。

但是為了要在這裡定居，人們必須分離乾與濕，因而修築堤防、排乾沼澤濕地的水、又砍伐樹林。弄死樹木最簡單的方法是將其環狀剝皮，就是環繞樹幹割開一圈，然後剝掉一圈樹皮。如此一來，根部的養分供給會被中斷，樹木因而餓死。用同樣的方法可以弄死整座森林的樹，堤防將紅樹林森林團團包圍住，切斷了供應根部的水源。當地面乾燥時，樹木和灌木叢也枯死，便被砍下來拖走，也把原本住在那裡的鳥類和動物趕跑了。為了要養蝦，清理過後的土地上需犁過並且以糞便施肥。當泥灘地整好準備就緒後，再放水回去。曾經生機盎然的紅樹林森林，如今變成了養蝦場，水深約六十至九十公分的湖泊，面積廣達數百英畝。

從養蝦場挖掘出的一部分泥土，被堆放為當地和村莊使用。在聚落裡，裸露的黏泥土呈現一致的光滑灰黃色。泥土濕潤的時候黏稠而有延展可塑性，但是在陽光下和空氣裡乾燥以後，卻變得堅硬。對於來到這裡的人們來說，泥土是普遍的建材。潮濕的泥土被切成塊狀裝入籃子中，數百萬籃的泥塊被放在肩膀上運送，然後堆砌成堤防。因為乾燥的土地只出現在堤防的一側，因此，不論是走道、壩堤、牆壁、平台、地基、房屋、畜養動物的畜欄、幫浦架、室外工作區，以及堆放貨物的壁架等，全都是用泥塊製作而成。為了要修築連通房子之間，或工作區之間的高架走道，更多泥塊被紮紮實實地疊塞起來。

建造棚屋時，在泥塊砌成的地基上，首先用桿子框出屋子範圍，然後以編織而成的草蓆墊作為牆的基礎，再敷以泥土和牛糞調製而成的灰泥。牆面以手指按成的溝槽紋路裝飾，以及透過揉、壓、抹的方式消除多餘的手掌印。屋頂由茅草隨意混合黏土瓦片，或搭配波浪鐵皮錫板而組成。小屋內，有用硬化泥土製成的突起平台，能放置壺罐和鍋具。連爐子也是用相同的黏土製成，黏土被火烤乾變硬，爐子裡面上方有一個圓形開口，恰好能卡住烹飪鍋。

大量黏土被挖空以後，水於是占據了永久空間。水形成了渠道、池塘、船舶登陸處、湖泊、家畜的飲水坑、蝦池及魚池。渠道和堤防馴服了河流和潮汐，將水在一池一池間移動，用以養魚和蝦。最高大的那堤防面對著河流，小村莊們沿著堤防而建，村莊與村莊之間由堤防頂上的小徑連結。堤防和小徑延伸數公里長，包圍著數千英畝濕地，濕地上沒有樹木，被洪水淹沒，水淺而平坦。

走在堤防周圍時，我對於興建堤防所投入的大量人力感到相當驚奇。基本上它是個寬闊的硬化泥牆，頂端有大約九十至一百二十公分寬的小徑。堤防綿延數公里長，站在突出的壩堤上讓我比海平面還高過三公尺或更高。到底要用多少人力，用手工、一次一籃的泥土，才蓋好這個堤防的牆面和小徑？沿著路徑玩耍的孩子中，有多少人，是在堤防邊的簡陋小屋中出生的呢？每相隔幾百碼就有一個小村莊，可能住著四到五個家庭，好比藤壺懸掛在堤防邊緣一樣。位於堤防上方的路徑是這些家庭進出時的主要道路，當我經過時，我與煮飯中的婦女、床邊玩耍的孩子、修補魚網或砍木柴的男人，相隔距離只有短短幾公分而已。面對寬廣河流的地方，堤防又額外加高了三至六公尺高，這麼做是必須的，因為水流廣闊，寬一點六公里，每天有漲潮落潮，潮差有好幾十公分高。

非常少植被能在硬化的土塊上成長。雜草有時可以生根，另外村裡有些樹木和灌木是人們所種和照顧著的。沿著河岸也有幾棵樹屹立在那兒，保護堤防不會因侵蝕作用而被損毀，或使小徑有遮蔭。除此之外，小屋群周圍的空間一片光禿且塵土飛揚，與附近鬱鬱蔥蔥的森林形成鮮明對比。

有一天下午，在走經所有村莊之後，我到達了堤防與紅樹林交界的地方，這裡是未被開發的處女地。在經過日光烘烤又荒蕪的貧瘠堤防之後，我被樹林給深深吸引。這裡有生命，我嗅得出來。空氣似乎更輕盈、更新鮮，也更繽紛多樣。我聞到了花開的香氣，底層似乎有什麼黑黑的、有麝香氣味的東西在那。一群鳥沿著水域邊緣輕快地飛著，燕子忙著捕抓昆蟲而扭轉迴旋著身體飛行。我享受這現場表演秀，放鬆地走下堤岸往森林走去。但是正當我這麼做時，一個走在我後面的男人開始大喊：「不！不！走開，往上走去另一邊，趕快離開森林！不要走叢林這邊！」我感到困惑，原本安靜到近乎是沉思的漫步，突然之間被恐慌給驚擾了。然後他尖叫著說：「老虎！那裡有老虎，牠們會叼走你！」老虎？這個男人很激動，但我不信。想起我初到養蝦營時，被安排睡在棕櫚小屋裡。小屋架設在桿子之上，離地面兩公尺高，以防洪災。那邊沒有電力，而且屋外營地邊緣的戶外廁所，就只有地上一個洞。茅坑洞用四根立在地上的棍子圍著，掛上舊米袋當簾子垂掛，剛好夠遮羞。營地裡的一位老漁夫帶我看戶外廁所，但是他說：「晚上永遠不要出去撒尿，永遠都不要！」

「什麼？為什麼？」

「因為老虎！」

他說那話的時候，我隔著小橋，正看著一個擠在堤防邊邊的村莊，看著工作和交談的人們及玩耍的孩子們。那邊有漁船，還有長方形的池塘讓潮水能帶蝦子進來。這裡距離森林有一公里多遠。有老虎？我想不會吧。我知道那警告是什麼意思：這是鄉下人用來嚇外國人的誇張故事。在美國時我也曾做過同樣的事，編織故事來嚇唬南下的城市佬。後來的兩個晚上我並不擔心自己偷溜出去觀看水面上的月亮，聆聽寂靜之聲和鳥聲，驚嘆於曠野喧鬧的寂靜。

現在站在烈日下，還有三個人類吵雜的腳步聲和喊叫聲，我覺得很確定不會有老虎從堤防頂端襲擊。但是那個男人並沒有安靜下來，仍一再大聲喊叫和示意。當我不知該如何是好時，他的兒子往下爬到我身邊，並指著我腳下的新鮮泥土。在那裡，介於樹葉和樹枝之間，有一個新的貓爪印。這個腳印就好像是家貓的腳先踩過水，再踏過乾燥的水泥路面那般清晰鮮明。但是這個腳印很大，非常的大，當我忙不迭地測量尺寸時，我看到它幾乎等於我的手那麼大。帶有此腳印的貓，絕對比我大許多。

儘管天氣酷熱，我還是感到一陣寒意，有一剎那我很納悶，「老虎在這裡幹什麼？」然後才意識到，是我去了不該去的地方，不是老虎走錯路。孟加拉虎在這裡已經有數千年的歷史了，牠高高占據著食物鏈頂端，無論在樹林裡還是在水裡，都優游自在。牠們天生屬於這裡，這個生態系統是牠們演化後特別適合的地方。老虎通常獨自生活，而且領域性很強，會在大範圍區域內留下自己的氣味來使對手遠離。這隻老虎到底有多少領土被這堤防給隔開和毀滅了？這些養蝦場和小村莊是否位於牠的領域範圍內呢？當人口壓力和天災人禍使人們鋌而走險進入曠野時，老虎也感受到了壓力。每隔幾年母老虎就會生出二到六隻幼崽。兩歲左右的年輕老虎就會分散開來，去占領自己的領域。這隻老虎是在找尋生活空間嗎？是否剛好就是那片被剷除了叢林地，變成為許多養蝦場的地方？我是不是也是另一個使得牠進食領域地減少的原因？

養蝦場的運作

堤防蓋好之後，森林不見了，自然的退潮漲潮和海水也被阻斷了，養蝦場呼應這種節奏但是篡改了它。養蝦不是釣魚，這是甲殼類動物的工廠農場。就像提供我們豬肉、火雞肉、培根肉或牛肉的工廠農場，這裡沒有正常的繁殖、下蛋或撫養幼崽；而疾病、汙染和虐待工人見怪不怪。我來養蝦營地就是要了解蝦子如何被養殖。這個養蝦場已經蓋好，但仍是相當陽春的營地，由一個不在場的地主擁有，住這裡的工人可以自由來去。這片被封閉和清理過的森林，已經變成一個面積大約三百英畝的池塘。

在營地生活和工作的人，每個月大約在淺水中放十五萬尾小蝦，稱作蝦苗。他們向那些為他們在潮汐流中最深處捕撈的人家購買蝦苗。沿著河出門時，我靠向三艘木製的蝦苗船，他們以曳網圍捕方式捕蝦供應給蝦場使用。從遠方一看，那像是只有一條船，長約將近四公尺，脹開一個巨大的熱氣球，一個大型泡泡就從河面上升起。實際上，他們利用風來灌飽、拉直和弄平這張用來捕蝦苗的、有著超級微細網眼的魚網。魚網灌滿了風之後，有兩個女人使勁與它搏鬥，一心要控制住魚網。我們靠近時，我能看到孩子們輕柔地從網子上刮下細微的粉紅色細絨殘渣，並小心地將其放入裝水的小平底鍋裡。我爬上他們的船，看著小平底鍋，我能辨認出這些細小的蝦苗。

牠們看起來像是在水中的細短紅線，就像用極細筆畫出來的那樣。牠們比眼睫毛還要小，猛然抽動後漂浮一陣子，然後再次猛然抽動又漂浮一陣子。當中有一些較長的蝦苗一端略微有腫狀，就像微狀單細胞動物類。捕蝦網非常大，當灌滿風膨脹起來後，與一般客廳的尺寸大小差不多，但是從河裡拉起網之後，只能捕到手抓兩把量的蝦苗而已。「你必須從水深處撈蝦苗，」女人說著，「牠們來自水底大約十公尺深的地方。」

蝦苗被收集後，會被撒入三百英畝的養蝦池中，等待長大。池塘的水透過一條渠道與河流的水相通，渠道的水閘門內切在堤防裡面，緊鄰著營地。這條渠道是養蝦場的生意端。長約十八公尺，有一排木棒和蘆葦緊密編織成的柵欄貫穿其中，遠端還有第二個比較小型的堤防面向著蝦池。池塘進入渠道的地方有一個V型攔河堰，這是一種古老的捕魚陷阱，年代久遠可追溯到青銅時期。大多數時候渠道裡沒什麼事，生活在蝦場也相當放鬆。這裡有魚網、工具和小屋需要修補，還有每日的祈禱、煮飯、用餐，還有在池塘裡釣魚可做。把會吃蝦子的螃蟹和魚抓起來出售或是自己食用都是好點子。但是當月亮呈上弦月，或者漸趨滿月時，工作便增加了。

有人告訴我：「滿月時，蝦會變瘋狂。」牠們或許瘋，但是正常的蝦類行為使牠們易於捕捉。蝦子在晚上較活躍，會四處游泳找尋食物，而且在日落後不久，以及日出前的一兩個小時，是牠們最活躍的時候。牠們也會被水的運動所刺激，並且隨著越長越大，會在牠們遇見的水流中逆流游動，渴望移居到沿海更深的水中。人類複製天然的海流，蝦子就會自投羅網游入渠道中。

夜幕來臨，漲潮和滿月兩者又相輝映時，河流水閘門會被打開，水會透過渠道注入池塘中。體型較大的蝦子能「聞」到新水的味道，感受得到水流，便開始游向河流，期待去到更深的海裡。蝦子很快游進渠道裡，當牠們游到V形堰頂端的小開口時會擠在那裡。攔河堰是不歸之門，一旦通過後，幾乎不可能再游回來時路，但無論如何，牠們都渴望有廣闊的空間。渠道再往下幾公尺，牠們感受得到也聞得出來河流的味道，但是現在牠們被擠在緊密編織的蘆葦和木棍柵欄上。水流仍流過蝦子，但已經逃不走了。

到了早上，關閉水閘門，河水停止流經。在日光照射下，渠道中的水位迅速下降，排入池塘，蝦子因而沉降到底部。當太陽從地平線升起時，男孩們帶著網子，踏入及膝的泥巴中，將蝦、螃蟹和魚撿拾乾淨，再拖到草地上分別放到不同籃子裡。從河的方向看過去，商人們好像也被滿月吸引一樣，把他們的船擱淺在緊鄰蝦場旁邊。在附近的一塊水泥板上，開始進行分類和交易。

商人正在交易中，大「老虎」蝦的售價約為每公斤八美元，中號蝦六美元。魚類則是真正的便宜貨：吳郭魚以及像鱸魚這樣大的其他魚類，每公斤只賣一美元。真正大的螃蟹價格也很好，可以賣到幾乎與蝦子差不多高的價格，但是小螃蟹則便宜許多。正當買家在翻找檢視產品時，蝦營的負責人跟我說有關買家的事。「這些人大多是誠實的，」他說，「但在那裡的那個人就不是這樣了。」當我詢問這個不誠實的人是否曾試圖欺騙他時，他回答：「不是欺騙我，而是欺騙他的客戶和出口商。他會用煮過米的水注射到大蝦子身上，這些水又重又含澱粉，因為額外多出的重量，他蝦子的價格翻倍。有時出口商注意到了，就拒絕買他的蝦，但大多數情況是出口商並不知，所以就值得冒險去做。」

所以，如果你烤肉架上那隻飽滿的蝦嚐起來有點奇特的異國風味，或許是因為蝦子身體裡曾被灌入來自孟加拉某個家庭晚餐剩餘的米水。許多蝦養殖場並不像我所待的那間那般悠閒，工人也得到薪資。許多養蝦場有更高的利潤，因為他們的工人被奴役。只需要以工資和債務做簡單的誘餌，再投資於購買武器或找些流氓做打手，就能使利潤大幅上升。沒有人知道到底有多少個養蝦場是由奴工建造完成，而如今則利用被奴役的男人、女人和童工來飼養和收成蝦子。像舒米爾這樣被困在杜布拉查島上的其他孩子們，也一樣被奴役在各個蝦塘中工作。最多可以斷言的是，蝦子在收成的過程中已經經手許多血汗奴工。

養蝦場裡的女人們

但是故事並沒有在收成後就結束。我待的蝦營裡沒有奴工，但這並不減少對環境的影響。誠然有些蝦會被注入米水，但大部分在收成後數小時內就被運送到庫爾納市（Khulna）。孟加拉的庫爾納市，是將冷凍蝦運往美國和歐洲的主要港口，那裡的水深足夠停泊大型貨輪，還能容納許多加工廠在碼頭上排隊，準備將數以噸計的生鮮蝦子轉變成洗淨的、包裝完整的、等待船運出口的冷凍食品。在庫爾納市的市中心，也就是街道上高檔飯店林立的地方，城市裡的富翁們為他們最感恩戴德的恩人建造了一座雕像：位於城市最重要的三條大道的交叉口上，立於一個寬闊的基座之上、又再外加五公尺高的一隻黃金打造的巨型蝦子。相比於幾個街口遠處，被流放在髒公園邊的真人尺寸政治人物銅像相比，這隻甲殼類動物的氣勢更加宏偉威風。在庫爾納市，人們知道誰是他們的衣食父母。

歐洲和北美對蝦子的巨大需求意味著金錢湧入這座城市。這是一個「蝦富豪」的城市，他們擁有大飯店、豪宅、名車和郊區大型養蝦場，並在浮華俱樂部和餐廳開派對，也就是一些孟加拉普通家庭生活遙不可及的地點。這些富豪擁有外國出口許可證，可以直接與北美和歐洲公司做生意。他們的工廠能加工和冷凍蝦子，但是很久以前工廠老闆們就知道，有點矛盾地，規模較小的工廠反倒能賺更多錢。這是因為有許多美國和歐洲的客戶想檢查他們的工廠，檢查清潔度並看看工人們的健康和安全。外國人想看受雇員工身上穿有手套和防護衣、安全帽和刀片防護罩等，確保不會有被切斷的手指頭出現在任何一包冷凍蝦中，有些人甚至想要將他們購買的蝦子標示為「無奴工」。他們希望能告訴自己的客戶，那些清潔和包裝他們蝦子的婦女，工作時數正常，並獲得足夠的薪水來養家。因此工廠老闆盡力維持他們公司所擁有的小工廠是安全、乾淨，並準備好要受檢查。

當然，這家小工廠根本只是妝點門面的煙霧彈，它的規模小到根本只能處理有錢大老闆的一小部分的蝦子。雖然這小工廠確實有在為出口生意而處理、包裝和冷凍蝦子，甚至還有賺取微薄利潤，但出口商所銷售的絕大部分其實來自於承包商。十個庫爾納市蝦子加工工人中，有九個都是為這些承包商而工作，且幾乎所有工人都是婦女。承包商不用擔心檢查、防護衣、安全帽或刀片防護罩。他們這些大部分為女性的員工，每週工作六十、七十甚至八十小時，但他們沒有固定的工作。儘管法律規定，擁有五名以上工人的運作都被視同是工廠，一樣受到勞動法規的保護，但這些婦女卻被以「按日雇用的臨時工」雇用。但並不是按照工作天數領工資，而是按照所處理的蝦子數量領工資，而且可能得等待數週才領得到。正如一位律師[3]告訴我：「他們沒有權利，沒有固定的工作時間，沒有固定的工資，沒有簽合約或委任書，也沒有勞動記錄簿。在庫爾納市，這種完全違反勞動法的現象，已經存在至少三十年之久了，所以，如今這已經見怪不怪，反而成了常態。」

貧窮婦女們被招募者所承諾的良好工資及正常雇傭條件給吸引而開始這份工作。一旦開始工作後，她們就發現真相，但無可奈何之下也只能留下來，因為她們覺得這是她們能獲得的唯一工作，而且她們需要賺錢來養孩子。我讓安瑞塔（Amrita）來說明這一切是怎麼回事：她是我在某個午後，在一個庫爾納市秘密地點所遇見的女性「按日雇用的臨時工」成員中的一員。那時是她們的下午休息時間，而且是每兩週僅有一次而已，因為時間很寶貴，我非常感謝她們願意花這個時間與我碰面聊一聊。過往的經驗裡，只要與記者或研究人員談過話的婦女臨時工，都會遭到一頓毒打，因此她們擔心會被人認出真實身分。「安瑞塔」這個名字是我從網路上熱門孟加拉女孩名字表列中選出來的。在那個涼爽的早晨，安瑞塔穿著橘色毛衣，用一條有漂亮圖案的橘黑黃三色頭巾罩住頭。她坐在椅子前端，神色慌張，肩膀緊繃，雙臂僵硬地向前交叉。她是三十多歲的女人，臉蛋乾淨、表情堅決，但心如鋼鐵，因為她知道她正冒著極大風險和我說話。隨著我們的談話，她深褐色的眼睛有時會顯現憤怒。

「如果我真的有機會，我不會選擇在蝦場工作。」安瑞塔說，「家裡沒食物給我孩子吃，我的丈夫又沒有工作，這是唯一能做的工作。如果我有受過教育，也許可以找到一份不同的工作，但是沒有受過任何教育就很難找到工作（孟加拉的婦女有三分之二是文盲）。剛開始時，我的工作是拔蝦頭。我沒有被加薪過，處理好的蝦子每公斤只賺三塔卡（不到五美分）。每次交出一籃蝦子，我就會收到一張收據，收據上記載我所剝的蝦子的重量，但我認為他們所寫的比我實際剝好的重量還少。我們必須自行保管好這些收據紙條，因為一週僅能憑手上握有的收據紙條請領一次錢而已，如果收據弄丟了，或者如果是弄濕收據而無法辨識的話，那就領不到先前工作的錢了。有次有個女孩遺失那一整個星期的所有收據，承包商就一毛錢也沒付就坐收利益。這就是承包商如何將人留在那裡，你總是得按照他們說的去做，否則他們只會把你趕出去，而你也領不到他們欠你的未付款。延遲付款則是另一種綁住人又使你依賴承包商的方式。有時承包商會說他們沒有足夠的錢支付薪水，於是提供食物替代工資。這像是承包商的一種副業。承包商給我價值十五塔卡的米，但他會從後續該付給我的工資中扣除二十塔卡。我能怎麼辦呢？我的孩子們需要食物。承包商用同樣的手段操弄我們需要的民生用品包含油、米、扁豆，和肥皂。

「但是最糟糕的部分是我們被對待的方式。承包商很粗魯，他們舉止像動物，甚至會打我。有位和我一起工作的女士年紀比我大，大約四十歲。承包商想趕走她，所以讓他手下的一個男人把一籃蝦子扔在地板上，卻責怪她。他們把她帶到另一個房間毆打她，如此殘暴，甚至打到她尿失禁，然後把她扔到街上去。我偷偷溜出去，給那個女人的女兒打電話，她女兒才來把她帶回去。後來承包商想賄賂她讓她閉嘴保持沉默，但那位婦女說：『不！你們毀了我的身體，現在我再也不能工作了！』然後她和人權組織聯繫過一位律師，該案件已經進行三年了，但後續什麼也沒發生。我至今保持沉默，但是如果未來有審訊的話，我願意為她作證。

「工作時我們禁止彼此交談。如果有說什麼，或抱怨什麼，都會被懲罰。有時他們就是擺明不付錢給你。當該領錢的時候到時，妳把收據拿給他們看，他們就說：『沒有，沒妳的錢。』妳能怎麼辦？妳不能拒絕任何命令，總是只有他們能對妳大聲咆哮，講些很粗魯的話。承包商總是監督著妳，不允許妳對任何事情說『不』。但如果妳說妳不願做某件事，他們就會抓著妳的脖子，把妳扔到街上去。

「如果有買家真的來到我們工作的地方，承包商會要求我們說謊，關於我們賺多少錢以及做多少工作等問題。承包商說如果我們不配合說謊，就要解雇我們。事實上，旺季時他也要我們工作一整晚。如果有很多蝦進來，他會把我們留在那裡，要我們就工作二十四個小時。若是我們生病了，他們也只會欺壓我們，大吼大叫要我們繼續工作。當旺季來臨為配合大量出口的船運，我們把蝦子包裝好之後，另外還須分攤做其他工作，像是幫忙搬箱子並裝上卡車，一切只為了能準時發貨趕上船班。旺季時我們被要求工作到凌晨兩點，然後在淡季時我們就被解雇，因為淡季時工作量非常少，我們都得挨餓。淡季時，我們左支右絀為孩子們尋找食物。

「工作上有許多問題，可是我找不出能替代的其他選項。我沒有身分證，也沒有任何能證明我曾經為承包商工作過的東西。假設有出什麼差錯的話，他就只會說我們不在他那兒工作，所以無須支付什麼，如果你對此有怨言的話，他們會打你。這種事情確實發生著。無論如何，我們是女性，就算我們工作只有十二個小時，仍然還有許多要做的事。我們回到家得工作、煮飯、照顧小孩。我幾乎見不到我的孩子們！有一個星期五，我們必須連著上兩班工作，二十四個小時，然後下一個星期五則放假。你如果因為孩子生病而必須待在家裡的話，就沒有收入，沒錢買食物。

「我一心想讓我的孩子接受教育，讓他們能過上比我好的生活。如果我能找到更好的工作，這夢想就可能實現。若能安穩度日該有多好，這樣我的家人就能過得更好。而且，好吧，我想要一張身分證，這樣我才能獲得更好的薪水。也許你能告訴其他國家的人這些事，告訴他們，我們在這裡很努力工作，但我們並沒有得到我們應有的權利，告訴他們承包商壓榨著我們的生命，我們沒有拿到合理的薪水，沒有其他一切應享有的。也許事情曝光之後將有所改變。」

說完這一切後，安瑞塔用同樣堅決的表情看著我。此刻她看我的眼睛有比較柔和了一些，但她很實際，她知道如果改變確實到來的話，這改變將是緩慢而艱鉅的，而且對她和她的家人來說也許並不及時。

一位人權工作者告訴我，要帶來變革有多困難。有一位年輕律師，臉上有著克拉克・蓋博（Clark Gable）的笑容，還有超長的睫毛，已經在庫爾納市工作了六年。許多他經手的案件都涉及暴力攻擊婦女，例如因為談不攏嫁妝錢，而在衝突中臉上被強酸灼傷的婦女。當他開始為像安瑞塔這樣的女性處理拖欠工資和性騷擾案件時，他開始受到威脅。當他繼續追查案件，卻遭到了施暴襲擊。當他提起訴訟爭取女性法定產假時，他接到一通來自國家首都的資深政府官員的電話，命令他撤案（但他沒有撤）。當他公開報告非法童工現象時，來自中央政府的壓力更大。一位高層的官僚更曾告訴他：「你是國家的敵人。」

來自政府的壓力全源自金錢和腐敗，因為整條生產供應鏈都在賄賂官員。申請出口許可證本來就需繳納申請費，但實際上卻需要一筆遠遠大於正常申請費的賄賂，再加上定期的每月付款，才有辦法得到和留住許可證。這些賄賂和付款流向首都的政府官員，他們透過確保不執行勞動法來幫助出口商和承包商，以及他們自己的口袋。碼頭則是被當地的一個幫派控制住，他們賣「保險」，保證所有貨物都能按時出口，保證碼頭工人會排隊待命。他們也與當地警察和政治人物分贓收益。幫派分子、政客、承包商、出口商和奴隸主，全部宛如是一具大型機器中的一部分，來運送蝦子到你們在地的超級市場。我們知道這個行業每年能創造多少合法金流，大約一百三十億美元；但這還不包括非法資金以及人力成本和環境成本在內。那些負責處理加工、包裝和把蝦子冷凍的婦女，只算是這一具大型蝦子產業機器中很小的齒輪罷了。她們生活艱難，她們感到被束縛，她們被性騷擾，然而她們並不是奴隸。她們仍然可以選擇。她們可以選擇離開工作，可以選擇挨餓，可以選擇看著她們的孩子挨餓。當奴隸制和消費者需求相配合時，所造成的破壞就會從四面八方散播開來，剝削像安瑞塔這樣的工人、奴役像舒米爾這樣的男孩，以及傷害我們都希望予以保護的自然環境。

跛行的孟加拉

我從傍晚等到了入夜，就為了要乘船順著河水進入桑達爾班斯森林。有個親切的家庭請我喝茶，另外佐配四罐當地生產的蜂蜜，每一罐各有不同的風味。蜂箱分別存放在不同的田野間，來採取小茴香、香菜、荔枝和芥末植物的花蜜。對我的美國味蕾而言，帶有濃郁芥末味或是小茴香味的蜂蜜令人震驚。我感覺好像是在大腦的味覺區多闢了一個新空間，但我不確定自己喜歡它。蜂蜜被認為應該是甜的，而芥末蜂蜜則打破了舌頭先前所學到的規則。

夜幕降臨後，我們爬進了一艘船長約十公尺的開放式木船裡，往河的下游駛去。我坐在船頭，盡可能遠離船尾那台轟轟轟發出響亮聲音的舊柴油引擎。轉過河中的第一個彎道之後，岸上不再有燈光，四周一切都籠罩在深沉但星光輝耀的黑色當中。我看著獵戶星座因為河道轉彎，而在頭頂上來回擺動。低飛的羽翼呢喃經過，在液態的漆黑中綻出漣漪。突然間從岸上發出交錯的聚光燈和閃光燈照亮著我們。一開始很嚇人，但我意識到似乎沒有其他人覺得困擾。「這是印度的軍事基地，」有人這麼說，「我們就在邊界之上。」我們在河道中彎來彎去，很快遠離了燈光，閃爍的燈光就一個接一個消失了。

在漆黑中，我們到達了我們即將停留的蝦場，手電筒燈光像螢火蟲一樣蜿蜒在河岸和我們泊船上岸的泥巴地。我們拖著步伐進入了一個用荊棘籬笆圍起來的小院子，並爬上高腳小屋。我在竹蓆上伸了個懶腰，逐漸地睡著了，伴著靜夜的聲音。兩隻狗發出了寂寞又有旋律的悲嘆。像是感知到某種東西，其中一隻輕輕吠著，只輕聲吠一次或兩次之後，立即將吠叫的音調轉變成溫柔的嚎叫聲。這是另一隻狗的提示，一起加入這首歌，牠的音調在和聲與噪音之中擺盪不定。所有這些吠叫聲和嚎叫聲都像哀樂，帶著深沉的無可奈何，這是在老虎之鄉生而為小看門狗的宿命。

黎明時分，我從睡眠中醒來，聽見提醒穆斯林禱告時間到了的喚拜聲，聲音先從左邊來，然後右邊又有另一個錄音聲加入第一個出現的錄音聲，唱出了不同的音調，形成分層和交織的聲音。聽起來好像黑夜裡狗的聲音，我不得不憋住笑聲，以免吵醒在小屋裡睡覺的其他人。

我是先去完剛果之後再來到這裡，這裡似乎像置身天堂。眼前看不到任何武器，也沒有受威脅或需要保持警覺性的感覺。基礎建設也許很陽春，但足夠發揮正常功能。四處看得到建築物和農作。孟加拉也許因為腐敗而跛腳，但它正一拐一拐地努力往前進。從許多方面而言，這個廣闊的三角洲上的農作很美，土壤和植物被精心又溫柔地準備著。產出由稻米、蔬菜、雞、山羊和魚組成的豐盛食材。

保護海岸的紅樹林

出去見面的那天，我看到天空中有體型巨大的白鷺來回盤旋著。我們到達了一個五河匯聚之處，溪流河幅變寬，形成一個寬達數公里的開闊空間，印度成了遠處霧濛濛的一排樹。從河面上看去，堤防只是沿著岸邊的低矮泥土牆，偶爾穿插渠道和水閘門。在仍未受損壞的那部分紅樹林，主根系上布滿數千個氣根，其中有為數眾多超過三十公分高，自潮間帶的泥灘地面上隆起突出著，根系好似蜘蛛一樣扭轉於水中。激流如此強勁，水域如此寬闊，相形之下堤防和村莊突然顯得非常脆弱。當我正在思考著，有一隻白色胸部的海鷹高傲地從河邊樹枝上飛起，牠翼展兩公尺寬的翅膀，像是向我們宣示我們之中哪一方是主人、哪一方必須俯首稱臣。

我們再次回到河上，把堤防和小村莊拋在背後，此時四面八方都是森林，溪流開始分岔再分岔。桑達爾班斯群島由小河灣、溪流、河流、被水花衝擊的低島以及有乾地的高島嶼組成，而且完全沒有礫石海岸或沙灘。四周紅樹林努力往水中伸展，較低矮的樹幹浸泡在水中。在紅樹林的後方，我看到像是木蘭屬植物和像杜鵑花一樣會開花的灌木叢，更遠處還有一樣站立在水中的棕櫚樹和高大的落葉喬木，高大挺拔，鶴立於其他樹木之上。靠近河岸邊低矮的森林是密密麻麻亂糟糟的地方，因為那邊的土壤如此肥沃，水源如此豐沛，所以樹枝與樹根及樹幹、草類、藤蔓類和各種花朵盤根錯節纏繞在一起。任何人若想穿越這裡，都得要一吋一吋砍樹叢開路慢慢走。

在沒有任何標記的蜿蜒小溪深處，船夫因為怕「若紛」（rover）而想回頭。什麼？「是若紛啊，」他用濃重的孟加拉口音說道，「如果我們再往裡面走的話，可能會遇到他們。」「什麼是若紛？」我困惑地問。「噢，對，」他解釋說，「若紛就像小偷，呃，維京人，但是比較小一點。」

被想像為是小型維京人這種想法使我發笑，但是我知道他的意思，河裡這邊有強盜，而且任何警力都離這裡很遠。於是我們回頭，我從船頭的位置看著森林兩岸的溪水漸行漸遠。

在溪流中和水灣處，我們有看到水上人家住在兩艘或三艘船裡面。有時候他們把所有的船綁在一起，靠著岸做成一個家，其他時候則把船各自分開，去旅行、去釣魚或是拖運貨物。這些水上開拓者的家庭，一點一點地啃咬森林邊緣，砍伐樹木以出售，他們是先行者，很快就有更多人跟進。大量人潮湧向大海，正使這座森林遭受被淹沒的威脅，不知道這樣的行為將使他們自己遭殃。

簡單說，沒有紅樹林，人們會死。經年累月的舊地圖和衛星圖像說明了這件事有多麼真確。在一九五〇年代，這區域的村莊與三角洲的水域和海域之間，隔著平均八公里寬度的紅樹林。但是到一九九〇年代後期，紅樹林縮減為不到一點六公里，而且有些村莊常常是沒有紅樹林保護的，原因在於稻田面積往大海方向擴張，與海岸蔓延充斥的養蝦場連在一起。如今黏土堤防的頂部就是村莊，村民的腳趾頭之下就是海水的浪潮。

像墨西哥灣的颶風一樣，孟加拉灣每年都受氣旋襲擾。[4]問題已經不在於是否會出現氣旋，而是氣旋規模會有多大？一九九一年，一場巨大氣旋席捲孟加拉南部，暴風雨掀起約六公尺高的巨浪，與卡崔娜颶風相當，但在這片紅樹林被移除的低窪土地上，死亡人數令人震驚，造成十三萬八千人喪生。死亡率最高的是兒童和老年人。多達一千萬人無家可歸。比較起來，卡崔娜颶風造成一千八百三十六人死亡。一九九九年，又有另一個大氣旋經過，但沒有襲擊桑達爾班斯群島。

當它登陸印度時，死亡人數約為一萬五千人，但是在地理位置上的死亡分布呈現不規則。美國杜克大學的研究人員解釋說：「每個村莊的死亡人數，與村莊和海岸之間的紅樹林寬度，存在著明顯的反比關係……擁有較寬紅樹林村莊的死亡人數明顯少於紅樹林較窄或沒有紅樹林的村莊。」他們補充說：「由此可以估算出一九九九年時仍存在的紅樹林對拯救生命的重要性……紅樹林使死亡人數減少了大約三分之二。」[5]二〇〇四年發生在緬甸南部和泰國南部的海嘯，也驗證了同樣的結果。那裡有超過百分之八十的沿海紅樹林森林被砍伐殆盡，而且以奴隸為基礎的養蝦場十分普遍。該地區約有二十五萬人喪命。

隨著紅樹林的消失，每個風暴引起惡性循環的潰敗以及森林破壞。沒有紅樹林帶，氣旋將淹沒海岸，農作物會被海水鹹死，沿著村莊的養蝦場也會被沖走。二〇〇九年艾拉氣旋襲擊之後，因為暴風雨大浪而失去一切的四十萬人，轉而擠入了受保護的森林裡。隨著更多人湧入，被砍伐的樹木越多，被占領的島嶼也越多，還有更多兒童和成年人被奴役做工作。有些人因走投無路而出賣自己，另一些人則出於貪婪，但這樣的循環意味著，有越來越多保護著人類並保護著豐富生態系統的森林被摧毀。

對大自然而言，這樣的損失影響深遠。幾近一半生活在紅樹林裡的兩棲類動物、爬行類動物、哺乳類動物和鳥類，正面臨物種滅絕的威脅。這些動物中的大多數在其他地方都找不到，因為牠們的生存範圍僅限於亞洲和澳洲的紅樹林森林裡。以目前紅樹林森林消失的速度來看，紅樹林森林本身及所有住在森林裡的物種都將在一百年內滅絕掉。[6]

如果桑達爾班斯消失不見……

我喜歡森林，特別是擁有底層低矮紫荊和山茱萸的美國南部茂密的森林，還有擁有高聳的橡樹、白蠟和山毛櫸英國森林。只要時間許可，我就會在樹林裡散步，這讓我放鬆心情，也讓我得到療癒。

森林中樹木和其他植物的種類數量，以及鳥類與動物的多樣性，通常反映了當地冬季的嚴寒程度和長度。在美國密西西比州的森林中可能會有四十或五十種樹木生長。但是在加拿大北部或是在西伯利亞，大概就主要只有落葉松、雲杉、冷杉和松樹。在亞馬遜盆地驚人的繁殖力下，大約有一萬兩千五百種樹木生長著。我們世界上溫暖潮濕的地方是撫育生命的重要倉庫。

但是紅樹林森林卻不同，儘管沒有嚴酷的冬天，但是有海洋。鹽，這項一般植物的通敵，因為無所不在，生命必須適應它。世界各地有五十四種紅樹林樹木，所有的共同點都是可以在鹹水中生存。它們用各種獨特的方式來達到目標：根部濾除鹽分，葉子排出鹽結晶，即使根系浸沒在水下，也藉由盤根錯節的氣根發揮像通氣管的作用，來維持樹木正常呼吸。它們創造了一個森林世界，同時也是一個海洋世界。千絲萬縷且互相交錯的根系牢牢抓住柔軟的泥土，使樹木能抵禦風浪和潮汐。在陸地上，老鼠或松鼠在樹幹和樹根上奔跑；在紅樹林森林水下的「地上」，有魚類、螃蟹和軟體動物在生活和覓食，也為從樹枝上方襲擊的隼和鷹提供獵物。

當然，就像所有樹木一樣，紅樹林也能清除空氣中的二氧化碳，但他們吸收的方式很特別。二〇一三年大氣中二氧化碳的濃度含量達到百萬分之四百（400 PPM），然而大多數科學家都同意，對我們這個星球來說，350ppm是安全極限。[7]超過此範圍，世界將以各種危險的方式開始升溫。全球暖化的巨大挑戰是雙重的，一方面得減少我們空氣中二氧化碳的排放量，另一方面又得清除掉已經存在於大氣中的二氧化碳。這就是為什麼紅樹林如此重要的原因。像所有植物一樣，紅樹林從空氣中吸收二氧化碳，但由於它們不斷被海浪和潮汐沖刷，因此來自紅樹林的許多碳以不容易分解的形式進入了海洋。因為這樣，紅樹林森林又被稱為「碳儲存槽」（carbon sink），在這裡，二氧化碳確實地從空氣中被清除出來，並以維持其被固定鎖住的方式儲存在海洋中。健康的紅樹林有助於減緩全球暖化，而桑達爾班斯群島的森林是南亞最大的碳儲存槽。固鎖大氣中的碳稱之為「碳封存」（sequestration）。我們精確地知道，位於印度境內，占桑達爾班斯群島五分之一的森林固定了多少碳排放。那一部分森林占地數千平方公里，並清楚顯示出紅樹林的重要性。大約兩千一百萬噸的二氧化碳被固鎖在該森林的樹木中，另外五百五十萬噸的二氧化碳被固鎖在樹根周圍的土壤中。每年大約有三百多萬噸的空氣被清除並被固碳。

這裡至關重要的是，雖然這些紅樹林的多樣性比亞馬遜森林還少，但是在清除碳排放和固碳方面的表現，紅樹林做得更好。儘管紅樹林森林的生物質量（每英畝中所有植物的總重量）較少，但這些能在水中生存的樹木，從空氣中清除碳排放的速度，比陸地森林樹木快上四倍之多。[8]每棵紅樹林都是防範全球暖化的大功臣。

砍掉這些樹木的後果，造成的傷害不只是僅僅喪失樹木固碳能力。事實上，它們是自然界的基石，砍掉了它們，一切開始瓦解。卡崔娜颶風和孟加拉灣致命的氣旋展示了一部分瓦解過程。美國國家海洋和大氣管理局（US National Oceanic and Atmospheric Administration），以及聯合國氣候變遷和熱帶氣旋專家小組兩邊的科學家都表示，由於全球暖化之故，本世紀中極強烈的熱帶風暴（如卡崔娜颶風）的數量將會增加。[9]而且除了有風暴，海平面上升也是桑達爾班斯森林面對著的特殊難題。

孟加拉是地球上最平坦的地方之一，也是最容易受到海平面上升影響的地方之一。[10]如果海平面上升一公尺的話，桑達爾班斯群島就會變不見了，整個三萬平方公里的面積都沉到水下去，有兩千萬人會成為難民。不僅如此，越來越劇烈的氣旋，還有高達十公尺的暴風雨大浪，以及先前發生在美國紐奧良市大部分地區的天災，在整個孟加拉國內幾乎也有可能發生。美國人高耗能的生活方式，和畜牧業的副產品對全球暖化影響最大，但是每一個奴隸主為了養蝦或養魚而砍伐受保護的紅樹林森林，同樣也是在增加災難的可能性。

奴役和環境破壞如今聯手形成恐怖的煞星，它們共同製造的災難規模是如此之大，至今我們都還難以精確估算。數以百萬計的奴隸在不由自主的情況下，親手毀滅了他們賴以生存的環境，也破壞了阻止全球暖化的任何機會，使得生活一點一滴地面目全非。而這一切都悄悄地在暗中進行，難以察覺。然而，也正是奴隸在這場生態災難中扮演的角色，開啟了新的解決方案——一個透過廢止奴隸的力量，以拯救和維護自然世界的解決方案。

第五章——失速列車

當我看到沙地上留下老虎爪印的那天，我無視於呼喊的警告聲，反而開始從分隔河與森林的土堤上，小心翼翼地往下前進。那個對著我大聲呼喊的人，是我的嚮導，他手持一根木棍從堤岸上倉促攀爬下來，他的同伴則緊盯著森林的四周動靜。他們認識這裡的大貓。牠原有的廣大活動範圍，被日益擴大飼養面積的養蝦場給壓縮了，以至於覓食空間越變越小，時常飢腸轆轆。牠會在夜深人靜時潛入附近的村莊，吃掉未被關好的家畜。然而，儘管這隻大貓使盡全力，仍是節節敗退，無法對抗這種撲天蓋地、威脅到牠整個族群的變化。

我們人類正徘徊於一條與以往截然不同的道路上，似乎未察覺出迴盪在我們周遭的警告聲。全球暖化的危機比起老虎、桑達爾班斯森林、孟加拉、全球奴役，或我們當中任何一個人的危機都還要大上許多。全球暖化就像一列失速列車一樣，我們所有人恰巧全處於此列車的行進動線上，但卻沒有意識到，我們其實握有良方能即刻地、有效地降低全球暖化的威脅。終結奴役就是一帖良方。造成全球暖化的主因之一是世界上的森林被大量地破壞，而連串的破壞都是借助於身不由己、被迫出賣勞力的奴隸所為。

暖化由何而來

想要了解整個現象如何運作，我們必須先從認識森林對於維護全球氣候穩定所扮演的特殊角色開始說起。五百萬年前，地球上原本非常熱，而後溫度持續慢慢地冷卻下來。在過去八十萬年時光中，溫度來回擺盪於溫暖期和「冰河期」之間大約共有十二次。[1]數百萬年來溫度變化的範圍不大，此一事實，反映出所謂的地球能量達到了平衡。地球從陽光中吸收能量，並將大量的這些能量輻射回去太空。當接收到和傳導出去的能量，一來一往之間達到了平衡時，氣候便穩定了，溫度高低差的變化則趨於小範圍之內。

隨著工業革命在十八世紀如火如荼地展開之後，原有這種規律性的波動開始起了變化。人們不斷增加燃燒木材和石化能源的比例，為了撐起人類社會的巨大變化，造成大約僅有短短一百五十年間，工業革命戲劇性地改變了人們數千年來的生活模式。對自然界而言，一百五十年只不過是眨眼瞬間的短暫，然而，自那時起，原本不足二十億的全球人口數量，已然暴增到今日的七十億人口，人均能源消耗量增加了一百倍之多，城市生活超越了鄉村生活，貧富不均劇增，已經到了令人難以置信的地步，例如世界上某些地區積攢了史無前例的財富和奢侈品，反觀其他地方則仍深陷於貧困、疾病，和不安全之中。

這些巨大變化是由能量所驅動的。世界已然改變，燃燒石化能源和破壞森林所產生的氣體，也隨之被釋放到大氣中。這些氣體之所以稱為「溫室氣體」，是因為它們就像窗玻璃作用那樣，把陽光的熱氣困在溫室裡面。我們都經歷過這種作用，如同進到停在太陽底下門窗緊閉的汽車裡，此時的陽光是照進汽車的窗戶而進到車子裡，陽光將車內原有的空氣加熱升溫，直到車內空氣溫度遠高於車外空氣。這些溫室氣體對地球大氣層的作用，基本上是相同原理，溫室氣體像一道屏障，阻隔了通常會輻射回太空的熱能，而一旦這些熱能被困在大氣層中出不去，地球就會越來越熱，導致冰河融化、暴風雨肆虐、農作物歉收，對北半球而言，熱帶疾病更往北方散播。

要了解燃燒石化能源和森林產生的全面影響的一個好方法，就是和火山噴發帶來的效應相比較。短期來看，火山噴發會對氣候產生劇烈的冷卻效應，隨之而來才是緩慢的暖化效果。班傑明・富蘭克林首先在一七八四年建立火山爆發與氣候變化的關聯。[2]他注意到一七八三年的夏天，北美和歐洲兩地都異常炎熱，冬天則來得比以往更早，停留時間更久，而且非常寒冷。他寫道，似乎「整個歐洲和一大部分北美地區都持續籠罩在霧霾中」。

這次的超級寒冷是由於冰島的拉基（Laki）火山爆發的結果。冰島本國所受到的影響更為嚴重。那裡四分之一的居民和四分之三的動物，因為飢餓或火山噴發的毒氣體而死亡。其他主要的火山噴發，例如：一八一五年的坦波拉山（Mount Tambora）、一八八三年的克拉卡托亞

（Krakatoa）、一九八〇年的聖海倫斯山（Mount St. Helens）、一九八二年的奇琴峰（El Chichon）和一九九一年皮納圖博火山（Mount Pinatubo），對於全球氣候變化即便沒有造成更大的影響，至少也有類似的影響作用。因為天空滿布粉塵和火山灰，溫暖的陽光無法照進來大地，而被反射回太空去了。

火山爆發造成的影響很顯著，肉眼可觀察到，而且很劇烈，但本質上短暫又轉瞬即逝。與之相反的，是燃燒石化能源以及砍伐和焚燒森林所排放的溫室氣體。[3]卡斯卡特火山觀測站（Cascades Volcano Observatory）退休的火山學家特倫斯・傑拉赫（Terrence Gerlach）曾說，溫室氣體「比較不引人注目，比較司空見慣，也較令人熟悉，而且它們無所不在，源源不絕地持續出現」。如今世上每分每秒不斷在燃燒的數十億把小火，及其排放到空氣中的溫室氣體，早已經取代一座火山所噴發的量。這些火源的範圍，小至汽車引擎的內燃燒，大到冒出刺鼻濃煙、以奴隸手工燒製的木炭窯爐。這些人為製造、導致全球暖化的溫室氣體數量，規模遠比火山噴發的氣體數量還要多過許多，大概介於多一百倍至一百五十倍那麼多，結果最終壓過火山灰的冷卻作用。換算起來也就是說，如果要類比人們排放於大氣中的二氧化碳及其他溫室氣體的量，聖海倫斯山就必須每兩個半小時噴發一次，日復一日，直到永遠。

四倍的儲藏量

認知到人類行為如何導致了全球暖化至關重要，因為人類的活動，可以隨著個人意志來改變，如同奴役就是這樣應運而生的。森林砍伐約占全球溫室氣體排放量的百分之十七至百分之二十五。換句話說，當你正在看本書的這天，森林砍伐造成的空氣中二氧化碳排放量，約相當於有八百萬人從紐約飛往倫敦的排放量一樣多。很多人強調過森林能從空氣中抓取二氧化碳，並將其固定住，但一體兩面的是，如果森林被砍伐，或者尤其特別是被焚燒時，它們同樣也將先前所儲存的二氧化碳全部釋放回到大氣中。

砍伐森林造成二氧化碳被釋放出來，不論被砍的是紅樹林、是熱帶叢林，甚或是西伯利亞的森林，預估每年的碳排量高達二十億噸這麼多。如果把世界上的森林打比方說成是個國家的話，那麼砍伐森林所釋出的溫室氣體排放量，將大於印度或俄羅斯的國家排放量，而僅次於美國的二氧化碳排放量。另一種概念，也可以將全世界一年內因砍伐森林與燃燒石油來做比較，前者釋出二十億噸，後者產生三十億多噸二氧化碳排放量。

假設把樹木喪失吸收二氧化碳的能力，納入溫室氣體平衡表來看的話，砍伐森林變成是造成全球暖化名列前茅的主因之一。如果砍伐森林的速度能減緩下來，或是完全停止砍伐，我們就有機會能扭轉詹姆斯．漢森（James Hansen）指出的，他可說是這世上最受尊敬的氣候變化專家，他曾說過：「氣候變化造成的影響，實際上形同製造出另一個星球，這與過去我們文明發展的星球截然不同。」漢森更進一步解釋說，如果不採取行動，「後果對於年輕世代、對於未來的世世代代，以及對其他物種的影響，將會持續數十年或數百年之久。冰蓋融解崩塌會導致海岸線不斷調整，使得土木工程的成本遽增，難以估計的大量沿海城市及文明將受到損壞。氣候帶的轉換，加上一再重複出現的氣候異常，將耗損掉巨額的經濟和社會成本，特別對發展中的國家更是如此。」[4]

有件重要的事我們現在要分別清楚，就是樹木並不神奇，一樣會老會死。當樹葉掉落，樹木死亡時，先前儲存的碳會再度釋放回到大氣中。大多數樹木都只是碳的臨時儲存庫，所以若能有更多活著的樹，空氣中就會有更多的碳被清除和固定住，才能把我們的能量平衡地維持更好。

我們關於樹木如何固碳的知識多是從研究亞馬遜雨林得知，畢竟這是世界上最大的森林所在；但它卻可能不是固碳表現最佳的森林。亞馬遜森林中每棵樹木的平均壽命約為十五年，一旦開始腐爛，儲存的碳會緩慢逐漸釋放出去。現在讓我們再次回顧一下桑達爾班斯紅樹林。儘管它的面積比亞馬遜小得多，樹形也沒有那麼高大，但在固碳表現上卻十分可圈可點。

關鍵差別在於，這些紅樹林的根部和土壤被潮汐不斷沖刷，腐爛後樹木所釋放出來的碳，是進入到海洋而不是到空氣中，這就與長在陸地森林的樹大不相同。紅樹林以不易分解的大分子（例如碳酸鹽）形式將碳釋放到海洋中。這些碳真正被鎖住了，被封存在海洋中數十年，而不是立即以二氧化碳的形式返回到大氣中。全球沿海各地的紅樹林，就像桑達爾班斯這樣的紅樹林，表現如此出色，它們的地表覆蓋率雖然僅有少少的百分之〇點一占比，但是卻貢獻了海洋裡有百分之十不易溶解的碳。[5]海洋是世界上最好的碳庫，但是隨著全球暖化使海洋跟著升溫，碳也跟著被釋放到空氣之中。於是又帶我們回到全球暖化的失速列車。

人類直到近年才開始理解兩個關鍵事實。第一個，是紅樹林發揮極大的儲碳作用。直到二〇一一年，才由一個國際研究小組發現，原來紅樹林的碳儲量是其他森林的四倍之多。[6]首席研究員解釋說：「當我們進行數學運算時，我們很驚訝看見消滅紅樹林時可能釋出的大量碳排。」砍伐紅樹林使全球暖化現象更加惡劣，還有潛在災難性後果的隱憂。據研究人員推測，紅樹林的快速減少，意謂從陸地上移轉到海洋中的碳循環儲存過程可能會因此被阻斷。一旦發生，世界會很快就達到了臨界點，溫室氣體的急遽增加使溫度升高，將帶來嚴重危害，如永久性洪水肆虐、數百萬氣候難民，和不計其數的物種消失。

為了避免最糟狀況的發生，也使我們近年開始理解第二個重要的關鍵事實：奴工在森林砍伐中扮演了主要角色。過去幾十年來，環保運動聚焦於廣大熱帶雨林被破壞的議題。「拯救亞馬遜！」不僅是一句老掉牙的陳腔濫調而已，它同時是至關重要的工作。在過去四十年中，公眾對於環境議題及對於議題本身的理解呈現不斷增加的趨勢，而且保持變動和修正中。三十年前，砍伐森林主要是基於商業利益考量，可以申請合法砍伐權。北美過去的確這樣做，把森林徹底砍伐殆盡可以是完全合法的行為，非洲、亞洲，和南美洲的政府也是這樣做，雖然發放木材租賃許可和伐木權的程序中常常不公平，甚至充斥貪汙賄賂。隨著環保運動勢力抬頭，環保團體積極欲修改允許森林砍伐的法律。

努力的結果是，合法森林砍伐大大減緩。聯合國每兩年會發布一次有關世界森林狀況的報告，並且曾在二〇〇九年和二〇一一年的報告中針對非法盜伐有增加趨勢表達過特別關注。在巴西、剛果和其他國家，已有大片森林受到政府保護。它們也許不見得會永久被列為保護區，但為求能永續管理，森林如今確實被納管監控了，至少這是努力的目標。然而，取而代之發生的是同樣的森林破壞，卻由沒有自由的奴工完成。

奴隸誕生於社會崩解之處

一九九〇年代後期時，我在巴西西部的馬托格羅索州（Mato Grosso do Sul）調查木炭產業中的奴役情況。當時我以為我所觀察到的奴工砍伐森林的狀況是當地特有。我當時是這樣描述情況：「大約二十至三十年前，有將近一百萬英畝的森林被砍伐殆盡，然後改種桉樹（原本是要供給一個浪費公帑的政府造紙廠所用，但它從未建成過），它們分布於馬托格羅索州（馬托格羅索的意思是「濃密樹林」）的三個縣裡。這裡的原始森林並不像亞馬遜盆地那樣有高大巨碩的熱帶雨林，而是生長於南美洲中部高原、矮小纏繞的塞拉多巴西草原（Cerrado）或灌木叢林。在巴西這一帶範圍，這是第一次有人這樣嚴重的破壞森林。這裡過去是邊陲，現在仍然是邊陲，『文明』尚未完全開發之地。」

「奴役盛行在老規矩與舊生活方式瓦解的地方，環境破壞同時也給生活和工作在該環境中的人帶來災厄，巴西大多的奴隸都起源於這種社會組織瓦解的夢魘之中。想想洪水肆虐或地震災害如何破壞公共衛生系統，致使疾病傳播。即使是在最現代的國家中，當天然災害或人為災難摧毀城市的供水系統和下水道時，痢疾、霍亂等致命性疾病也會爆發。同樣的道理，環境破壞和經濟災難也會摧毀現有的社會，奴役則宛如疾病一樣，在社會殘骸中滋長。

「可是破壞不會是穩定的，沒有任何人或地方會永遠陷於混亂之中。經濟災難像浪潮一樣席捲整個巴西。大混亂之前有天然的巴西草原塞拉多或亞馬遜森林，混亂後有桉樹種植農場和新的畜牧牧場，栽種了外來草種，驅離了原生種動物，供應城市的肉品市場。浪潮所經之處土崩瓦解、生靈塗炭，橫擋在舊有原始森林和『文明』之間的是戰場，在這裡舊規矩已死，但新文明尚未應運而生。隨著當地生態系統和老百姓被連根拔起，流離失所的工人，甚至是城市的失業者，變得更加容易被奴役。

「這種邊境地帶可能被接連數波的剝削浪潮席捲，第一波衝擊原生種森林，第二波帶來外來植物，第三波出現於外來種森林被砍伐的過程中。在破壞浪潮中，法律與秩序蕩然無存。當人們被任何一個浪潮給困住，等於是置身於社會規範和社會保護之外，前方唯一的路是一條與社會隔絕的骯髒小徑。」

這條小徑終止在舊的森林消失不見、而新的破壞接續開始之處。這是改變的第一隻觸手，緊跟著浪潮而動。這些不幸被強迫出賣勞力、破壞森林的人，過著沒水沒電、無法與外界聯繫的生活，他們完完全全被奴隸主控制住。當破壞浪潮橫掃而過，底層弱勢紛紛淪為奴隸。前方土地仍有可以開發之處，後方土地則已經被掠奪一空，當所有土地都被掠奪殆盡時，奴工將被棄於一旁。

「我們常以為，所謂的環境破壞，是以推土機這類大型機具開進原始森林，以履帶輾壓生物，剷除自然，藉以用混凝土覆蓋土表。但其實真正的破壞過程比這樣更幽微許多。那些住在森林裡、依靠森林謀生的人，通常也就是被迫摧毀森林的人。奴隸們藉由雙手，將土地上的樹一棵一棵地砍倒，為新的剝削做準備。巴西的奴役是暫時性的奴役，因為環境破壞是暫時的：你只能摧毀一座森林一次，而這並不耗廢太久時間。

「有時候，有價值的東西會在森林破壞時被洗劫走；也有時候，破壞是徹徹底底的破壞，屍骨無存。這兩種情形，在馬托格羅索州都曾發生過。一九七〇年代時，為了騰出空間種桉樹而剷除巴西草原時，木材被拖拉成堆，再一把火燒掉。時至今日，隨著最後一波破壞浪潮席捲馬托格羅索州，巴西草原和桉樹仍然被燒毀，但不一樣的是，這次燒出來的成品能換成現金入袋。木材被燒製成家家戶戶烤肉用的木炭。這是一種特殊的木炭，因為是純手工製作，但卻是由奴隸所做。」[7]

自一九九〇年代以來，隨著越來越多森林受到保護，合法伐木者越來越少，盜伐濫砍的罪犯奴隸主則越來越多。我們在剛果東部看到了這種情形，武裝兵團在受保護的維龍加公園縱火燒山。在被聯合國教科文組織列為世界遺產的桑達爾班斯紅樹林，我們也看到這種情形。我們看到全球各地屢屢發生奴隸被用以掠奪森林資源，在整個非洲都是，在南美洲幾個位於赤道附近的國家也是如此，例如哥倫比亞、秘魯、委內瑞拉、蓋亞那、蘇利南、法屬圭亞那，一路往上延伸至中美洲的森林。另外在東南亞國家，包含緬甸、寮國、泰國、越南和馬來西亞等，非法盜伐的紀錄豐富，使用奴工的紀錄也是。印尼和菲律賓兩國森林的消失速度異常地快，並非每次都是由奴工來伐木，而且為顧肚皮溫飽而動手伐木的窮人，當然不是奴隸主。但是，奴工被用於如此大量的森林砍伐，我們已經可以理解，如果想要保護環境，阻止奴役的發生至關重要。

而且這不只關乎赤道一帶的蒼翠茂密森林而已。我此刻邊寫，邊端詳著兩張近日拍攝於印度北部的北方邦（Uttar Pradesh）在照片。那裡距離赤道甚遠，緯度與美國喬治亞州大致相同（**譯按：緯度跟台灣相近**），而且因為地處高地上，再向上延伸便是喜馬拉雅山，因而冬季非常寒冷。在第一張照片中，我們可以看到在露天採石場，有男有女和孩子們正用著原始的錘子和鋼筋在碎石。在第二張相片中，站在採石場頂端的是他們的奴隸主，用手臂掃過破碎的土地和在他下面的奴隸。這個瞬間，奴隸主誇耀說著他所控制的土地面積給一位臥底的反奴工的社會工作者聽（參閱第一章的照片）。在奴隸主身後，這片平坦的土地上幾乎空無一物，只有幾棵稀疏矮小樹木孤立其中點綴而已，這種畫面在這一區中並不算不尋常。這裡是一個村莊，村民被世襲的債務所困而被奴役著，即使年幼如三、四歲的孩子都需要在坑裡工作，而殘暴無道的奴隸主控制著所有人，並且性侵婦女和女童，卻不受到任何懲罰。諷刺的是，所有這些事情都發生於受到保護的國家森林範圍內，森林卻早因為奴隸主的詭計而消失得無影無蹤。

燒炭、燒磚，燒輪胎

正當我們最需要森林的時候，奴工卻被用來當作是砍伐世界森林的手段，但我們同時必須了解，那些以奴隸為基礎的企業同時還在助長全球暖化。可以肯定的是，美國和中國消耗掉巨大的能源，且製造出溫室氣體的排放量都比其他國家都多，但是磚窯製造、木炭營地、礦山，和有奴隸工作的工廠，正在急遽排放二氧化碳和其他汙染物進入空氣。

在整個赤道帶附近，由奴隸所砍伐的森林被送進去窯爐製成了木炭。在非洲和亞洲，這些木炭被賣作烹飪和取暖用的燃料。在巴西，則是賣給鋼鐵業裡的煉鐵廠。製造這些木炭的營地有的規模非常大，大到從太空中也能輕易地看到，數百個原始的黏土陶爐不斷運轉，不斷將剛砍下的木材放入爐中燒成木炭。只要花一點時間在Google地圖上搜尋巴西西部，就會發現木炭營地的獨特標誌。[8]從空中鳥瞰，看見一列黏土覆蓋、表面隆起的窯爐；窯爐上方和旁邊永遠瀰漫著一堆濃煙，從營地輻射出去的周圍是一片面積廣大的荒蕪之地，荒地之上見不到樹木蹤影。每當樹木被砍伐後，必須拖行好長一段距離才能拉回營地時，營地就會往森林的更深處蔓延，像癌症那樣一步步地侵蝕，每分每秒地進行著。並非每個木炭營都使用奴工，但在馬托格羅索州約有三分之一是靠奴隸。在那之後，非法營地的數量有增無減，透過持續與當地反奴隸工作者保持聯絡，我了解目前使用奴隸的營地比例已經超過一半了。

除了木炭營，還有一種雖然製造地點遠離森林，但同樣是以奴隸為勞動基礎，還會排放大量有毒溫室氣體的產業：磚塊製造。這種骯髒、繁重、重複性高、枯燥乏味、暴利高的製磚工作，千年來都是被丟派給奴隸。自人類有歷史記載以來，奴隸便被迫製造磚塊。希伯來裔奴隸為埃及奴隸主製磚的故事就記錄在《聖經》之中，而且公元前兩千年的埃及墓葬畫也畫出奴隸在磚窯中工作的情形。數十萬非裔美國人在美國內戰後，陷入以服勞役償債的制度中而被重新奴役，其中為數眾多被迫成為磚窯奴工。普立茲獎得主道格拉斯．布萊克蒙（Douglas Blackmon）曾報導喬治亞州亞特蘭大市的市長詹姆斯．英格里旭（James W. English）所擁有的一間工廠，他說：「從這瘟疫般的城市被售出的一批批的囚犯，被拘留在布萊恩街，他們用鐵鍬和十字鎬在附近河岸坑中挖濕黏土，好運送至工廠。在工廠裡，一群人將露天曬過的黏土推擠放入成千上萬個長方形模具中。磚塊一旦乾燥後，便以兩倍速度被二十四名工人輪流快速來回奔波運送，而且經常是在英國籍監督員凱西上尉（Capt. James T. Casey）的不斷鞭打下，將磚塊搬移至將近十二個巨型燃煤窯爐的其中一個裡，這種窯爐亦稱之為『夾具』。每個窯爐都有一名工人站在筒狀物的頂端，忍受著熊熊烈火發出令人難耐的高熱，快速地把磚塊扔進高達三公尺的窯爐頂端裡。」這個工廠之大規模令人驚訝：截至一九〇七年五月前的十二個月中，這些奴隸製造了近三千三百萬塊磚頭，替市長英格里旭賺進了相當於現今的一百九十萬美元。[9]

如今，奴隸仍然還在製磚。從巴基斯坦、印度、尼泊爾、到中國，在這廣大帶狀區域範圍內，非法磚窯場用奴隸製磚，造成嚴重的空氣汙染。如《聖經》上所描述，或如一九〇七年在亞特蘭大市所發生的那種古老簡陋的製磚方法，仍不變持續。被奴役的男人、女人和孩子負責挖黏土，將其裝進模具中，使之乾燥定型後，再堆放於窯中將磚塊燒硬。然而，在亞洲的製磚窯裡，筒狀窯爐的高度更高，十九世紀亞特蘭大的三公尺窯爐相形見小了。我在巴基斯坦停留數週研究製磚業中的奴役情況，這些窯高度從三公尺到五公尺，中間空心，外觀呈橢圓形狀，其面積大小和形狀大致與足球場相符。橢圓形設計意謂大火將不斷循著空間環繞。在爐火前面的奴隸們，忙著快速堆好要入窯烘烤的磚塊，而在爐火後面，其他奴隸則將成堆已經燒好的硬磚塊搬走，裝載到用於出貨的車上。除了上述這兩群工作的奴工，另外還有更多的奴隸，通常是孩子們，要嘛為爐火添加柴火，要嘛忍受炙熱難耐的高溫，攀爬到窯爐頂端或周邊工作。

這裡的空氣溫度遠高於華式一百三十度（攝氏五十四度），包括孩子們在內的工人，都穿上用厚木做成鞋底的涼鞋以阻隔窯爐的高溫。儘管工人腳下穿著笨重，但他們須小心翼翼地踩穩每一步，個頭較小的孩子比較占優勢，因為在他們腳底下，燃燒中的熊熊烈火有時候使窯爐最頂層的磚塊鬆動脫落。若發生這種情形，工人可能會跌落窯爐中。一旦完全跌下去就必死無疑，因為爐內高溫超過華式一千五百度（攝氏八百一十五度），人會立即被焚化。但如果只有一條腿或一隻腳跌入，則可能還有救，取決於工人被拉起來的速度快慢。但這樣的燒燙傷絕對很嚴重，而且使人生完全變調。

為了要燒磚、為了將窯溫保持在華式一千五百度高溫長達數個月，燃料消耗量非常可觀。若有煤炭可用，奴隸主就會使用煤炭，但由於煤炭價格貴或無法購得，所以任何隨手可得的東西都被他們拿來燒，結果就是有毒濃霧和溫室氣體的噩夢。在這些靠奴隸製磚的磚窯裡，有兩項東西常被拿來助燃爐火：廢輪胎和廢機油。

北美一些工業廠已經證明，如果加裝高科技的洗滌器、過濾器、煙氣回收器，和顆粒捕集網，燃燒汽車輪胎時可以不產生嚴重的汙染。但是這些設備在以奴隸製磚的磚窯場裡完全付之闕如。因此，從他們燃燒廢輪胎所冒出的濃濃黑煙中，含有影響健康的戴奧辛、苯、苯乙烯、酚等這類多環芳烴成分；另外還有重金屬以及丁二烯成分，也一起跟著被排放到空氣中。如果對於這些化學物質並不熟悉的話，最該知道的關鍵是：它們會令人生病，罹患癌症，而且這些汙染一旦進入水中或土壤中，幾乎就不可能清除得掉。焚燒輪胎時，除了產生濃煙之外，同時還會排出大約兩加侖的油，這同樣會將有毒的化學混合物帶入土壤中和地下水中。美國已經正式將焚燒輪胎歸類為環境危機，燃燒輪胎奇毒無比，甚至因此成為「超級基金」（Sunperfund）*清理的項目之一。所有這些都是除了二氧化碳和其他溫室氣體之外，額外產生的毒素。畢竟，輪胎就是一圈濃縮的化石燃料聚合體。

為了使成堆的輪胎燃燒順暢，會在其周圍堆放木材廢料，再以廢機油浸濕木堆。在窯爐中，廢機油也被用來助燃，以維持高溫並使火勢迅速蔓延，因此經常可以看到孩子們在窯頂上，把濃稠的黑機油倒入火洞中。廢機油的問題在於它帶有引擎磨耗和燃燒所殘留的副產品。所以燃燒廢機油時，例如鋇、鉛、鉻、鎳、鎘，和鋅等有毒金屬，以及戴奧辛，多氯聯苯和苯等化學物質會進入空氣中，汙染環境並傷害人類。這些都是糟糕的物質，例如鎘會導致腎藏癌，而跟據美國環境保護署（US Environmental Protection Agency），空氣中任何含量的鎘都是有毒害的。換言之，燃燒廢機油不只又是產生大量溫室氣體，還會產生致命的綜合毒素。

在巴基斯坦、印度，和尼泊爾的製磚帶地區，窯爐每天運轉二十四小時，一年運轉兩個「季節」，每次為期四至五個月。巴基斯坦約有七千座磚窯爐，每個窯爐每一次燃火運轉，產能約五十萬至兩百萬塊磚，這意謂年產量約為六百五十億塊磚。數量如此龐大的磚塊，其中的每一塊都是由奴隸家庭被迫奴役勞動，或是以論件計酬的方式，以手工將黏土塑形和入模定型成磚塊粗胚的。

每個窯爐由十五至三十五個家庭合作維持，巴基斯坦全國大約有十五萬到二十萬個家庭在磚窯工作。巴基斯坦的平均家戶人數為五點三人，而且兒童經常與父母一起上工，總勞動人口數約為七十五萬人。印度的磚窯場和工人數至少也有達到這個數量，有可能還要更多一些；至於尼泊爾則較少。沒有人知道中國到底有多少個奴隸磚窯，只知道現存數量多到足以引起政府罕見的鎮壓。[10]

所有這些訊息代表的是，在南亞的製磚帶地區可能存在大約兩萬個這種高汙染的磚窯。在亞洲其他地區、非洲和南美洲還有更多，但是同樣地，沒有人知道確切數量有多少。有人會問，即使這些奴隸被釋放，換成自由工人來做，窯爐不是一樣會繼續運轉和產生汙染嗎？簡單來說，不會。使用那種千年歷史、《聖經》時代的「工法」只能依靠壓榨奴工來產生利潤，如果需要付工人正常薪資，那就不可能盈利。小型又高效率的製磚機和窯爐已經十分容易取得，而且最終創造

---

* 譯註：美國政府於一九八〇年通過《超級基金法》，其全名為《全面環境響應，賠償和責任法》（Comprehensive Environmental Response, Compensation, and Liability Act），授權美國環境保護署調查並清理受有毒物質汙染的地點。

出來的利潤，將比使用奴隸製磚更有利可圖。但是，奴隸主因為使用奴隸，便沒有投資採購新型機器的需求。因此，我們再一次看見同樣的邏輯，只要停止奴役，空氣汙染和二氧化碳排放量便能急遽地降低。

地球之肺

由於奴役在每個國家都是非法行為，因此很難確切知道有多少奴工從事於不同類型的工作。除此之外，這些奴役他人的罪犯奸狡詭譎，總有新策略避免暴露行蹤，並繼續剝削他們所控制的人。不過，縱然難以量測有多少溫室氣體是因奴役而起，進行估算總是可行。

就從砍伐森林開始說起吧！二〇一〇年和二〇一一年時，隨著全球經濟從二〇〇九年金融危機中開始反彈回升，二氧化碳排放量也跟著增加了。全球大氣中的碳排放總量在二〇一〇年時增加了約百分之八，達到三百三十一點六億噸。在石油、煤炭、和天然氣的消費量激增推動下，中國的溫室氣體排放量，達到了八十三點三億噸。同時，大氣中因為砍伐森林而產生的碳排量，甚至超過中國的排放量，約一百零七億噸。這些增加是個警訊，但二〇一一年發表的一項研究發現，生長於熱帶地區現有的和新增的森林，吸收了近一百五十億噸的二氧化碳，大約是全球二氧化碳總排放量的一半了。[11]這些數字牽涉許多加加減減和抽象運算，但重要結論是：砍伐森林的碳排量占大氣中溫室氣體近三分之一的比例，而剩下生命力仍旺盛的森林則是從空氣中清除了將近一半的全球溫室氣體。換句話說，如果我們一方面停止砍伐森林，一方面補種植樹木增加更多的森林，那麼就相當於是吸收掉每年排放的二氧化碳總量。若能邁出這一步，我們就身處救贖的邊緣，達到能量平衡。我們憧憬的世界是，二氧化碳被清除的量，能超過它被排放出來的量，如此一來就能減緩或停止全球暖化。這是一個艱鉅的任務，如果想達成這個目標，那麼了解奴役對環境的影響就顯得格外重要。它基於以下四個截然不同，但卻又相互關聯的理由。

第一個原因是，類似「聯合國森林砍伐碳排減低合作計畫（United Nations Collaborative Programme on Reducing Emissions from Deforestation and Forest Degradation，簡稱UN-REDD計畫）」的這類做法，是根據各國政府林業政策所達成的協議來施行。這些協議通常能降低被砍伐的森林數量，也對可砍伐的樹木種類進行了管控，並要求具有續性的做法與樹木補種。問題是違法的奴隸主根本不在乎國際協議怎麼訂。協議內容對他們而言不具任何意義，而且偏偏目前已頒布的政策中，少見關於終止奴役的法律施行條款，或是關於保衛森林保護區免於遭受違法攻擊的條款規定。也因而，森林砍伐仍在持續中。

第二個原因是新協議鮮少溯及既有的保護區，例如被聯合國教科文組織公告為世界遺產的地方。是啊，何需額外費力去做？這些森林不是早就已經被嚴加守護了嗎？可是我們知道答案並非如此，奴役情形在保護區內反而更加猖獗，且正因為這些地方受到了保護。

這裡沒有其他商業性質的伐木者，奴隸主因而沒有競爭對手，除了有為數不多的森林巡護員聊備一格，也沒有積極的執法動作。受保護的森林區裡有巨大的老樹和珍貴的熱帶硬木，是掠奪林木資源最理想的場所，樹木就在那裡被砍伐與被燒毀。若是能有足夠的策略情報和執法資源，這些保護區可以更安全。但目前的情況並不是這樣，因此森林砍伐仍在持續中。

第三個原因是我們知道，在法律無法觸及之處，奴役和環境破壞兩者都會日益猖獗，例如在戰區、邊境、有爭議的國界，以及在國家因處於內亂或種族衝突而情勢動盪不安之時。國際條約也不會觸及這些有衝突和混亂發生的區域，因此當地居民的焦點都在自身安危上，鮮少還能有心力注意周遭的自然環境。罪犯奴隸主了解這一點並善加以利用，藉由榨取天然資源來獲取豐厚利潤，因而砍伐森林仍在持續中。

所以，國際協議雖然非常重要，但是對於最容易受到犯罪組織威脅、且利用奴隸來伐木的森林而言發揮不了保護作用。當然，如果奴役只是問題的一小部分，那麼專心訂立條約來守護森林保護區就對了，但偏偏事情不是這麼回事。第四個必須了解奴役對減少溫室氣體排放和控制全球暖化的重要原因，就是因為奴役所產生的破壞規模是如此之大。

非法伐木的危害

矛盾的是，保護森林的環境條約雖立意良善，卻反而讓森林受到更多來自於罪犯奴隸主的威脅。在非洲、亞洲和南美洲，由於新法律和新條約的規範，商業伐木者自森林撤離，但他們前腳剛走開，犯罪組織後腳就跟進來。想要精確測量出奴役究竟造成全球多少森林被砍伐是不可能的，但是證據清楚顯示，這種情況遍布各地，而且在持續成長中。我們在剛果已經看到武裝暴徒如何奴役人民和掠奪森林。根據對該國所做的統計指出，林地遭受到嚴重毀損，預估截至二〇五〇年，剛果因砍伐而消失的森林將會排放高達三百四十四億噸的二氧化碳於大氣中。如此龐大的數量，約等同於英國在過去六十年間所製造的二氧化碳排放量。誠如某個環保組織所說：「伐木業對於氣候影響顯著，但並沒有列入全球的估算結果中。」[12]

那麼，有多少伐木是非法的？又有多少利用奴隸來伐木？再次強調，目前沒有可靠的全球估算值，但如果深入研究會發現，世界銀行估計在玻利維亞和秘魯有百分之八十的伐木作業是非法的，而在哥倫比亞則有百分之四十二。同時，二〇〇二年由「世界自然基金會」（**Worldwide Fund for Nature**，簡稱**WWF**）所做的研究指出，非洲各國非法盜伐的比例不盡相同，從喀麥隆和赤道幾內亞的百分之五十，到加彭的百分之七十、賴比瑞亞的百分之八十不等，那裡的伐木收入也助長了內戰（如同剛果的情況）。近年的估算顯示，在印尼有百分之八十八的伐木在某種程度上是非法的，而在亞馬遜地區有百分之八十的伐木違反了政府的管制。[13]值得一提的是，上述列舉的九個國家當中，其中有五個國家，我曾親眼目睹、或透過可靠證人得知利用奴隸去非法盜伐的事。這些是我先前在孟加拉、迦納、印度，和緬甸等國所觀察到之外的使用奴工的伐木國家。

以上資料，都顯示盜伐在全世界司空見慣，但還是無法使我們了解利用奴隸砍伐森林的概數到底有多少。在這種情況下，應該要採取謹慎和保守態度。非法盜伐的比率從百分之四十至接近百分之九十不等，但我仍假設並非所有的盜伐都使用奴工，也將採取相對保守的估計數字。因此，讓我們假設只有百分之四十的森林砍伐使用奴工，這個比率低於過去十五年中我所研究過的任一個國家的狀況。思考一下，這對二氧化碳的排放量而言，意味著什麼？

為了回答這個問題，我們必須確定每年森林砍伐會增加多少二氧化碳排放量，但是關於這點目前尚無共識。科學家說，砍伐森林造成二氧化碳的排放量從百分之十七[14]、到百分之二十[15]、到百分之二十五[16]、到「幾乎百分之三十」[17]都有。我採用百分之二十的估計值，因為這個數字獲得較多世界各地科學研究機構的支持。因此，如果百分之四十的森林砍伐是基於奴役，那麼奴役每年製造了二十五點四億噸的二氧化碳排放量，這還不包括樹木被砍時所喪失的清除二氧化碳的能力。[18]二〇一〇年時，森林砍伐的溫室氣體排放量也已超越除了中國和美國（世界上最大的碳排國）以外的世上所有國家的碳排放量。值得一提，如果把奴役比喻成一個國家，那麼它的二氧化碳排放量將是地球上的第三大國。但是，我們還沒有算完。

奴役還涉及像是製磚和燒製木炭這類的工作的溫室氣體排放。二〇〇九年時，有兩名研究人員針對數據進行分析，顯示位於巴基斯坦的旁遮普省有為數四千座的磚窯，每年共排放五十二萬五千四百四十噸的二氧化碳。[19]如果我們根據這些數據，來換算出整個製磚帶區域估計約兩萬座磚窯的排放量，得到的結果是由奴隸勞動產生的二氧化碳排放量要再加上兩百六十萬噸。除了二氧化碳，磚窯廠也因為所排放濃煙類型，導致額外的全球暖化增加幅度。如果你曾看過從磚窯煙囪中冒出的滾滾濃煙的話，就知道這麼說一點都不誇張。這種對人體健康具有特別殺傷力的煙霧稱為「黑煤煙」（Black soot），有時也稱為「黑碳」（Black carbon）。正如伊麗莎白・羅森塔爾（Elisabeth Rosenthal）在《紐約時報》上所解釋：「雖然二氧化碳是導致全球氣溫上升的第一大原因，但科學家說，黑碳已經慢慢成為第二大的原因。根據最近的研究估計，造成地球暖化的原因中，黑碳占了百分之十八的比例，而二氧化碳則占了百分之四十。」[20]減少黑灰煙塵的最重要方法，是讓發展中國家的家庭使用更高效能的爐子來烹飪和取暖，但是磚窯和木炭爐中冒出的濃濃黑煙也是影響甚鉅。不過說到製作木炭，其中另有故事。

有趣的是，製作木炭基本上是一個使碳成為更易於攜帶形式的過程。燒製木材成為木炭時，並不會將木材所有的能量或二氧化碳全部釋放到空氣中。被燒製的薪柴中大約有百分之五十二的碳會轉換為木炭（供未來燃燒使用），同時約有百分之二十五被排放到空氣中形成二氧化碳。[21]因為木炭可以保留碳、存儲碳，甚至用於掩埋，有些科學家和環保主義者將木炭視為一種能夠儲存大量的碳、同時將碳自大氣中移走的好方法。這些科學家指出了一種特殊的木炭，通常稱為「生物炭」（biochar）。生物炭由植物廢料所製成，而不是使用樹木本身的實木來做。生物炭可以在長達數百年，甚至數千年之久的時間中保存碳。

若將生物炭耕到農田中，不僅可以增加土壤肥力，同時亦是儲存碳的好方法。[22]看來生物炭具有無窮潛力，但目前尚未得到普遍支持來量產，所以，砍伐森林以取得供烹飪用的樹木炭材，仍盛行不衰。因此目前看來，以奴隸為基礎的森林砍伐，加上製磚和木炭生產這類利用奴隸的齷齪事業，對於增加溫室氣體和加速全球暖化影響甚鉅。

終結奴役其實很容易

如果能藉由終止奴役，來阻止威脅我們後代子孫的全球暖化，那不是很好嗎？畢竟，我們知道奴役是可以被終結的。[23]當今世上有三千五百萬個奴隸，這是有史以來，奴隸人口占人類人口總數最小的比例。奴役每年帶來一千五百億美元的產能，也是有史以來，奴役占全球經濟最小的比例了。奴役在每個國家都是非法，也不被任何宗教和政治團體接受。奴役如今只能躲藏在全球社會的最邊緣，躲躲藏藏地傷害著貧窮的底層。我們還知道終結奴役大約需要花多少錢，大約是二、三十年間付出一百一十億美元。值得留意的是，在世界經濟體規模的龐大之下，一百一十億美元就像是買雞飼料那樣的小錢而已。[24]

事實上，這個數目比起同時期單單英國花費在雞飼料上的錢還少。根據世界銀行，一百一十億美元也是全球市場每年因為非法盜伐林木而損失的金額。[25]就像全球根除天花一樣，只要有決心和資源，奴役是可以被終結的，讓失去自由者從數百萬人減少至零星的個案。

我們還知道，幫助奴隸擺脫牢籠還能帶來經濟的立即成長，因為他們將有機會為自己的家人家庭而工作，並過上更好的生活。這種「自由紅利」可以為他們帶來更好的醫療保健、更多受教機會、以及對環境的更多尊重。當解放和自由來到我先前形容的受奴役的印度採石場村莊時，村民首先做的事情之一，就是重新在村莊周圍的森林中補種樹木。

被奴役的人們知道他們被迫去做破壞環境的事。但他們並不喜歡這麼做，他們並不想破壞森林，不想任憑磚窯和木炭營地持續汙染空氣，或者因為採礦而破壞和毒化土壤。只要有機會，他們希望有穩定永續的生活，也會保護孕育萬物的自然環境。

回到二氧化碳排放和儲存的討論，我們可以斷言：大力推動終結非法利用奴隸來盜伐森林，將會使全球二氧化碳排放量從三百一十八億噸下降到大約比兩百九十億噸多一點。再加上森林自空氣中清除、並儲存於樹上的二氧化碳量（特別是那些紅樹林），全球碳排總量就會下降到兩百八十億噸多一點。[26]然後再扣除磚窯和木炭營地排出的碳，結果剩下趨近兩百七十億噸。這裡有個關鍵就是，根據一項二〇一一年的研究，「世界森林對大氣中的二氧化碳產生的吸收效果，相當於每年清除掉十一億噸碳。」[27]目前森林從大氣中清除的二氧化碳，還是多於因為被森林砍伐而釋出的量，但是每當有樹木被砍倒，我們就往臨界點更靠近，森林若消失不見了，這天然的吸收效果就無法發揮了。同樣地，每多種或補種一棵樹，世上就形同多了一個天然洗滌器，保護我們免於災難。若能讓重獲自由的奴隸參與種樹這樣重要的工作，那麼二氧化碳的排放量將下降得更快。消滅奴役並沒有辦法終結全球暖化，但是根據這些數字，它可以使我們朝正確的方向大步邁進。

事實上，我們已經知道如何結束全球暖化，知道如何讓空氣中的碳降至三百五十ppm。這需要我們所有人做對的事，例如使用環保燈泡、拒絕過度使用石化能源、回收資源再利用、減少肉食[28]、捨棄擁有大豪宅才是成功生活的這類想法。但問題是，違法奴隸主對這些一點也不在乎。

他們不在乎全球暖化、不在乎其他人，也不在乎法律或環境保護條約。他們並不是唯一隱藏的汙染製造大戶，但他們是大家認同應該要立即終結的罪犯，無須與之談判協商，也無須碳交易。根據地球上每一個國家的法律，他們都是罪犯。世人對奴隸這個行業沒有特別的期待。關閉以奴隸為勞力基礎的盜伐林木業、製磚業，和製木炭業，不會對我們的生活方式或經濟造成損害。如此一來能讓人擺脫被奴役，又能減緩全球暖化危機，這將是經典的雙贏局面。

在地的努力與跨國合作

世界上充滿難以理解的謎題，但是如何終結奴役以及如何解決全球暖化卻並非這樣的難題之一。一方面，奴役與全球暖化之間有關聯是個好消息，因為這開啟了一條有助於終結兩者的道路。但這同時也帶來其他問題——誰應該來承擔這項工作？那些要來處理問題、實際前往奴役和生態滅絕發生之處的工作者在哪裡？舉例來說，要解決孟加拉養殖蝦和魚（或任何其他產品）產業的奴役問題，以及處理全球暖化造成的影響，需要的不只是在超級市場購物時做出明智選擇。

當然，解決這些錯綜複雜的問題應由執法機構負責，因為奴役和環境破壞兩者都是違法的。但是由於種種原因，孟加拉警察沒有完成這項任務。如果只是亂丟垃圾這類的地方性違規行為，並且也只影響到當地人，我們可能可以兩手一攤地說：「無妨，他們如果不願意改，那也是他們自己的問題。」但是偏偏我們不能這麼說。因為這是奴役、這是對環境的違法破壞，兩者的罪行都危害到人類和地球。不論基於任何原因，不論在任何地方，我們都不能允許它們的存在。在孟加拉的確有少數反奴隸和反破壞環境的組織，但是他們每次都受到來自養蝦業者和腐敗官員的從中作梗。要幫助被困在養殖魚場中被奴役兒童的唯一途徑是，和孟加拉國內那些真正在乎、願意解決問題的人一同合作。

會這麼說是因為我的親身經歷。幾年前，有一位非常勇敢的孟加拉裔攝影師，潛入某個有奴役童工的魚類加工營的最大島嶼之一。這位攝影師蓄意喬裝以取得信任後，拍下一些令人震撼的照片，顯示童工奴隸在主人的鞭打下，沿著離地很高的曬魚乾架上倉皇逃竄。29 當他回到沿海城市後，他把拍下的照片拿給當局看，沒想到官方居然威脅要逮捕他和暴力相向。這些腐敗的當地警察，早已被奴隸主所收買。後來他又帶著照片去首都，去接觸更高層級的官員，去到原本應該要保護人權的辦公室，但他又再次受到了威脅。為了自身安全起見，他離開孟加拉，帶著照片來到了美國。我與勇敢的他在某所中西部大學裡相遇，他的妻子正在那裡讀書。我們見面後不久，他問是否可以給我看一些照片。照片上的畫面令人震驚和心碎。攝影師和他的妻子因為先前受到的威脅而害怕擔憂，不知所措該如何採取行動營救這些孩子。我對於照片感到震驚，但沒有頭緒那邊的狀況。

我將照片拿給約翰．米勒大使（Ambassador John Miller），他當時是美國國務院裡負責監督和打擊人口販運辦公室的主任。米勒答應盡他所能幫忙，這給了我希望，因為約翰不僅言出必行，而且嫉惡如仇。政府最高層開始堅定地、不動聲色地推動此事。美國政府召集了一些大使和部會首長，並敦促他們採取行動。最後，在他們自己國家最位高權重政治人物們的命令之下，孟加拉軍隊的一支獨立部隊突襲該島，營救數百名兒童。結局很棒……嗎？大多數兒童從島上被帶到某個沿海城市，然後被拋棄在那，許多兒童離家很遙遠。如今，當地反奴隸運動的人告訴我，該島又死灰復燃，奴隸參與工作甚至更擴大規模了。我為了本書採訪的一些孩子們，正是在那座島上。

腐敗是奴役最強的後盾，所以我們該如何打破這樣的循環？答案是透過孟加拉人自己在國內長期認真的工作，再加上外界的幫忙給予支持。我們不必等到終結腐敗後才能營救兒童擺脫奴役；依靠誠信的執法人員，以及冒著生命危險營救他人的當地團體，我們現在就能讓兒童免於被奴役。我們的工作是以他們需要的方式來支持他們，並向政府施加壓力，迫使他們執行法律，開除、審判並監禁腐敗的官員，並守護珍貴的紅樹林。這些既能保護孟加拉少受洪氾之苦，又能保護減少全球暖化危機的紅樹林。

反奴隸是當務之急

在歐巴馬擔任總統期間的大部分時間裡，路易斯・德巴卡大使（Ambassador Luis C. deBaca）率領「美國國務院監督和打擊人口販運辦公室」，這是美國政府在打擊現代奴隸方面的主要部門。他了解養蝦和養魚場的奴役情形，也了解奴役對孟加拉的影響。由國務院基金所支持的研究發現，絕大部分進口到美國的蝦來自類似我在庫爾納市發現的加工場，或甚至更糟的情況，例如杜布拉查島的魚類加工營裡利用小孩來做事。如果是出去海上工作，情況也一樣糟糕。德巴卡說：「常見屍體被海流沖到馬來西亞、泰國，和柬埔寨的岸邊，他們是在海上被丟出船外。」30 他描述了該區域漁船上工作的奴役情形。「被害原因通常是因為要求獲得合理的工資、和老闆頂嘴，或者是要求回到岸上。」因為消費大眾對蝦和魚的需求，這個病入膏肓、以奴隸為基礎的產業，不只孟加拉有，還遍及整個東南亞。

這是一個供應全球市場需求的行業，觸角延伸到我們的超級市場，並在過程中重擊到美國養蝦漁民。保羅・威利斯（Paul Willis）是一位獨立商人，在紐奧良靠捕蝦為生。他熱愛工作，但認為無法與奴工勞力競爭。他解釋：「我們努力謀生，但是由於國外一些國家使用廉價勞力，或是奴隸勞力，隨你怎麼稱呼啦，但總之我們拚不過，我們怎麼樣就是無法和他們競爭。」蝦子在夜晚較活躍，會更接近水面，威利斯記得那些晚上曾經有高達三百艘捕蝦船駛離路易斯安那州海岸的時光。但自從廉價的亞洲蝦出現以來，他說：「今晚你只會看到八艘船，這就是這個行業面臨的困境。」

像威利斯這樣的捕蝦人面臨到致命的三重打擊。受到卡崔娜颶風的影響，許多捕蝦船都被毀壞了，幸好許多漁民倖免於難，然而自二〇一〇年四月開始，受到「深水地平線漏油事件」（Deepwater Horizon oil spill，又稱墨西哥灣漏油事件）的影響，一些漁民又無法出海作業，只好等待時機再出發。可是，當成本較低的、奴隸生產和加工的蝦子將價格壓低到無利可圖時，美國的捕蝦人不得不虧本出售漁獲物。那根本就形同經濟自殺。當然，這跟公平貿易或自由貿易無關，美國有自己禁止奴役產品進口的法律規定。奴役，不論是在生活中或是在貿易市場中，都是站在自由的對立面。

德巴卡大使是最早了解奴役、我們的日常生活用，以及全球暖化之關聯性的人之一。誠如他所說：「我們現在很愛談論碳足跡，這沒錯。我們自問：『我的哪些決定會讓全球暖化更惡化？』我認為現在是時候該思考下一個問題：『我今天的哪些決定會讓全球奴役狀況更惡化？』」即使以前身為政府最重要的廢奴推動者，他都承認此事很艱難：「就算我的工作是反奴隸，我也無法向你保證我食衣住行使用的產品中，完全沒有奴工參與製造。」奴役與全球暖化這兩個問題如此密不可分，這是我們所面臨的挑戰，但同時也是機會。當我們做出有助奴役滋長的決定，等於是加劇了環境破壞和全球暖化的力道。生活中那些會加劇全球暖化的抉擇，也會助長奴役。但我們可以做出不一樣的選擇，選擇生命和自由。

尚卡爾的同伴

全球暖化、破壞環境，和魚蝦養殖場關聯的整體大局，對於尚卡爾（Shankar）的世界來說既是息息相關，又是萬里之遙。他是在桑達爾班斯森林保護區中杜布拉查島上工作的另一位小伙子，但他比我們上一章開頭遇到的男孩舒米爾的體型小得多。尚卡爾只有十二歲，體重最多不會超過二十多公斤。瘦巴巴的他，彷彿全身營養都集中於大大的紅褐色眼睛，以及精緻的長睫毛上。幾乎很難注意到他彎曲的黃色牙齒和乾裂的嘴唇。反而是他的焦躁不安更加明顯，像是什麼侵蝕著他。我在想他會不會冷，因為這是一個寒風刺骨的早晨，而他只穿著一件寬鬆的鈕釦棉襯衫，綠底綴著白色花朵，蓋著他的棉長褲。他濃密的黑色短髮襯著一對漂亮的大耳朵，不過最引人注目的還是他的眼睛，不止因為它們很美，也因為那耐人尋味的空洞無神，像是凝視一切，卻又什麼也看不到。

「招募我的人，」尚卡爾解釋說，「隻字未提工作的血汗，但實際狀況糟糕透頂。當我們一抵達島上，撲鼻而來的氣味奇臭無比，我一輩子都不會忘記。而後那個人說：『你先去洗魚，再曬魚，然後把魚包裝好，如果你不做，你看著辦，我們會非常生氣。』所以當漁船靠近岸邊時，我跟著其他男孩，一起走進水裡，將魚一籃一籃的搬回去營地裡。魚籃非常重，但是別無選擇，我非搬不可，如果搬不動，或者是搬運過程不小心掉落了，我就會被打。我會留意海面，因為我知道當漲潮時，漁船就會載著漁獲回來。

「在加工營地的正中央，是一個清理魚類的大空間，就是我把魚籃裡的魚倒出來在棕櫚葉墊子上的地方。首先，每個人倒出自己的魚，接著每個人再分類漁獲，不同魚種必須分類成不同堆。分好之後，從魚嘴將魚綁在一起，但是如果是刀魚的話，則是將尾巴綁在一起。綁妥之後，下一步就準備吊掛在架上晾乾。晾曬之前，有些魚需要先切割開以縮短乾燥時間，有些則是劃出切口，以便將其掛在架子上。魚的種類五花八門，但最討厭的是鯊魚。切割和清潔鯊魚對我來說最困難，因為牠們體積太大了，要先切掉胃之後再清洗魚腹。牠們好重，還必須先將牠們縱向切成兩半後才有辦法晾曬。

「殺魚時，也會不小心切到自己；這種事經常發生，屢見不鮮。跟我在一起工作的還有其他大約十五個或二十個男孩。有些人年紀像我一樣小，有些年齡大一點的十五或十六歲，有些則更小一點，可能八或十歲。常常做完一批漁獲之後，馬上又要開始忙碌下一批。如果是已經沒有下一批可忙了，我就會無所事事的坐著，但我們還必須利用這段時間來做飯、修理魚網，或從架子上把曬乾的魚收下來，然後裝進粗麻布袋中。

「如果沒有魚需要清理時，我們就能睡覺，但是工作量的間隔時間有可能僅有短短一個小時而已。所以我總覺得昏昏沉沉，因為幾乎沒有睡覺。有時在切魚時，我會累到忍不住打瞌睡頻頻點頭，點著點著就睡著了，這時老闆就會打我。還有，有個守衛總是在那，隨身攜帶一根棍棒。他是個大塊頭，大胖子，常對著我大呼小叫，要不就是打我。如果我十分努力認真工作，他就會很高興，但如果不是，他就會臭罵我是『狗娘養的』，或者『豬的兒子』，或對我做出更糟糕的事情。這種情形發生時，我會覺得很痛苦。

「每當工作疲累到力不從心的時候，他就會出手打我，這種情況基本上天天都上演。有時我會生病，像發燒之類的，其他男孩也會這樣生病。雖然那裡有人在賣藥，但沒錢就沒藥，所以我們從來沒有用藥治過病。因此就有一個男孩，因為嚴重的痢疾腹瀉而死。還有頭痛，我有嚴重的頭痛毛病，也許是因為頭頂著魚籃搬運的關係。但這些都不算是最壞的，最恐怖的是有老虎。

「老虎生活在這個島上魚營附近的森林裡。晚上我們會聽到老虎的聲音，當牠們咆哮時，大老遠的就能聽到牠們的叫聲。我們永遠都不知道牠們離我們到底有多近。曾經有一天，某個男孩被派到營地旁的森林裡去撿拾木柴準備做飯。結果他被老虎抓走了，幾天後我們才找到他，但他已經被老虎給吃了。這就是最令人害怕的事情。」

尚卡爾說到這裡完全停頓下來，他的眼神呆滯，聚焦在虛無飄渺的遠方。我保持沉默，腦海中試想像當親眼看到被老虎咬死的朋友的屍體，會對心理造成多大的衝擊，甚至知道老虎就在周遭徘徊，還可以在夜間聽到叫聲。過了好一會兒，尚卡爾才從他的思緒中回來了。我換了個話題，問他現在過得好嗎？

「嗯……我逃走之後（他躲在船上偷渡逃走），回到了這裡，開始和我爸爸一起捉螃蟹。我喜歡這裡和在這裡工作。當然，這是我家。我不想再去上學，只想要工作。我想和我爸爸一起在他的船上工作。我媽媽在我在島上時，因為生產而去世，所以目前生活很艱困。但我只想待在這裡。」

尚卡爾再次停頓下來，另一波愁容掠過他的臉上，然後他抬頭看著我，小小聲的說著：「還有好多小孩子還留在那個地方……」

第六章——金戒指的代價

隨之日益增加的黃金需求量，金價節節攀升，我們對黃金的非理性狂熱也如同流行病一樣在世界各地蔓延開來。坦白說，人類在日常生活中根本不需要這種礦物。黃金的實用性很少，且其中大部分用途也都能輕易地被取代。它的魅力全部緣於其吸睛的外表：那陽光般溫暖的金黃色，閃耀生輝，不怕生鏽，也不怕光澤消褪。集眾優點於一身，黃金成為裝飾品的理想選項，特別當黃金同時還兼具易加工的特性，恰好適合塑形切割、加工製作成金戒指、金項鍊或金箔片。我們渴望戒指所擁有的耐久性，也同樣使得能保值的黃金成了現金的理想替代品。當然啦，以現今世界上黃金的供應量而言，黃金永遠無法作為撐起全球經濟的貨幣，亦無法撼動全球經濟，如同凱因斯所說的，黃金不過就是「原始的遺物」。[1]不過，二〇〇九年金融危機之後，宛如過去那些經歷過惡性通貨膨脹的時期，這種穩定保值的「遺物」就成為人們搶購的標的。每當經濟蕭條時，黃金就成為炙手可熱的搶手貨。

若是時局混亂、戰爭發生、種族衝突、經濟崩盤，或政府貪汙腐敗，發行紙幣背後的政府威信都會遭到重創，導致紙幣價值暴跌。每一次危機發生時，人們對於食物、器具、能源、黃金，和奴隸等這類具備（或被認為具備）先天價值的物體之依賴也會隨之增加。黃金與奴隸之間長期的歷史聯結不是偶然，那股使得奴役暴增的破壞力，例如內戰和種族衝突，也成就了一波又一波與日俱增的黃金需求量。

特別當黃金是由奴隸來開採時，一部由貪婪、痛苦，和利潤所組成的機器將就此開始為禍人間。目前這部機器正在迦納國內肆虐，而且又是受到歐洲、印度，和北美的需求所鼓勵。因為當歐洲和北美那些不受監管的投機客引發經濟崩盤，導致全球經濟陷入狂熱和動盪不安之中，黃金和奴隸反而成了安全可靠的金融商品。

黃金就在我唾手可及之處。這樣說，聽起來好像我很富有似的，但就在你身邊不遠處，幾乎也一定有一些黃金，就在你手機或筆記型電腦的鍵盤下方、手指上的戒指、耳垂上的耳環裡或假牙中。用於珠寶的金飾、牙科的黃金假牙，以及電子產品裡的黃金，都具備超級穩定、不生鏽、同時易於加工的特性。不論是牙醫、製造電腦或手機的公司，或是販售戒指等金飾的珠寶商，都傾向於向經銷商採購黃金；經銷商則向批發商採買，而批發商則是向「金條銀行」（bullion banks）採購。這些金條銀行與我們平常存款帳戶的銀行不同，他們是做全球交易的私人公司。世界最大的交易場所是倫敦金條市場。這裡是口袋很深的人們出入的地方，最小交易量是一千盎司黃金起跳。但是由於黃金同時也是可回收再利用的礦物，因此珠寶連鎖店和牙科材料供應商，很有可能購買「廢」黃金，再熔化重新使用。黃金的供應鏈中，大約有將近一半的黃金被認為是回收再利用的，但真相真是如此嗎？

除此之外，位於杜拜還有另一家快速成長的金條銀行，扮演著類似通往全球市場的後門角色。《時代雜誌》說，對於來到杜拜旅遊的遊客而言，「令人眼花撩亂的黃金市集（Gold Souk，在阿拉伯語中，Souk的意思是露天市場）是必訪的漫步景點」。[2]很顯然地，對於那些急著想要發財、欲拋售手上來歷不明的礦石的走私客來說，黃金露天市場也是「必訪」之處。露天市場裡大約有兩百五十家經銷商，這當中有許多人願意以九折價格，向來自世界戰區的可疑經銷商購買無履歷的黃金。而一旦杜拜的黃金交易商將黃金買入手之後，原本非法的黃金就變成是「乾淨的」，再出售給精煉廠，或者是直接出售給製造珠寶的公司。阿聯酋黃金公司（Emirates Gold）是最大的黃金精煉廠之一，每年約可處理四百五十噸重的黃金。該公司被稱為是「處理來自中東和印度廢黃金的主要精煉廠」，但分析師則認為，這家公司也是奴隸開採的黃金得以進入我們生活的漏洞。[3]每年從地底下開採出來的黃金，大多數來自於中國、美國、加拿大、澳洲、和秘魯，在這些國家，以大型工業化方式來採礦是主流。但世界各地的礦工們有些依然用胼手胝足的方式在採礦，揮動著鎬和鍬，或是在溪水中淘金。這些礦工當中，有些人是為自己而做，但也另有太多是因為被奴役而被強迫勞動。

礦場裡的謊言

亞伯拉欣（Ibrahim）個子矮小，卻肩負著沉重的家計。他走起路來一跛一跛的，因為腳曾受傷卻未受治療，所以傷口從沒完全痊癒。他的臉色呈淡褐色，五官端正，甚至算得上英俊，但是卻太瘦了，瘦到連顴骨都向外突。他有著深褐色的眼睛，幾乎像黑色，可惜看起來像是暗淡無光的電影。他精疲力竭又飢腸轆轆，胳膊和額頭有被昆蟲咬傷的痕跡，身上的衣服已褪色又帶有髒汙，腳上穿著塑膠人字拖鞋已經磨損和破裂。亞伯拉欣身上發出一種溫暖而難以言喻的味道，不是臭味，而是混合肌肉與泥土、舊工具和灰塵的氣味。他是一個靠汗水討生活的人。或者說，寧願當一個靠汗水討生活的人，因為誠如亞伯拉罕・林肯所說的，奴隸主們「一直都是從別人臉上的汗水強取麵包」。亞伯拉欣是一名奴隸，受到沉重桎梏的奴隸，由於他擔憂著家人，憂心自己的妻子、兄弟和孩子們，使得他肩膀上有千金重擔。即使面對債務、威脅強迫、身心俱疲而感到力不從心，他還是想要照顧家人、保護家人。

深夜時分，我們倆正坐在樹蔭下的桌子旁聊天，這裡是位於迦納南部的黃金礦區裡，一個名叫歐布亞斯（Obuasi）小鎮的邊緣。我點了些簡單食物，像是油炸山藥片，可是亞伯拉欣吃得很少，因為和陌生人在一起而感到緊張不安，擔心著他對我所說的話會不會有反作用，連帶傷害到他的家人。儘管如此，他仍然決心要說出實情：「我來自迦納北部的一個小村莊，靠近布吉納法索的邊界，」他說，「那裡大家都很窮，土壤很貧瘠，也缺水。從撒哈拉沙漠往下吹來的風是熱風。村莊裡人很多，但工作機會非常有限。」

「六歲那年，我爸爸過世。我不知道我爸怎麼過世的。我媽媽盡全力養家活口，保護一家人，但這談何容易，我們常常吃不飽。到了九歲那一年，媽媽因為體弱多病也過世了。我的兄弟姐妹們分別被送到其他不同的家庭，我也不知道他們後來過得如何。我被我叔叔帶走，他沒有結婚，所以只有我們兩個人。在那之前，我已經上了兩年小學，但是媽媽去世後，我不得不停止上學，開始去工作。過了不久，我叔叔決定離開我們的村莊，去南部找工作。這就是我來到這裡的過程。」

吸引亞伯拉欣和他叔叔的，是形容金色南方食物多、工作又好的一些誘人故事。他們因而加入了龐大的境內移動潮，這波境內移民風潮使得迦納北部人口在十年之間減少了三分之一。亞伯拉欣和他叔叔隨著不實傳言一路往南來到了阿散蒂（Ashanti）州的金礦區，相信從事與黃金相關的工作能獲得較好的工資報酬。

他們曾聽說過在大型金礦公司底下工作有多好，像是公司提供培訓、設備，有時甚至還提供住宿房子、以及豐厚的固定工資，必要時甚至也提供醫療照護福利。但是當亞伯拉欣和他叔叔抵達歐布亞斯採礦小鎮時，他們卻找不到工作。因為要在此謀職，必須要擁有學歷，外加推薦函，所以他們倆只是在這波為數眾多的絕望移民中，多餘的兩個北方人而已。好幾家礦業公司一一拒絕他們的求職。亞伯拉欣解釋後續發生的事：

「我們的錢用完了，而且我們在南方人生地不熟。既沒有地方可住，又挨著餓。我叔叔到處找工作，我們只想賺些錢能生活下去，但是卻四處碰壁。後來我們遇到一個男人，說他可以讓我們在金礦區找到工作，屆時就會有食物可吃和大量的工作可做，而且我們開採越多金礦，就能賺到越多錢。因此，我叔叔同意加入一個八人工作小組一起工作。那人在我們去礦場之前給了我們一些錢，好讓我們來買食物。他說等我們工作三個月之後，將根據我們開採出來的黃金數量，給我們應有的報酬。

「我們必須走過一段很長的路才能進入森林，而採礦營地就隱藏在這森林裡。我們一到礦場，就意識到這並不是由大公司經營的合法礦場。我們被要求不得向任何人透露此礦場資訊，而且如果有外人接近，這裡也有警衛人員負責發出警告，警衛同時也監視我們，防範脫逃。那是一個分布在深礦坑入口處的大營，有四百多人在那裡工作。

「我叔叔成了這八人工作小組的共同領導人。一剛開始他們只負責搬運，就是先將礦石從礦坑深處以人力背負到平地上，然後再搬到通往馬路的一條小徑上。這是賺最少錢的工作，只能根據背負的礦石數量獲得少量的報酬。不久之後，我叔叔開始用鍾子和鑿子在岩壁上鑿石，這是比較好的工作，但也更危險。我那時還小，仍竭盡所能工作賺錢和分攤工作。有時是幫忙搬運礦石、有時收取工具，或是幫忙跑腿，不管任何人交辦的任何事，我都必須去做。

「叔叔雖然保護我，但也只能保護一點點而已。他讓我不必在岩壁工作，也不用在礦坑的深處工作，但我的工作仍然十分吃重，而且動不動就會被打。有些男人會欺負我，有個男的會用他砍刀平坦的側面打我的後背。不管我做錯了什麼事，不管犯了什麼錯，都會挨打。如果我睡過頭了，也是被打。這樣的事情總是隨時在發生。

「有時動手打我的是這夥人的頭頭，有時是同夥其他成員，甚至是我叔叔，有時候連他也會動手打我。這很令人難受，但我叔叔和其他成員賣命地工作，無非是希望在三個月的工作期間領盡量多的薪資。大家都想賺大錢來養家。

「誰知過完三個月後，原先帶我們來礦場的那個人，同時也是當地黃金買主，過來和叔叔及團隊協調事情。原本我們預期辛苦工作之後會得到報酬，但這個人告訴我們說，我們所賺的錢根本入不敷出。他說，我們開採和背負出來的黃金礦石，販售價值還不足以打平他原先預付給我們購買食物的費用，還有在礦場這三個月工作期間所購買的工具和糧食成本費用。也就是說我們白忙了一場，什麼也沒賺到！不僅如此，我們現在還欠下更多債務。這是一筆為數不小的金額，他還說我們必須先連本帶利清償完畢才能離開礦場，利率高達百分之五十。

「我們很震驚，但老闆一點也不動怒，雲淡風輕地說他會幫助我們，要我們不要為此而擔心。他說：『好運就快來了，很快你們會開採到黃金含量豐富的礦石、賺到大錢，屆時就有錢還我了。而且我還是會先預付一些錢給你們，好讓你們有足夠的食物來維持體力繼續工作。』」

誠實的小奴隸

這種狀況，你可以說是倒楣，或被人設局或詐欺，不過無論如何，設下債務陷阱是引誘那些可憐人掉入奴役圈套最常見的手法之一。這樣做對奴隸主而言可謂好處多多，例如不需要綁架，也無須使用暴力，就能達到使奴隸們主動努力工作的目的，而且取得奴隸的成本還非常非常的低廉。僅需要費心花言巧語一番，說出冠冕堂皇的諾言和提供一些食物，就能將像亞伯拉欣和他叔叔這樣絕望的人們騙到手，讓他們在不知不覺中羊入虎口。而且一旦落入了被奴役的命運中，可說就是萬劫不復的開始，因為債務陷阱之所以能緊緊地束縛住、鎖定住被奴役的人，憑藉的正是「誠信」這股強大的力量。可惜真心換絕情，奴隸主的不誠實辜負了奴隸們的誠實。亞伯拉欣和他叔叔與人打交道時奉行的信任和誠實原則，在此卻反而成為對手利用剝削他們的法寶。他們叔姪倆固然很窮，但他們是誠實的人，有宗教信仰的人。他們深信，有欠債就需還債，若是有債而不還，那就與小偷和罪人沒兩樣。

黃金買主非常聰明地濫用這樣的道德信念，因為這對他而言太方便了，光是靠著謊話連篇，就能將奴隸們宰制到地老天荒。假若奴隸主過早或突然訴諸暴力，工人很快就會意識到自己永遠不可能擺脫這不合理的債務，那麼工人的尊嚴和誠信就不再是奴隸主能夠加以操弄的工具了。工人們如果明顯感受到老闆撒謊，而自己被騙的話，就會改變態度，放棄最初的承諾。基於上述原因，老闆會繼續訴求工人們拿出「說到做到」的榮譽感。這些受害的工人被告知，他們所要做的就只是再稍微努力一點，老闆會站在他們這邊、繼續協助他們。工人被奴隸主塑造的某種氛圍給洗腦了，他們相信選擇「信任」，才有賺到錢和還清債務的機會，但如果落跑和一走了之的話，終將身敗名裂、一無所有。為了加強對工人心理層面的控制，身為老闆的奴隸主，偶爾可能還會實際支付一些工資給某些工人，儘管發放時間總是比較慢，而且拿到的金額通常也遠低於說好的數字。但是，既然有機會拿到薪資（或甚至只是非常微薄的報酬），就足以帶給他們希望，讓他們願意繼續工作下去，特別是當選項二是沒工作可做、領不到錢、無法用錢養家，也沒有退路能順利回家時，更讓他們選擇堅持在原來的崗位上。然而，像亞伯拉欣和他叔叔這樣的工人所不知道的痛苦真相是，若哪天他們意識到自己真實的處境，並試圖脫逃時，暴力會立馬隨之而來，像無情的錘子般重捶在他們身上。

對於亞伯拉欣來說，在礦場工作的最初那幾個月，是通往新生活的光明大道。他告訴我：「我們在那裡工作了三年之久，一直待到我十二歲。我叔叔試著幫我做好心理建設那些發生的事情。他告訴我，我必須堅強，因為如果我不夠堅強，那麼其他人會對我更糟。從前我曾經相信，當叔叔把我帶往南方去時，我會有機會重返校園去上課，但這從來就沒機會實現。」

這對叔姪倆被現實給壓得喘不過氣來，但他們卻以為這是他們自己的錯。他們認為自己在學習做這份工作時，一定是努力不夠，又或者是這裡的礦石品質就是不好。有鑑於他們認為自己還沒有足夠的錢來償還債務，同夥中的某些人甚至覺得大家好幸運，因為這位身兼黃金買主的老闆，還願意讓他們繼續留下來工作。總而言之，亞伯拉欣、他的叔叔和其他工人們都相信，身為一個人應該要信守諾言並還清債務，即便待遇糟糕，他們仍然認為黃金買主是個誠實的傢伙。於是他們日復一日埋頭苦幹，更加節衣縮食，甚至到了每天一餐飯的地步。

但是就在亞伯拉欣剛過完十歲生日，這放長線釣大魚的債務陷阱，冷不防地關閉了能讓他們翻身的管道，亞伯拉欣別無選擇只得成為了奴隸。沒有特定的儀式或分水嶺標記他失去了自由，只是他已經被飢餓和疲憊逼到了盡頭，終於無奈地接受這個折磨人的債務存在的「事實」，而且他知道一旦反抗，只會帶來暴力相向，因為形勢比人強，只好任由自己被奴役吞噬掉。他不知道的是，他並非唯一。過去幾個世紀以來，成千上萬的在此地的人們都被奴役在同樣一個地方。黃金的生產養大了唯利是圖者的貪婪胃口，貪婪滋長成大量債務束縛的奴役。

黃金海岸淪為奴隸海岸

沿著大西洋岸的迦納國土境內，人們的貪婪導致災禍不斷，這樣的歷史少說已經有五百年以上了。災禍因著兩種人們極度渴望擁有又利潤可觀的商品而來，那就是看似供應量源源不絕的黃金與奴隸。話說早在一四九〇年代以前，葡萄牙商人便已經在買賣這兩種商品了，商人們有時從非洲其他地區把奴隸帶到此地來換取黃金，在此地賣掉奴隸所得的價格遠高於在歐洲的價格。因為這區域可以用的黃金蘊藏量十分龐大，因此在進入二十世紀時，從整個歐洲以至於到美洲新大陸，便以「黃金海岸」的名號來稱呼非洲此區域。

為了填補歐洲人對黃金無止無盡的偏愛與渴望，越來越多非洲人脫離原有的農耕生活，投入淘金冒險，過起辛苦無比的鑿礦挖礦人生。就奴隸和黃金這兩項商品而言，起初歐洲人對於黃金的興趣高過於對奴隸需求[4]，不過，隨著美洲新世界對奴隸需求量逐漸增加，奴隸供應量也由零星需求改為常態供應。每艘沿著海岸行駛的奴隸滿載貨船，都在傳送著漣漪般的訊息向內陸地區呼喚更多奴隸貨源，一股破壞力極強的惡性循環因此開始。沿海地區首領們發現，用在地出產的黃金能買到國外各種商品，包括武器，而且有了這些採買來的武器，他們的侵略能力大幅提升，更能深入偏遠農村，俘虜更多奴隸。好比一個內陸民族阿散蒂（the Ashanti），便捨棄掉傳統原有的農耕、放牧、狩獵和交易方式。他們居中牟利買賣黃金和奴隸這兩項商品，借助槍砲威力，迅速征服鄰近族群，並加以奴役。很快地，阿散蒂人以企業化方式經營奴役，很誇張地擴展奴隸貿易出口量，每年輸出成千上萬的男人、女人及兒童。根據某一位歐洲貿易商的說法，黃金海岸「已經完完全全變成了奴隸海岸，當地人再也不想辦法找尋黃金脈礦，反倒是不斷發動戰爭征服他族，俘虜奴隸」。[5]

大約有三百年，成群歐洲人聚集在黃金海岸的沿岸各處坐享其利，任憑內陸民族像是阿散蒂人和其他族群等，代為經營像是俘虜奴隸和運送新奴隸等骯髒事。歐洲人在海岸線所建立奴隸貿易站，不只用以作為黃金買賣的管道，又是暫存奴隸的地點，是處理著橫跨大西洋的奴隸貿易中心，創造大量的財富；但是貿易站卻曾經幾度易主，因為葡萄牙人、英國人、荷蘭人、瑞典人、丹麥人和普魯士人都爭相奪利欲拿下控制權。到了十九世紀，奴隸貿易因為廢奴運動而日益萎縮時，國力迅速膨脹的大英帝國拿下了此地的控制權。英國宣稱黃金海岸為其殖民地，並派遣軍隊往內陸挺進，擊潰阿散蒂人和其他族群，並奪下許多有利可圖的黃金礦場。同一時期，英國人研發出以大型工業化蒸汽動力新技術來採礦，並且很快將這些新技術帶到非洲。

一八九七年，維多利亞女王將兩百五十平方公里的土地，授予一家新成立的英國公司，名叫「阿散蒂金礦公司」（Ashanti Goldfields Corporation），簡稱為AGC。這份皇家贈禮不僅包含土地，還包括授予AGC至高的皇家特許權（在一個國家境內得以行使國家的權力），該公司因此有權能在當地蓋城鎮、做貿易、砍伐木材、控制水路以及採礦等。AGC承諾將支付年度金給當地兩個部族，金額卻是微不足道的區區一百英鎊，甚至約定金額永遠不改。

在此之前，阿散蒂人原有的控制勢力耗廢了七十三年的時間和四次戰爭，才終於被瓦解，但現在英國人卻得以挾其工業實力來開採黃金。從前阿散蒂人僅運用簡單方法在表層挖礦，用洗滌法提煉黃金，就像是美國加州淘金熱探礦者所用的方法，但如今AGC則引進巨大的蒸汽鏟車，以驚人速度開採礦石和加工礦石，如此一來就摧毀了當地人的生計，黃金也由產地直送出口到歐洲。時至今日，當地黃金蘊藏量依然極為豐富，而且儘管英國在一九五七年結束了殖民統治，但是AGC仍然存在於當地。歷經一個多世紀的開採後，儘管已經產出數百億美元價值的黃金，僅就隸屬於AGC名下的土地來說，仍還有兩千萬盎司的黃金蘊藏量，估計這些至少再值一百八十億美元。歐洲公司仍然持有大量股份，不過現在，迦納政府也對黃金流向有某些程度的控制權了。

窒息的恐懼

圍繞在這場黃金盛宴四周，等著分一杯羹的，是寄生蟲般的奴隸主們。他們寄生於大型合法採礦公司的檯面下，在採礦流程的每個環節中蠶食鯨吞，層層剝削，直到把非法黃金礦轉換成白花花的大把鈔票，用來享受更舒適的生活，也用來控制更多非法礦場，還有更多的奴隸。對於奴隸主而言，將地底下的黃金轉換成現金，是一件再簡單不過的事了。在奴隸手工開採的礦區裡，各項設備極其簡陋原始，不論是露天的礦坑、搗石場，或者水洗金礦營地，甚至是提煉純金的工匠，都是清一色的陽春設備。大型工業化礦場的合法大公司採用各項安全裝置、現代化設備、氣壓式鑽頭，和巨型卡車來載運礦石，但是，群居在附近的奴隸主，則是採用中世紀或古羅馬時代的那一套原始方法。在這些隱藏的非法礦場裡，這些用完即被拋棄的奴隸們，以一身肌肉和原始工具，被奴隸主拿來作為各種機器的替代品。

汗水變成黃金的程序是這樣的：首先，選定某個地點，它的地表下面可能有含金礦的石英岩脈。由於此區地質構造是由層層石英岩脈貫穿出去而成，因而在此採黃金礦並不會像賭博那樣純粹是靠運氣，反而是有跡可尋的，至於跡象則是：需留心附近溪流中是否有閃閃發光的黃金斑點，或是附近是否有合法的礦場，或甚至是能看到石英岩脈直接露頭於地表上。一旦選定了某個探勘點後，奴隸們便開始往下深挖，邊挖邊將修剪好的樹枝幹塞擠進礦坑的邊上。結果便是一個簡易的、用許多根短桿組合而成的樓梯，順著塵土滿布的四方形礦坑壁面延伸而下，兼具防護礦坑側邊功能，防止坍塌。

礦坑很深，礦工們利用「電線桿」來測量其深度，電線桿的規格大約為四至五公尺長。「這個礦坑深度等於六根電線桿」，在某個礦場曾有人告訴我說，「那個礦坑深度是八根電線桿」。那是深度相當於十層樓建築高度的礦坑，每一呎每一吋都是靠人力以手工挖掘，每一袋的土壤和岩塊都是以人力背負到地面上。有些礦坑很深，有些則稍淺，礦坑深度不一，端看發現石英礦脈的時機，一旦發現便停止往下挖，接著真正的開鑿工作就要登場了。

想像切開巧克力大理石蛋糕時，蛋糕上面的白色花紋和巧克力紋路互相交織、纏繞和翻轉變化的畫面，它們時而逐漸變細，忽又脹大變寬。地球內部深處，有石英岩、花崗岩、頁岩和其他礦物石等岩脈，正如同巧克力大理石蛋糕紋路一樣，也是彼此交互纏繞和交織著。別理會乾淨又平坦的沉積岩層，黃金通常是存在於變質的礦石中，來自火山、高壓與熱氣的共同作用，又受到地震和地殼構造上的板塊運動摩擦攪動才生成。每當發現黃金礦脈時，挖井工變成為鑿石工。含有黃金的石英礦非常之堅硬，地質學家們認為它的硬度等同於硬化的不鏽鋼那般硬。

這些鑿工使用自製的尖頭不鏽鋼條，搭配著粗錘來敲擊礦脈。礦層有的呈筆直狀，有的呈微彎狀，延伸三公尺、六公尺，甚至三十公尺，接著突然轉彎，或者就終止於此。在大地深處裡，他們或蹲伏、或平躺、或弓在角落裡，順著礦脈那纏繞旋轉、急遽向下彎曲、變窄和變寬的紋理鑿著岩壁，直到敲擊到土壤或其他岩石才停手，接著轉向又繼續追尋髒汙的白色石英礦脈。

在名叫歐布亞斯的採礦小鎮郊外，我親自下到某個礦坑一探究竟。這個礦坑的深度不算特別深，大約只有兩根電線桿的深度。礦坑裡面沒有電。只能將就著破舊的手電筒，以寬橡皮筋綁在頭上來照明。目前為止，手電筒可說是現場最先進的設備了。這裡完全沒有保護頭部的頭盔，沒有護手的手套，也少有鞋子可穿來保護腳部。環顧四周看得到的，僅有結實的身體、粗糙的工具、和參差不齊的岩石。我踩著不筆直的梯桿，和礦坑側邊泥土壁上鑿出的腳踏孔往下爬，感覺自己慢慢被黑暗給包圍；越往下走，漆黑與寂靜伴隨著每個步伐越發難受。終於抵達礦坑底部時，藉由手電筒發出的微弱黃色光中，我看到了頭頂上那條白色的礦脈，鑿石工人就是奮力捶打著這些地方。碎石和灰塵掉落在他們臉上，也同時充斥在完全缺乏新鮮空氣的空間裡。或爬或彎腰駝背地走了十幾公尺之後，我看到礦脈突然往下彎，也看到另一條新礦坑緊跟著繼續向下延伸，這條新礦坑筆直下切再深入六公尺。於是我跟著爬下該礦坑，又匍匐前進了三到五公尺，最終到達了礦坑的底部。

這裡有一個狹小的迴轉口，每一邊都約略大於一公尺寬，用途是暫放那些敲打下來的碎石裝袋後，等待之後拿到地面。至於另一側則是在地板層開了一個小開口，尺寸約四十五公分高、六十公分寬，必須以肚子貼地的方式爬行才能通過，爬出這個洞口後，即可連通到另一個如小櫥櫃般尺寸大小的空間，到了這裡就與岩壁表層相連。在這裡牆面是傾斜的，頂部是鬆散不穩固的岩石，地面上到處散落著泥土和碎石渣。正好有兩名鑿工在此工作，他們並肩而立，用著自製的尖頭不鏽鋼條和錘子重擊敲打著岩壁，祈禱著頂部千萬別因為連續敲打而突然坍塌。

敲擊工作每隔幾分鐘就會暫停一下，將碎石鏟出爬洞口之外，交給在那裡的另一個人處理，此人連挖帶鏟，將碎石裝入厚厚的塑膠米袋中，然後將其堆放在側邊的迴轉口。不久之後，又有另外一名搬運工下來到迴轉口，扛起一袋礦石放在背上，就往回頭走。每一袋礦石都重達二十多公斤，然後當他開始要往上爬樓梯時，得先把礦石放在肩頭上用一隻手護住，另一手一邊攀著梯，舉步維艱的一步一步往上爬一長段距離。川流不息的搬運工，來來去去像螞蟻般，不斷爬上爬下穿梭於礦坑裡，形成一條流動的人龍河流；河流上多的是頭燈昏黃的亮光、下不完的灰塵雨、背不完的碎石渣，和擦不完的汗水。

礦坑底部裡的空氣，透著熱氣與陳舊味。原本應該有一條小塑膠管，將空氣從地面上導入礦坑底，但我下去的那天，管子卻無法正常操作。一般而言我們每次呼吸，肺部會吸入半加侖至一加侖的空氣。正常一天當中，平均會吸入呼出超過兩千加侖空氣。然而我現在身處的這個礦坑底下狹小的彈丸之地，估計其空氣量剩不到兩百加侖，而我們同時有三個大男人置身於此處工作，呼吸變得很吃力。短短幾分鐘之內，我可以感受到氧氣正在一點一滴慢慢地消耗掉。於是我開始大口吸氣，但是無論我吸得多用力，似乎我的身體都無法得到迫切需要的氧氣。恐慌感開始在我身體裡竄流，這是一種窒息的恐懼。儘管我知道這是怎麼一回事，甚至試著控制，我的心臟仍然全速猛烈跳動，使呼吸變得更加急促，喘氣得不到緩解，這讓我心中的恐懼更加遍地亂竄。於是我站立不動，令自己平靜下來，但呼吸變得很凌亂，我知道該是離開的時候了，便往上爬，想回到地面，好好呼吸一下空氣。一邊往上攀爬時，我還得一邊抑制住自己急著亂爬的衝動，因為我知道，搖搖欲墜的梯桿和沾滿泥濘的踏腳處，很容易讓人一不小心就倒栽蔥跌落至礦坑底部。爬梯時有幾位男性搬運工從上面下來經過我身旁，他們是要下去揹礦石袋的，另外還有其他人在我腳後方，正小心翼翼地往上爬，邊爬邊把礦石袋保持平衡地扛在肩上和背上。

終於順利爬出礦坑回到了地面，感受到白天的炙熱，和濕潤新鮮的空氣，我貪婪地不斷深呼吸，把新鮮空氣送進肺部裡，試圖緩解稍早前氧氣逐漸耗盡的恐懼。我察覺到頭髮上布滿了塵土和碎石渣，這是緩緩落下的灰塵雨造成的，它不斷飄下礦坑裡，以及飄蕩在礦場裡。我一邊清理自己，從頭皮上挖出白色的髒石頭，一邊看著年輕的搬運工。雖然這是一份像魔鬼般的工作，但全身布滿灰塵和汙垢的他們，看起來卻像是天使般的清潔無垢。他們有非常發達的肌肉線條，如同舉重選手一樣；他們的胸膛厚實突出，體型挺拔，體態輪廓分明，非常完美。搬運礦石應該是能每天鍛鍊肌肉的理想工作吧，當然這不足為奇，因為他們一次要將重達二十多公斤重的岩石揹在背上，踩著不穩的樓梯，往上爬近三十公尺高度，然後要越快越好的重複做上八到十個小時。儘管他們現在個個看起來像是健美先生般健壯，但很快地他們就會變成漂亮的屍體。因為當他們不斷上下攀爬時，無可避免地肺部會吸入石英粉塵（quartz dust），造成呼吸阻塞。這種石英粉塵是一種致命的灰塵，吸入過多易罹患矽肺病，一旦得病無藥可醫，隨著病情惡化，最終因心臟衰竭而亡。

致命的矽肺病

他們有些人負責鑿石，有些人負責把裝袋的礦石揹上去。到達地面後，原本一袋二十多公斤重的礦石改合併成更大袋，變成一袋六十多公斤重，這是礦石開始邁向純金之路的標準度量。從礦場到距離最近的主要道路，或者有時是到鄰近的搗石場，會出現更多駝著背揹著沉重礦石袋，從林間小徑下來，以小跑步疾行的男人，沿途會有集團老大或是兇狠的手下，又打又吼的吆喝聲，催促工人加快速度。接下來這些裝袋的礦石即將進入下一個處理階段，在搗石場裡把形狀各異的石英岩塊與碎石搗磨成細粉。

這些礦石不論用卡車運送載抵，還是由工人背負至搗石現場，一樣都被倒在一個簡陋的開放式遮蔽處旁邊。這個遮蔽處沒有牆壁，僅用茅草覆蓋成參差不齊的屋頂，再加上桿子撐住而已。茅草屋頂下的土地光禿禿，彷彿是奇怪的月球表面，硬化的深紅色泥土上面還分布著一些圓形的隕石坑。當礦石袋送到時，隕石坑便消失了，因為會有二十至二十五個男人聚集在此，每個人蹲坐在一個小罐子上，或者是板凳上，於兩膝之間置放一個厚重的不鏽鋼桶子，這個桶子剛好可以卡進去地板上的坑洞裡。桶子外表是側面光滑，底部呈圓形，寬面不到三十公分。這些男人，工作時或坐或蹲，先舀起少量的礦石放入桶子中，接著開始用不鏽鋼鋼筋將其砸碎。鋼筋重約六、七公斤，棒面光滑，棒尾扁平。桶和棒合在一起變成是原始的研缽和磨杵的組合，而為了要砸破堅硬的石頭和碾碎它，需要劇烈擺動身體來出力，鋼棒砸落時，整個身體也一次又一次地收縮起來。當所有擊石工人同時間一起重捶搗石時，會發出非常恐怖的噪音，因為每個鋼桶所發出來的聲音都不相同。有時節奏像教堂和諧的鐘聲一樣發出宏亮而持續的聲響，然後又分裂成震耳欲聾的不和諧雜音。

只要還有礦石在，搗石工作就不會停止。每天工作的時間從凌晨三點就開始，持續搗石至少十二個小時，通常而言，工作時間只會更長，不會更短。經過數小時搗石過後，一整桶的岩石和碎石變成了細粉，計量細粉要用「頭盔」來量，所謂頭盔也就是舊的塑膠安全帽，除掉上面原有的扣帶和襯裡不要。這實在是一件很奇怪的事，這些舊安全帽僅被用來當作量杯而已，卻沒有用於防護礦場裡工作的人，萬一有人在礦場受傷時，它能發揮保命功能。每袋六十多公斤重的礦石，產出六至八個頭盔量的細粉；一個頭盔約有兩杯或三杯深灰色的粉末。

這是一項會要人命的工作。致死的原因並不是累死，而是因為深灰色粉末可以殺死這些年輕礦工。原來當他們屈身在鋼桶上工作時，每揮動一次手中鋼筋，都會揚起桶中的塵埃，飄向工人臉上。用來當作工作場所的遮蔽處雖然完全敞開、空氣流通，但是一次多達十至三十個人聚在一起集體搗磨著礦石，引起霧狀的塵埃雲變得濃厚，且籠罩著在場的工人。縱使他們隱隱知道這種環境有問題，但是他們卻被隱瞞真相：這樣子工作形同以矽肺病在自殺。沒有人告訴這些年輕人，一旦得到這種矽肺病，會讓人求生不得、求死不能，這種病情既不能逆轉、也無法治癒，是絕對致命的疾病。

世人知道矽肺病對人體的危害已經有好長一段歷史了。數百年前，人們就知曉這種病以殺死石匠和做研磨工作的人而聞名。至於見證其懾人破壞力的事件則發生於一九三〇年，當時美國政府在西維吉尼亞州挖了一條將近五公里長的「鷹巢」（Hawk's Nest）隧道。工人們運用氣動式鑽頭和炸藥進行工程，產生大量的雲狀岩石粉塵，事後他們仍繼續挖，繼續搬運，很高興在大蕭條時期還能有這份工作來糊口。後來有挖掘機挖到矽石岩脈，工人因而被要求去開採這些能賣錢的矽石礦，但從頭到尾卻沒有人提供任何防護口罩或其他防護設備給他們。當地貧窮的白人和黑人移工持續上工，打算能做多久就要做多久，但事與願違，許多人卻在短短一年之內就因工作而病故。其他得病的工人則遭到解雇，只好回家等死自生自滅。沒有人知道詳細數字，但是人們認為鷹巢工作團隊中，工人總數三千人，其中一千人死於矽肺病。目前為止，這仍是美國史上最慘重的工業安全災難。

從第一次深呼吸把石英粉塵吸進肺部開始，矽肺病的厄運就開始發展了。這些微塵粒會嵌入肺部的肺泡和支氣管中，身體則是出現咳嗽和有痰的反應，但是由於微塵粒的尖角邊緣，正常的肺部作用無法順利將其排出。肺部受其刺激，引發纖維瘤和腫瘤，也提高感染的可能性。當暴露量很高時，例如在搗石場附近，容易發生急性矽肺病，亦即短短幾個月之內，肺部為了拚命想除掉這些顆粒，會大量湧入白血球和積水。一旦肺積水過多時，這些年輕人會遭受氣短、呼吸困難、虛弱和體重下降等折磨。在一個搗石場裡，我與這些人談論起他們不斷咳嗽的情況。這個搗石場算是大的，將近有一百名工人從事各種不同的工作。他們告訴我，去年有十五人喪命，其中年齡最大的四十歲，最小的十八歲。「有時有人開始咳，一咳起來就止不住了。」有個男人這樣告訴我說，「他們先是哀號他們所受的痛苦，然後會開始吐血，再來，有時候，他們就直接倒下死了。」

這些被奴役的工人等於是溺死在乾燥的土地上，而淹死他們的，是充斥在肺部的肺積水和黃金粉末。除了死於矽肺病，他們同時也被迫使用汞（水銀）來毒死自己和毒害周圍的森林。

汞之毒

從礦石粉變成黃金的過程中，還需仰賴另一種古老的點石成金技巧，這是一八四九年時，前往美國加州淘金熱的人所熟知的一種技術，叫做「洗滌法」（washing），聽起來似乎是一種無害的技術，但事實上它奇毒無比，因為這是一種混汞法。就在搗石場附近，靠近一條小溪處，我看到用東倒西歪的木棍和木板組合成好幾張細長的傾斜桌。樣子長得就像飯桌一樣，約五、六十公分寬，兩公尺長，洗滌檯面略微向下傾斜以方便水流出。桌上大多鋪著毛巾，或者有時也會鋪著薄尼龍毯。做法是將磨細的礦石粉，加水混合攪拌成礦漿水，然後從桌子頂端緩慢倒出來。當礦漿沿著桌面斜坡順勢流下時，比重較重的黃金顆粒不會隨著滑落，而是被毛巾或薄毯接住。石英岩粉較輕，沖洗之後流入底部的水桶裡。最後再將水桶內礦漿再次倒在斜板上做第二次清洗，有時也會進行第三次清洗。最終會在毛巾上收集到淤泥狀的黑泥，簡稱為「那個黑色的」（the black）。接著在另一個水桶中，將「那個黑色的」輕輕地從毛巾上洗下來，就會成了另一批深黑色的礦漿髒水，最後收集到的這批礦漿髒水很重要，它有大不相同的作用。

沉於底部那厚厚一層「那個黑色的」汙泥被鏟到一個較小的桶子裡，或是鏟入一個頭盔裡。鏟的時候，工人輕手輕腳小心翼翼、非常謹慎周到近乎虔誠，因為此時就是黃金即將要現蹤前的時刻。而事先在其他安全地方做好的一小瓶水銀，這時部分的水銀，會被緩慢地滴入細緻的深黑色泥中。礦工一邊很專注地看著變化，一邊用自己的手指頭，小心地上下左右四處攪動著在「那個黑色的」裡的水銀滴，好讓這些閃亮銀滴發揮極致吸附效果。現在開始要變魔術了，容器裡出現一顆顆珠狀灰白色蠟糊物，集結這些蠟糊滴就能成為塊狀。雖然它們看似小小顆的難以描述，但是當它們串成小鵝卵石般大小時，就會令人倍感興奮。因為只有當水銀和黃金結合一起時，才會出現這種金汞齊蠟狀物，汞因吸附黃金顆粒而膨脹變大成兩倍或三倍重。接著將蠟糊放在棉手帕上，用力一擠壓，大部分水銀穿過棉布又跑回到桶子裡，便繼續重複步驟，再來收集金。

至於已經收集好，被擠掉大部分水銀的球狀硬質蠟糊金汞齊則先暫留置一旁，等待與後續其他的合併。這時桶子裡又加入更多的水，讓水銀再次翻攪於泥漿中，直到不再有滴狀蠟糊物出現為止。然後就將水桶裡的水全部倒進溪水裡棄置，要不然就是將水桶裡的水再次地倒在洗滌檯上。

倒入溪中的水裡摻著水銀，因此能輕易看出水銀從如何循環進入這些工人體內，到如何汙染環境，以至於如何使周遭的人和所有東西都受到水銀毒害。我在一個搗石與洗滌現場，看到水銀流入一條逐漸擴散的溪流，於是我沿著這條小溪往下走，追蹤它到底要流向何方。走不到四百公尺，見到豁然開朗的森林，此時我已來到一處四周圍散落著隨時要傾圮的建築群當中。小溪兩旁分布著菜園，各家皆由小溪取水來灌溉蔬菜。這邊也有養山羊和雞，山羊在草地上啃草，雞在雜草堆啄食，渴了就喝溪水，山羊肉、雞肉和雞蛋則會成為這些家庭的盤中飧。小溪旁有一幢黃色長條建築，破舊的牆板上有百葉窗，鐵皮屋頂看起來搖搖欲墜，門上方有一個用手寫的招牌，上面寫著「國際基督使徒教堂」。孩子們在教堂的院落裡嬉戲，我很好奇他們是否也在這條溪中受洗。對於住在這個小村莊的人們而言，特別是針對孩子們來說，慢性中毒過程雖緩慢，但卻是無法阻擋的事實。

一粒金子的誕生

即便是極少量的水銀，對人體都是有害的。暴露於汞會毒害大腦、腎臟和肺部，削弱視力、聽力和語言能力，造成神經損害、高血壓等其他許多症狀，包括皮膚死亡並分層剝落的症狀。胎兒若暴露於汞汙染的子宮，出生時會有嚴重的先天缺陷；兒童暴露於汞之中則會造成永久的神經損傷。如果水或食物中含汞且烹飪時加熱，則會釋出含汞蒸氣。吸入汞蒸氣是最危險的接觸方式。二〇〇八年三月，奧克拉荷馬州有一名男子試圖從舊電腦零件中提取黃金時，吸入了含汞水蒸氣，十天後他就死了。[6]而他的房屋由於也受到了汙染，必須被毀掉。在迦納農村地區，其市政供水系統情況如何不明，但只要有黃金礦場存在的地方，附近溪流和小河、淺水井、池水不流動的死水池，都是容易汞中毒的地方。偏偏在常態之下，這裡也沒有其他可額外取得的水源，再者汞汙染發生時，同樣得不到任何警告來避開使用，因此當地人就繼續用含汞的水來做清洗、澆灌菜園、烹飪做飯和當飲用水來喝。一般而言或許將水煮沸能滅菌，但這絕對無法除掉水中的汞。不僅如此，加熱沸騰使汞以水蒸氣方式釋放到空氣中，將造成更嚴重的汞汙染。

煉金過程的後續下個步驟，同樣也是暗藏汞中毒的危險。一旦從「那個黑色的」提取出所有黃金之後，搗石場負責人便將大顆的汞合金蠟球交給煉金匠。當地的煉金場是個簡陋的棚屋，裡頭有個小型陶製熔爐和鼓風機，牆上則掛滿許多工具。地板是泥土地，壓得非常緊實，上面零星散落著薪炭渣、金屬屑與鵝卵石。一旁角落邊放置一個用卡車車輪鋼圈做的爐床。

煉金匠取出蠟球，將其與酸混合在一個小碗裡。汞會被酸吞噬掉，但過程中冒出霧狀酸性氣體，會使大家退避三舍。酸性混合物被加熱，致命的汞煙螺旋上升到空氣中，並從牆上空隙逃逸外散出去。此時若有人站得太靠近，或碰巧只是剛好打外面經過，都有可能吸入這些致命的煙霧。經過這道加熱程序後，蠟球中的汞消失了，但它並沒有真正不見，只是轉化為氣體，以另一種新方式繼續攻擊著環境；它堆積擴散至植物葉子、昆蟲、鳥類和動物身上。

回到煉金匠的棚屋這邊，加熱燃燒後所剩的，是拇指般大小的灰色殘留物，先將其小心地刷入於在木炭火源上加熱的一個小陶壺裡。接著拿另一大塊燒得紅通通的大木炭放在陶壺頂端，然後堆放更多木炭在陶壺旁，並打開鼓風機，大火猛攻，屋裡瞬間火花與灰燼四射。為了要熔金與除去雜質，陶壺溫度必須加熱至近攝氏一千度。短短幾分鐘之內，雜質就會被燒得一乾二淨，留下熾熱熔化的純金，在小陶壺中像顆小太陽一樣閃閃發光。然後小心地把黃金移出，放入水中冷卻使其變硬，直到溫度下降至微溫，煉金匠的手掌中出現了一顆水滴形狀閃著光澤的黃金。

事非經過不知難。須經歷如此一長串艱辛歲月，先是在岩壁上千鑿萬捶，接著運送數千公斤的礦石，從地底下以人力揹出礦坑，再沿著森林小徑搬運，後續再投入二十個男性苦力將礦石搗磨成粉末，又加上其他人以洗滌法收集「那個黑色的」，再以混汞法煉金等多道程序操作過後，才有辦法產出這得來不易的少量金錠，它的大小相當於一口巧克力糖的大小。

遠端遙控的買主

在煉金鋪的旁邊正是黃金買主的辦公室，它是個小店面，室內有一只長櫃檯橫跨店面。幕後老闆本人鮮少在店裡出沒，我走進店裡那天也不例外，只有見到他手下的工人在顧店，有些手持著步槍，在那裡看著我。我解釋說，我對於當地買賣黃金如何測量的方式感興趣，欲實際了解一番，儘管他們猜疑我真正的目的，但仍然謹慎地回答我的提問。接著從煉金匠那邊，走過來一個男人，想要賣掉其手上的黃金。

長櫃檯上有好幾個用來秤黃金的秤子，店員秤完重量後會支付現金買下黃金。當我溜到另一旁觀看交易情形時，卻看到了令我大吃一驚的畫面：在櫃檯後方，靠著後牆處，居然是一疊又一疊綑好的白花花鈔票，紮紮實實足足有六十公分高、九十公分寬。這麼一大筆錢的數量足夠裝滿兩個或三個手提箱。能在如此偏遠的小鄉村裡看到這麼多驚人數量的現金真是罕見之事。迦納曾於二〇〇七年調整過貨幣，該國的貨幣單位是「西地」（cedi），一西地等於一美元，因此，在貧困的農村地區的一個破敗不堪的小棚屋裡，我所看到在櫃檯桌子後面的現金價值應該有數十萬美元那麼多。幾分鐘後，另一個與黃金買主聯繫過的工人走進店裡，命令我們出去。原來是有人向老闆兼黃金買主打小報告，告知我們在此，老闆因而下令武裝警衛把我們趕走。我們在匆忙間趕在最後偷拍了幾張秘密照片，然後乖乖配合地離開，溜回去我們的車上。

就在位於小店面後方的山丘上，有一棟當地最漂亮的房子，它是由石頭和灰泥所砌成、屋頂有覆瓦的兩層樓大房子。當我經過時，工人們尚在擴建房子的面積，要從屋頂往上加蓋更多房間，側邊要打掉。房外停放著不止一台的全新四輪驅動休閒越野車。這是黃金買主的住家，這裡對他而言，就像是蜘蛛網的網絡中心一樣，他能高枕無憂、指揮若定地坐鎮家中，讓自己能向下掌握礦場中的奴隸、搬運工、搗石工、洗滌工、運送礦石的卡車司機、煉金匠、收購黃金的小店鋪的動態，還能向上透過政府官方的貴金屬礦交易公司（Precious Minerals Marketing Company），來連接全球黃金市場和你家附近的當地珠寶商。這樣的一個黃金網絡，最終串連上你手上所戴的金戒指。

這位黃金買主是一位非常善於利用現代化設備的奴役主。衛星為他帶來最即時的黃金買賣價格資訊，手中的數支手機，使他能隨時暢通無阻地向手下心腹交辦事情，藉此掌控各個不同的非法礦場；最重要的一點是，他自己則能高枕無憂，隱身在幕後當藏鏡人，完完全全地與這個讓他致富的奴役運作切割開來。

假設你單刀直入地質問，黃金買主可能會天花亂墜瞎編故事一通，說他只是一個單純的生意人，專門提供兩項基本服務給貧困無依的工人。他一面放款給那些沒有能力向銀行借錢的窮人，一面協助他們開始採礦，順便提供能就近出售黃金以換取現金的地方。說不定他還會大言不慚地說：「當然啦，買入黃金時，我確實有小賺一筆，因為這是我收取先前借出的款項所孳生的利息錢，在商言商，這不就是一般再正常不過的生意買賣！」一部分事情的確也如此，檯面上能看到他的事業，例如黃金買賣這一部分，所收取的利潤範圍是合理的，他通常以大約當日世界黃金市場交易價格的九折價來收購純黃金（純黃金價格另由政府訂定之）。如此一來，從其他礦場投機取巧者身上買來的純黃金，光是每一盎司就能為他帶來八十美元至一百一十美元不等的獲利。但這些利潤對他而言就像是蛋糕上裝飾用的糖衣而已，這些只是錦上添花的小錢，真正能讓他富上加富賺進大把鈔票的是他所設下的循環債務陷阱，以及他自己礦場裡生產的黃金，就是那個礦場，使亞伯拉欣和其他數千人被身不由己地困在其中。

他們為什麼不逃走？

亞伯拉欣十歲時因叔叔的債務而開始被奴役，長到成年期都是以奴隸身分受到束縛。他從十二歲時就開始搬運礦石，到十七歲時，才開始在礦坑深處的岩壁上鑿礦。有一天，他的鑿子鬆動了一塊大岩石，岩石落下卻不偏不倚砸中他的額頭，瞬間亞伯拉欣被砸昏而不省人事，倒臥在滿是泥沙的地面上長達四個小時。清醒過來後，靠別人幫忙才有辦法順利爬出礦坑，當回到地面時，他自己覺得很困惑也不知所措。他的頭上腫了一個大包，約有橘子般大小。接下來幾週中，他發現自己常記不得事情，會忘東忘西，還經常會失去平衡摔跤跌倒。他跟我說：「即使到現在，當我覺得熱的時候，還是會頭痛。」為了治療，亞伯拉欣的叔叔去找黃金買主礦場的工頭借錢。於是，在他們現有的債務之外，又額外再增加三百美元的借款。

類似這樣的工傷事件，助長了貧困弱勢工人陷入更萬劫不復的奴役圈套中。最剛開始時，他們的債務看似在能掌控的範圍內，不過就是三個月的伙食費和採買開礦所需工具的成本而已。一直還不完債，當然令他們十分沮喪，但他們還是希望誠實以對。所以仍然將工作視為機會，他們想履行約定的承諾。同時，他們也為此祈禱，希望幸運之神早日眷顧，也許讓他們開採到稀有的純金塊，就能還清一切債務，重獲自由。

命運捉弄人，工傷意外改變了一切。一方面無法上工，沒工作就沒能用礦石來賺錢，另一方面醫療費用越增越多，債台高築，債務直逼好幾年的收入。拆帳的時候，他們所欠的生活費、工具費和醫療費，雖然可以從開採礦石所賺到的錢減掉一些，卻尚還有欠款，無奈的是剩餘債務還會隨著利息滾入本金。工傷使工人所欠的款項遠遠超出其支付能力。當然，一碼歸一碼，債務如果單純僅僅是債務，那就好辦，可以另謀出路想辦法，偏偏這裡的債務只是一種掩飾奴役事實的障眼法，目的是為了讓你無法掙脫。礦主便能順理成章有合理的藉口來解釋為何他可以差遣工人做事，而這樣布局確實奏效，至少在一段時間裡，愚弄那些為他工作的工人，使天真的他們看不清真相，反而誤信礦主的話。整件事情含糊不清又模稜兩可，而這種不確定性讓新奴隸陷入不斷懷疑中，事情怎麼了，到底是哪裡出了問題。即使當私人武裝警衛在礦場巡邏，監控著奴隸的一舉一動，都被解讀為那是在保護礦場環境及工人安全，免於遭受小偷和警察的襲擊。對於像亞伯拉欣和他叔叔這樣的移工，他們不清楚礦場的潛規則和工作內容，因此剛開始一切看起來都合理。而當他們察覺情況不對勁時，早已走不了，警衛已加強防備看緊他們。

亞伯拉欣應該是經歷了嚴重的腦震盪。那件事故發生後，他和他叔叔一夕之間負債高達一千多美元，這個數目，是他們運氣好能大賺一筆時的年收入的兩倍至四倍之多。但事實上，說好的能大賺一筆的好年頭連半次都沒出現過，因為這個騙局的目的就是一個讓人永遠無法脫身的圈套。亞伯拉欣成年以後，每天從岩壁上鑿出超過一噸以上的礦石。有個監工在地面上監督著小袋礦石換成大袋礦石的過程，還有這些礦石袋搬運到搗石場或到碾碎場的工作。這個監工，以及所有開車參與載運礦石的卡車司機，都能拿走幾袋礦石，作為管理和運輸礦石的「費用」。再來就是負責監控搗石場的監工，也是可以拿走一些礦石，就可以從礦石中提煉出屬於自己的金粉。有時也可能會借助機械來將礦石磨碎搗粉，而不是靠人力。

如果是這樣，擁有機器的人又能拿走一部分礦石，每一個人都在分贓利潤。然後煉金匠又收取另一筆費用，再來就是黃金買主又收走黃金價值的一成費用。在此過程中，可能還有其他衍生費用，用於賄賂貪汙的警察、付費給「允諾」礦場在部落土地上開採的地方首領們、水銀採購成本，還要給可能會洩露非法礦場地點的人一些封口費，或是向那些在地有足夠影響力的犯罪組織、地頭蛇支付「保護費」。亞伯拉欣一天開採一噸礦石，平均可以帶來的黃金價值大約十美金，但當這些雜七雜八、東扣西扣的「費用」全部扣完之後，屬於亞伯拉欣辛勞付出的份額，卻是少到不能再少，幾乎僅夠付清每日都要支付的一美元至兩美元飯菜錢而已，除此之外就再沒有任何多餘的錢能用來清償現有的債務了。

隨著時間的流逝，工人們越來越心知肚明，他們知道自己被困住了。當然我們會想問，為何他們不乾脆逃之夭夭、一走了之。答案很簡單，就像奴役這回事存在於整個人類歷史中一樣的簡單。因為一旦試圖逃走，就一定會被抓回來痛打一頓。每個礦場老闆都會密切注意被奴役的搬運工和鑿石工人的行蹤，也會用毆打和虐待來迫使他們更加努力工作。老闆會強迫生病的工人重回工作崗位，若有人想偷偷溜走，被逮到後就是拖回去，在眾人面前將他打個半死，以收殺雞儆猴之效。設若真有工人僥倖成功脫逃出去，那麼當地收受賄賂的腐敗警察，也明瞭他們若能把工人逮回來，將會獲得酬謝金，所以非追捕到不可。倒楣的工人一旦被抓到後，先被警察海扁一頓，再被送回到礦場，或者是被帶到法官面前，被以欺詐黃金買主的罪名被定罪（因為黃金買主也是借款人），因為法官也被花錢賄賂疏通。事後，礦場老闆會把帳全部算在工人的頭上，包括打官司的開銷和賄賂法庭的費用全部灌加到工人的債務。

礦工們知道自己是小蝦米，無法搏倒大鯨魚取得勝利，或許就像某一位礦工告訴我的那樣：「我知道非法採礦是犯罪的勾當，但對此我完全無能為力。如果我輕舉妄動，我的孩子就沒飯吃了。」叫人難過的是，即使連死亡，也無法擺脫債務糾纏。若有礦工不幸去世時，他的債務將會移轉給近親，而黃金買主的手下暴徒，絕對會讓這個人的兄弟、妻子，或是孩子知道，他們得要繼續受債務綑綁。

天真的小奴隸

幾天後，在一個露天礦坑旁，我看到這種債務重擔如何傳給家人。那是在一條已改道的河，河床上已鑿出一些含砂的礦坑，有一群工人在此嚴格按照性別分工勞動。男人負責在汙泥中拿著鐵鍬工作，找尋可能的黃金亮點，希望能找到含有黃金的薄層。這是一項叫人彎腰駝背、汗流浹背的苦力工作，要挖取淤泥、爛泥和碎石，把它們鏟入造型寬而淺的鋁碗中，就是那種大約可盛裝二十人份沙拉的大鋁碗。至於將這些碗搬到洗滌檯去，則是「女人的工作」，搬運距離最遠達八百公尺。婦女們整天在露天礦場與山坡之間來回奔走穿梭，山坡上就是洗黃金及提取黃金的所在地。她們用頭頂扛著裝滿泥土和石頭的鋁碗，將熱鋁碗放在頭頂上一塊以布環繞做的「甜甜圈」。許多女人身上穿著花花綠綠的裙子或連身裙，與男人們沾滿泥濘又破破爛爛的T恤有天壤之別，顯得很不和諧。當她們頭頂著寬碗一邊保持平衡地走著時，一隻手還得時不時伸出來，提起裙角以免沾染泥土。她們是在這片被摧殘、缺乏生氣的大地上，唯一的一抹鮮豔色彩。

站在一旁埋首做筆記的我，抬頭看到一個稚齡小女孩，年齡不到兩歲，穿著一件藍色和黃色圖案的寬鬆直筒連衣裙，頭上還頂著很小一碗的石頭，搖搖晃晃又慢力地跨出步伐。小女孩激起了我的好奇心，於是跟在她後頭，看著她走過坑坑疤疤的泥地，穿行過一群玩耍於汞汙染溪水中

的孩子們。當抵達洗滌檯後，她便轉身開始往回走，也沒有將頭上的負重卸下。我直到近看時才發現，原來她頭頂上的「碗」只是一個加侖罐的塑膠蓋，裡面裝著一些砂岩和鵝卵石。小女孩把這當遊戲，像扮家家酒那樣假裝自己也是個媽媽，與她的母親正做著相同的工作，小女孩看似因為能參與其中而洋洋得意。[7]

小女孩自豪自己能派上用場幫忙分攤工作，但是看著女兒天真無邪地假裝自己是奴隸時，做母親的心中作何感受？當女兒假裝的工作哪天變成真正非做不可、真正被剝削、被虐待的工作時，做母親的感覺如何？奴役這件事，從人的身上偷走太多，包含自由意志、自由行動力、可以自由支配的財富，和能夠自由規劃的未來等。這些全都因為被奴役的關係而不復存在。對於成年人來說，由於做了錯誤選擇或者是被欺騙而淪為奴隸的，這是令人痛不欲生的損失。至於那些小小年紀就被奴役的兒童，長大後除了被奴役束縛外，其他什麼都不知道，被奴役的痛苦又該怎麼形容？他們的損失才是所有人之中最大的，因為他們失去了能從記憶中建構出最珍貴傑作的機會，也就是身而為具有獨立意志的人的機會。

第七章——記憶之屠殺

那是聖誕節的前兩天，小布希總統在我們面前失控。我被邀請到白宮的橢圓辦公室，見證一項新的反奴隸法的簽署。那時，我還沒從在金礦中的暈眩恢復過來，也仍因為上次深夜採訪亞伯拉欣而重病纏身。這是我自從踏入這個領域以來，第一次因為發燒和劇烈不舒服而休息好幾天。現在回到美國，在藥物控制中慢慢康復。不過也許是因為藥物的副作用，使得眼前的人物看起來帶有幻象光芒，包含惱怒的內閣成員、目瞪口呆的反奴隸運動者們，和一位備受批評而焦躁不安、試圖合理化其權力的總統。

當總統坐在辦公桌前時，我們在他身後排成了一個大半圓，準備讓攝影師捕捉這特殊的一刻。但是，就在總統的筆尖落下前，布希總統似乎突然改變了對該法案的想法。他坐在辦公桌前，面對我們，開始滔滔不絕地講話，畫面可悲又超現實。他漫無目的地說著，抓住了一根解釋的稻草，又繼續說著做決策是如何不容易，無論是決定發動戰爭，還是選擇白宮辦公室地毯的顏色。我們等待著，微笑變得僵硬，終於幸好他也差不多累了，眨了眨眼，好像大夢初醒，回到為什麼我們都等在那裡的原因。幾分鐘後，這項雖不錯卻不偉大的反奴隸法案終於被簽署成為法律。我們離開白宮，走入冬季寒冷的戶外，如釋重負而茫然地想琢磨我們在史冊上記下的這一筆。我站在白宮外面，盯著總統送給每個人的法案簽署紀念禮物：一個刻有他簽名的黃金領帶扣。

我們送給摯愛親人（或從總統那裡得到）的黃金小玩意背後所牽連的奴役，如此令人心碎，以至於我們很難再看到其他的問題。這是一種犯罪，是對任何道德準則的侮辱。但是，犯罪的不僅僅是奴役問題。矽肺病、汞中毒和環境破壞，意味著那些沒有遭受奴役的家庭也因此遭殃，與黃金沒有任何關係的社區最終會慢慢死於毒物和疾病。這種傷害漩渦擴大吞噬著我們所有人，這個圈子很快就會與其他奴役和破壞的圈子重疊。但是這種傷害，也從物質世界蔓延到了記憶這個特殊的領域。

沒有記憶的人

巨大的廢墟散布在金礦開採區的茂密森林中，上面布滿藤蔓和野花。這些不是古代城市倒塌的牆壁或廟宇的遺址，而是十九世紀時，以蒸汽為動力的金礦場所遺留下來的巨石、鐵塊和混凝土遺跡。在這些廢墟中漫步時，我看到被奴役的工人爭奪曾經的地基或大型機器的支撐支架。他們不知道這些破碎的物件是什麼或如何運作。如今，與城市公車一樣大的生鏽蒸汽機，與植物的根鬚捲曲交錯，簡直像是把失事殘骸拖入大地。樹木被破碎牆壁所包圍，穿過一百年前的石地板發芽，伸展到陽光和雨水之下。繞在毀損的機器和梁柱附近的，是當年搬運工用他們的礦石袋所拖出來的軌跡。二十一世紀時，在生產黃金的地區，奴役帶來的是無知的黑暗時代。被奴役的工人沒有歷史，也沒有未來。現在的金礦區幾乎沒有機器，卻有很多永遠做不完、不需動腦卻吃勞力的苦工。和以前一樣，集體記憶是奴役的犧牲品。

當一個人失去了記憶時，他或她究竟失去了什麼？這是難以估量的難題。該如何去揣測、理解那根本不存在的事物？該如何衡量虛無呢？我們大多數人心中都貯滿了回憶，身邊被記事本和備忘錄所包圍。我們不僅擁有豐富精彩的經驗，還保留照片、信件、影片、卡片、禮物、圖畫、貝殼、羽毛，或許還有金戒指，保留一切為我們存儲珍貴、至關重要，或甚至微不足道的記憶的物品。對於生活在自由之中，生命和記憶密不可分的我們來說，要去想像一個無法儲存意義和小確幸的心智，難如登天。然而，奴役從本質上盜走生命的一種方式，就是永遠不讓記憶形成。

第一次遇見曾經遭受奴役的倖存者時，我還不了解奴役禁止和摧毀記憶的力量。在進入他們的生活時，我對於作為奴隸的感受充滿了一系列誤解和假設。透過和倖存者接觸，我的傲慢無知逐漸被修正，理解也越來越深刻，包含認識到在奴役狀態下，記憶被禁止建構和記憶被抹滅的破壞力。我第一次理解到問題的嚴重程度，來自於和被奴役於巴黎的塞芭（Seba）的接觸。塞芭還是小女孩的時候，從她的家鄉馬利被送往法國，原本應該是要和接待家庭住在一起，學習法語並接受教育。但現實卻是她被殘忍的奴役，被迫作為家庭幫傭、遭受虐待和性侵害，從她大約八、九歲時一直持續到二十二歲。

我遇見塞芭時，她剛恢復自由身不久，借住在一個寄養家庭中。一邊接受諮商，一邊學習閱讀和寫作。我們聊天時，我根據對奴隸生活的假設、她的生活和記憶等，向她問了好多問題。可是，很快我就意識到我們的溝通並沒有交集。我決定嘗試新的方法，指著附近的一個圓形燈罩，一個印著地球儀圖樣的燈罩，並藉此來詢問有關她來自哪裡的問題。不到幾秒鐘，我就恍然大悟，她並不了解這個世界，她沒有辦法認知這個球所代表的是我們所生存的地球。對她而言，這就只是一個紙燈罩，上面布著藍色和綠色斑點。於是我降低問題的難度，重新開始，向這位聰明、口齒伶俐的年輕女子詢問最簡單的事情。是的，她聽說過世界是圓的。

同時，我發現她沒有星期、月份或年份的概念。我也開始理解，對於塞芭來說，她唯一記憶和唯一理解的只有無休止的工作和睡眠。因為從沒有機會認識時間的概念，她的記憶奇怪地毫無章法。她知道天氣有炎熱和寒冷，但不知道季節會遵循一種規律。如果她曾經有機會知道自己的生日，現在也早已忘記了，因此也不知道她的年齡。她對「選擇」這個想法感到困惑。她告訴我，她知道自己應該喜歡這些被稱為「選擇」的東西，每個人都為她現在擁有這種被稱為「選擇」的東西而感到興奮，但是因為從來沒有人向她展示選擇，所以她只是敷衍了事。正是在這些時刻，我第一次意識到了奴役生活的殘酷。被奴役的過程中失去的不僅僅是自由，不僅僅是沒有選擇的餘地。奴役的殘忍嚴重到它竊取走我們的常識，更否認和破壞我們的記憶。然而，我們用自己的記憶定位我們是誰，那正是構成我們的存在的全部啊。

沒有記憶，我們可能不會消失，但我們將不再是我們自己。否認和破壞記憶是奴役的特殊罪行。法律可能會說，奴役就是當一個人掌控擁有另一人時，但這只強調了控制，卻沒有強調奴役對於生而為人的本質的否認和破壞。正如奴役被強加在單一個體上，奴役也被強加在整個社會，甚至整個世代。就如同奴役經驗扼殺了個體記憶，奴役也抹殺了集體記憶。數百萬名從黃金海岸和非洲各地被帶到美洲的奴隸，被強迫遺忘、被強迫工作，直到痲木於精疲力竭、被強迫和家人分離。所有關於過去記憶的僅存小物，例如衣服、飾品、梳子也都被奪走。唯一留下來的往往是一則故事、一首歌曲或一粒種子，就是那些無形的、或看似不重要的東西。這些元素放在一起，還是可能成為珍貴的傳家寶，一道秋葵燉成一段吟唱，承載記憶的節奏和音調，那是他們的人生僅有的意義。

在印度，我遇到了一些家庭，他們對他們如何淪為奴隸沒有任何記憶，只說「我們的家庭一直是屬於這個人的家庭」。在剛果，在十九世紀末，數百萬人被奴役，我曾被那些奴隸的後代所包圍，但我只遇到了一個知道這段家族歷史的人，而且他是在法國的大學裡求學時才學到。只有當人口販運的受害者是在成年時才被奴役，記憶才可能被保留下來，即使受販運的過程中被暴力籠罩。第一代被奴役的受害者還記得什麼是自由，在那之後，子孫們的記憶即被奴役的辛酸苦澀給消蝕殆盡。在迦納，對於亞伯拉欣和他的家人而言，很大一部分的記憶已經被消滅。亞伯拉欣仍然保留著對清真寺和迦納北部村莊的記憶，但他的孩子們對他們的來歷一無所知，只知道那有如上帝一般統治他們的債務，主宰一切、無法抗拒，並要求他們完全服從。

當記憶喪失時，占有世上一席之地的存在價值感也隨之消逝。奴隸沒有一個可以作為避風港或心靈慰藉的家。當身體被視為用過即拋的一次性商品時，不難發現一切都被貶抑為秤斤論兩的廉價品。這就是奴役的致命破壞力如何擴張到其他新的面向，也是奴役如何摧毀粉碎亞伯拉欣一家人，更耗盡了那明明可以給予他們永續自由的自然世界。奴役對於單一心靈的蹂躪，也被強加到其他人身上，更跨越物種和時空，延伸到更廣闊的自然世界。

挖掘與清洗

自然界也有記憶。自然界的記憶，就是那基因中記載的生命完整紀錄，包含我們人類的基因，和其他每一種生物的基因。每一種動植物、蟲魚鳥獸甚至細菌的基因中，都擁有上溯到數百萬年前的紀錄。每個獨特的物種，包括我們人類，都是自然界故事的獨特章節，共同成就一部偉大的、從未完成的作品。但是，奴役的苦澀也會吞噬大自然的記憶。由於奴隸被用來破壞環境、摧毀人們和地球，整個物種也被消滅了。有時，蘊藏整個自然記憶庫的完整生態系統被一次粉碎、燒毀和消滅。露天「挖掘與清洗」（dig and wash）金礦的摧毀力量尤其可怕。

前往非法的露天礦場，要走過一條狹窄的小徑，穿過人們相對未曾到訪的森林。沿著小徑，灌木叢中閃動著黃色木槿類的小花，襯著下方土壤中長出幾株藍色鳶尾花。星形小花群簇展示在附近的灌木叢上，柔和碧綠的蕨類覆蓋在老樹起皺的樹皮上。有時，一串串開花的藤蔓如簾幕般垂懸在岩石上。靜靜站著，我就能聽到住在藤蔓後嘰嘰啾啾的小東西。香蕉樹、巴婆果樹和棕櫚樹布滿森林底層，群聚在巨型柚木樹幹周圍，望著柚木一路拔高，聳立於森林頂層，開枝散葉於樹冠之上。這裡有三百多種樹木，建構出一個氣象萬千的生態系統。迦納擁有數千種植物，數百種魚類、鳥類、哺乳動物、兩棲動物和爬行動物，更不用說二十三種蝴蝶了。採礦威脅著所有這些生命，尤其特別傷害住在森林中的黑猩猩、疣猴和黛安娜長尾猴。

迦納擁有由陽光、濕暖天氣和肥沃土壤所構成的壯美森林，露天金礦卻像癌瘡一樣氾濫擴散。深井礦場雖然對人體健康特別危險，露天「挖掘與清洗」礦場才是對環境的破壞最大。為了開發這種類型的礦場，奴隸被用來鑿開地皮，挖開整層六十公分到六公尺深度不等的土地，幾乎有兩層樓的深度。只用赤手和簡單粗糙的工具，將所有的植物、灌木和樹根硬生生從土地裡拔起，好挖到下面的沙子和碎石層。隨著表土消失了，植被不再能生長，沙土上只剩乾枯的樹木殘骸，露天礦坑的畫面彷彿戰場。

坑洞與孔穴胡亂散布，像是從地上噴發出來的，有些裡面還淤積著發臭的水。就像戰場一樣，到處都是垃圾。破損的工具、被砸碎的桶子、衣服、塑膠袋和瓶子、碎木頭，有時成堆，但更常是像爆炸後一樣散落。

爬進其中一個坑，我因為刺鼻惡臭而作嘔，那味道是種介於廁所和煉油廠之間的混合體。在一個房子一般又寬又深的坑洞底部，是一小池水灘，從傾斜的黃金滔洗桌涓流而來。這池水的顏色讓我停下腳步，小撮浮渣層之下是紫紅色，在邊緣逐漸變成暗淡的金屬藍色。我接近池灘的水面，直直往下看，發現連無所不在的蚊子也不敢在這水裡產卵。單單一聞，我就因為刺鼻的酸銅味而猛縮回來。

在廢棄地點的一個角落，也被森林包圍著的，是另一個坑，這個坑的地板寬而平坦。時間和天氣使地表經歷過風的吹拂，帶來一層柔軟而光滑的泥土和細沙。我小心翼翼地爬下，因為這是記錄動物、鳥類和昆蟲生活的理想場所。我用指尖測試表面，很明顯，任何在這裡爬行、走動或著陸的東西都會留下像墨漬一樣的清晰痕跡。但是在坑裡找遍四處，我卻什麼都沒找到，沒有鳥的足跡或動物蹤跡，沒有蛇的彎曲弧狀線，甚至沒有甲蟲的微小跳動印記。搜尋完大範圍後，我發現了三隻小鹿的蹄印穿過坑一個遠端，不是奔跑，而是小心地跨過約兩公尺的沙子，從森林的一側穿越到另一側。在茂密和肥沃的高地叢林中，這個坑是一個死區。

鑑於露天礦區沖洗使用的水銀和其他化學物質的毒性之猛烈，這種殘害所有生命、使大地歸於死寂的程度一點也不令人意外。傷害人體神經系統和器官的水銀也會以同樣的方式傷害所有的哺乳動物，和大多數其他種類的動物。水銀中毒的禽鳥會變得虛弱無力，無法行走或飛行，腎功能也將衰竭。水銀會在體內累積，逐漸增加濃度，例如在魚肉中殘留。這就是為什麼北美和歐洲的孕婦被警告不要食用獵食性魚類，例如鯊魚、箭魚或鯖魚，因為這些魚類體內累積了較高濃度的水銀。

吃魚的鳥也會攝入高劑量水銀，吃昆蟲的鳥也一樣。甚至蜘蛛也會從牠們所吃的昆蟲中積累水銀，並將大量的毒物繼續傳遞給任何吃牠們的鳥類。科學家稱這樣的過程為「生物放大作用」或「生物富集作用」（biomagnification），指物質沿著食物鏈向上累積，只進不出，濃度不斷增加。一位生態學家解釋說：「任何延長食物鏈的因素都會使水銀含量上升，而且每一層的生物放大倍數約為十倍。水銀是特別狡猾的物質。」[1]

你可以在水銀中毒的甲蟲身上看見奴隸制的危害，當然也可以從飛機的窗戶中看見。最後一次有人嘗試測量金礦開採在迦納造成的森林砍伐，是在一九九五年，那時估計是三萬英畝的森林被砍伐。而且在那之後，非法礦區急遽增加。[2]

最好的估計算法是在一九九〇至二〇一〇年期間，迦納喪失了其森林和林地棲息地的百分之三十三點七，約六百萬英畝。[3]這種迅速砍伐森林造成的後果非常嚴重，使該國損失了國內生產總值約百分之四，還增加了土地乾化成沙漠或草原的速度，新的熱帶大草原擴張到曾經的雨林地帶上。[4]這些影響甚至超出國界，《國家地理雜誌》在標題為「森林大屠殺」（Forest Holocaust）的標題下，[5]描述「西非國家對雨林的破壞，像是在奈及利亞、迦納和象牙海岸共和國所發生的狀況，如何可能導致了非洲內部長達二十年的乾旱，隨之而來的是苦難和飢荒。」或是英國熱帶農業學家羅伯特．曼恩（Robert D. Mann）也曾警告：「如果當前森林濫伐和不受控制的森林火災的趨勢沒有被遏制和扭轉，當地氣候將進一步瓦解，土壤肥力下降，糧食作物減產。」[6]

考慮到全球暖化的壓力，所有的森林砍伐當然都是不好的，但是這類型的森林流失卻是最糟糕的，大概只輸核子災難而已。要深刻認識這一點，可以將迦納的露天礦場和發生在亞馬遜雨林的事情拿來比較。在巴西，數百萬英畝的森林正在倒下，但是在砍伐樹木後，表土尚得殘存，土地有機會變成放牧用的草地。這是一件超級短視近利的事，而且坦白說簡直愚蠢，但是即使生物多樣性不幸銳減，生命仍舊繼續停留在該土地上。

然而，當「挖掘與清洗」的露天礦場開始，砍伐樹木只是四幕環境悲劇的序曲。第一幕是清除所有動植物，暴露出下層的沙質土或石頭。第二幕是挖鑿大坑和溝渠，尤其偏好尋找小溪和河流附近的土地。一些河岸被開挖到三十公尺的深度，又延伸六十公尺到周圍的森林中，這將把一條生機勃勃的河流，摧毀成一條不再有生命力的停滯死水潭。第三幕是毒害環境，水銀被流出和滲透將死亡帶向周圍森林中的走獸、飛鳥、爬蟲類、兩棲類、魚類和昆蟲。這場悲劇的第四幕是遺棄與放任。當一處含金量漸漸枯竭，奴隸主會將奴隸帶走，留下成堆的垃圾和礦渣在原地。開坑時被推到一旁的土壤，不會被填回土地的傷痕上。從天然河岸彎曲而下的小溪和河流被困在水潭中，或分流進一步侵蝕森林。如果土地能夠恢復（儘管通常不可能），至少需要數十年，甚至數世紀。

森林仍然是一個生機盎然的美麗境界，無論是生長在何處，即使壓在金礦正上方。沿著森林小徑走到礦場或敲擊場的路上時，我有時會停下來，震懾於花的蜜香，或穿透樹林冠層的光線，在小徑上淺綠色蕨類植物上翩翩起舞的景致。我的迦納同事早習慣了這種美景，會急忙停下來，看著我，問我還好嗎，是不是哪裡不舒服。

「我都好，沒事。」我會說，然後繼續前進，但是，確實有事情出了嚴重差錯，而我才正剛開始理解以這些導向黃金的錯誤的嚴重程度，以及這對政府、經濟和我們生活的影響。

合法的與非法的礦場

黃金以驚人的速度流出迦納。迦納在二〇一二年的黃金全球銷售額超過五十五億美元，二〇一三年達到六十億美元。[7]隨著二〇〇八年開始的全球經濟衰退，黃金的需求激增，金價被推高到超過百分之二百五十。據信迦納全國現在有近三分之一的土地已租給採礦公司，[8]到二〇一四年，合法產量預計每年將增長百分之六點五以上。[9]沒有人知道非法產量的增長速度有多快，還有對奴隸需求增加的速度，但是那些沒有合法許可證的小規模礦採對市場需求的反應要快得多，因此的確可能擴張得相當迅速。

結果就是，在像迦納這樣的國家，迅速變化的局勢矛盾得既超乎政府的掌控，卻也在政府的掌控之中。黃金出口給政府金庫帶來了巨額資金，[10]可是黃金開採的迅速發展卻大肆破壞了整個農村貧困人口的生活。同時，非法採礦和奴役就像塊海綿，吸收了其中一些流離失所的家庭。

無論這些移民是來自國家蕭條的北部，還是雖在南部，卻因失去家庭農場給了國際礦業公司而流離失所，迦納的非法採礦者最保守估計是二十萬，如果包括他們的家屬，則最多為一百萬。人數很多，而且很容易被看見。採礦城鎮和一些大型的非法礦山並不隱密，即使是較小的、使用奴隸的礦場，只要花一點時間精力，也不難找到。非法採礦活動、奴役他人以及隨之而來的環境破壞，膽敢如此放肆地持續存在，還是因為迦納有錢有權的人或許也考慮終結這些罪行，卻寧願現在先不要。

當然啦，迦納政府有責任保護公民免於被奴役，保護自然環境不受破壞，但它也有責任履行與礦業公司簽訂的合約，確保出口黃金的收入流入國庫（以及某些政治人物的口袋）。如同許多國家，迦納政府是黃金主要的買家和賣家。根據法律規定，所有來自小型礦場（即二十五英畝以下營業權）的黃金，都必須出售給政府的貴重礦物銷售公司（Precious Minerals Marketing Company，簡稱PMMC）。為了購買黃金，PMMC在全國各地授權了七百五十位黃金買家網絡。這家政府公司的目的是為基層礦工帶來公平的價格，進而切斷那些付基層礦工較低價、又逃稅運黃金出國的走私販子。一九八九年建立PMMC時，據信當時每年有八萬盎司的黃金是被走私販子買走，讓政府損失了數百萬的稅收。在政府擔保作為買家的情況下，礦工獲得了更好的賣價，走私販子不再有生存空間，可是，這計畫有個致命缺陷。

為了確保網羅所有的黃金，政府收購帶到PMMC辦公室的黃金，就像我去拜訪過的那個有著大疊現金的辦公室一樣，而且不問任何問題就收購。政府希望從所有黃金中拿到自己的那一份稅收，無論這黃金是合法開採、非法還是根本偷來的。實行「不質疑、不詢問」的政策意味著政府可以幫助小型礦工獲得良好的價格，並且充當任何不義之財、來源不明黃金的「圍欄」。這意味著使用奴隸並破壞環境的非法礦場主，不需擔心他們的黃金該賣給誰。走私問題被解決了，另外兩個問題卻嚴重惡化。政府立場上的矛盾顯而易見，而且如果獲得許可的黃金買家，像多爪章魚一樣，同時也資助和控制使用奴隸的非法礦場，那將變得特別醜陋（也特別暴利）。像水銀一樣，腐敗與黃金密不可分。

當然，黃金的大宗產量不是來自小型礦場，而來自那些和政府簽有合約的國際公司的大規模生產，這些公司不需將黃金拿給當地的PMMC買家。這是關乎數十億美元的事，所以這些公司一方面努力保護自己的土地免遭偷獵，也期望政府使用武力保護自己的礦場和設備。對於大公司而言，非法礦山很討人厭，這些公司抱怨，他們必須忍受非法採礦者造成的事故，還得承擔更換被破壞或偷竊的設備費用。二〇〇八年，迦納金礦公司（Gold Fields Ghana）的董事總經理約翰．博塔（Johan Botha）警告說，一個新的大型礦山已準備就緒。「但是只要非法者還在那地點，我們就不會開始運作，因為他們會一直跟蹤我們。」

根據礦業公司的說法，非法採礦者威脅更破壞了礦場的正常營運：「非法採礦者會恐嚇礦場員工，或在某些情況下，直接攻擊他們，使他們無法進入礦坑。」安格魯阿散蒂黃金公司（AngloGold Ashanti）的副總裁克里斯蒂安．盧海姆布（Christian Luhembwe）解釋說。[11]

的確，非法採礦者會去偷大公司及他們的特許經營場所，狡猾地重新打開舊礦區，或建立新的小徑，切入得以偷走熱騰騰新開採出的礦石的位置。也有其他致命的盜竊類型，像是非法採礦者躲在附近，然後趁爆破震下大量礦石時，衝入露天礦。一位非法礦工告訴我，訣竅是在不會被炸傷的情況下，盡可能接近爆炸點，然後趁塵雲掩蓋時，衝入爆炸現場，裝最多的礦石，然後逃跑。這些絕望的男人正在和炸藥玩俄羅斯輪盤。他們離爆炸越近，被抓住的可能性就越小，但爆炸中死亡或受傷的可能性就越大。

我參觀了一個在十九和二十世紀曾經合法，但現在非法的礦場。之前被關閉後，礦坑被注滿了水，但礦場仍然屬於大公司的財產。不過，現在有人溜進來，安裝了可攜帶式汽油動力抽水機，逐級將礦坑排水，並帶來了一票工人。礦工們告訴我，地下有數個巨大的水池，在黑暗的礦場中，很容易掉入水裡而淹死。因為隨機的抽水方式，有時鑿子會不小心穿鑿過從兩個舊豎井之間，導致洪水由尚未被排水的舊豎井爆發噴出。

工人們害怕萬一水牆突然注入礦場豎井，會因此困住而致死。同時，他們向我展示了一條老舊的出入口隧道，該隧道已被鐵條粗糙地封上。因為儘管隧道可能在需要時可以作為逃生路線，但盜賊曾在夜間使用了這個出入口，非法的「老闆」於是將其封閉。為了黃金，盜賊也從其他盜賊們那裡互相偷東西。不論是大型合法公司還是小型非法經營者，任何開採「金錢石」，也就是石英岩礦石的人都知道，總是有人在等待機會將礦石搶走。

雖然礦場致命般危險，但非法礦工，尤其是被困在奴役中的礦工，往往更擔心警察。在一個又一個礦場中，人們告訴我，警察和黃金公司的保全來突襲時會打人和逮捕人，並摧毀或帶走任何有價值的東西，幫浦、發電機、住處、床、炊具、食物和工具。武裝人員、警察或私人保全會把所有東西聚在一起，然後拖走或當場銷毀。礦工們會試著趕快逃離現場並躲藏在森林中，但是許多礦工，尤其是突襲發生時在井下工作的礦工，無法及時離開，便遭到棍棒毆打、或被關入獄或兩者伺候。

礦工告訴我，他們害怕保全和警察的原因不盡相同。他們說，保全更加殘酷，他們突襲礦場時打傷人和造成的破壞也較大。我曾多次聽說同一個故事，但尚未能證實，是有關於礦業公司的保全用推土機封住礦坑，困住並殺死裡面的礦工。迦納人權委員會二〇〇八年末的一份報告則稱，[12]在一場突擊中，礦業公司保全人員縱火焚燒汽車輪胎，又放置在隧道入口，使裡面的人窒息，而且突襲時常常會使用攻擊犬。

另一方面，警察雖然沒有那麼殘酷，但卻造成了另一種更長期的痛苦。警察突襲礦場時，一樣會打人，沒收和毀滅東西，但只要是被抓到的礦工都會被逮捕帶走。即使是被奴役的人也將被逮捕並被指控非法採礦。他們無力負擔律師的費用，因此很快會被起訴和判刑，並將在接下來的兩到三年內服刑。幾位被奴役和被逮捕的礦工告訴我，監獄中充滿暴力和疾病，比礦場還要糟。

至於奴隸主，當然啦，從來不會被逮捕，而且只需一週左右的時間，礦場又會重新啟動繼續工作。

事實是，沒有人真心希望關閉這些礦場。是的，礦業公司希望擺脫擾人的礦賊，但他們不想看到所有小型礦工都走了。無論說得多好聽，大型礦業公司其實經常跟隨非法採礦者，默許他們在自己的土地上尋找生產力高的新礦坑，然後再把非法者趕走，並接管新礦坑。政府想要黃金，就如同地方政府和生意人也一樣依賴非法經營所賺取的現金。在每一個機會上，大家都睜隻眼閉隻眼，只要不中斷黃金的流動，當前的狀況對所有人都有利可圖，除了奴工和自然界。可是，誰會為他們發聲呢？

勞動檢查員

政府的勞動檢查員應該為奴工大聲疾呼，卻從上級那裡得到明確的訊息：「不要興風作浪、製造事端。」我在一個鎮上遇到的勞動檢查員[13]已經在黃金地區很長一段時間了，有二十多年的工作經驗，他對礦場的運作有相當透徹的了解。即便如此，他還是在外國人面前試圖否認奴役的問題，卻不是太成功。他首先向我解釋：

這不是強迫勞動，但如果他們去非法礦山工作，他們會借錢，然後被威脅得還款。當工人意識到自己拿不到薪水時，他們被告知要再等等並繼續工作，然後他們仍不會得到薪水。如果他們試圖離開，幫派頭目會把他們拖回去，繼續讓他們勞動，不讓他們離開礦區。如果他們逃走，他們將失去一切，小孩也被迫從事這種債務勞動。

這段描述已經非常清楚是債務奴役，但是像勞動檢查員這樣的官員被要求不准使用「奴役」一詞。不僅是政府在掩飾，曾經遭受跨大西洋奴隸貿易的非洲國家，這個詞承擔的歷史感既沉重且敏感。「奴役」是歐洲人對他們所做出的最大罪行，才不是什麼他們今天讓自己公民遭受的苦難。此外，特別是在迦納，稱他人為奴隸是個碰不得的禁忌，甚至暗示某人是奴隸的後裔都是禁忌。迦納的每個人都知道，奴役既屬於早期的土著活動，也是歐洲人所剝削利用的東西。他們其實還知道左鄰右社中的誰確實是奴隸的後代，因為從一個人的姓氏就可以輕易辨認。但聊這件事就是禁忌。[14]

儘管用奴役的字眼令這位勞動檢查員顯得緊張不安，但他告訴我，他看過許多法院訴訟案件，強迫負債的工人回到其「債權人」，但他卻從未見過或聽過有人指控債權人進行奴役的案件。這位勞動檢查員很誠實，並且知道他應該如何處理奴役問題，但是他自己的上司卻阻止他。

我告訴礦山經營者付薪水給工人，並明確指出違背工人意願而強留他們工作是違法的行為，但可惜警察並不挺我。而且大部分時間我不太能夠抵達這些礦區。因為他們遠在偏鄉地區，而我卻不被允許使用政府公家車輛訪視那些地方。

這位誠實的勞動檢查員，即便是世上最在乎的人，在不准使用車輛，又沒有警察當後盾支持他之下，孤掌難鳴，在對抗規模如此大，又如此有利可圖的犯罪活動，實難取得太多進展。

真正的改變將必須來自中央政府。小型非法礦場可以被調整為合法，並伴隨稽查，礦場並開放給需要找工作的人，但這將改變法律並調整與大公司的現有合約。如果通過這樣的法律，勢必也將投入巨額的執法工作。可是既然黃金流動已經如此通暢，為什麼還要找麻煩呢？迦納人權委員會的理查德．奎森（Richard Quayson）這樣說[15]：「黃金是迦納經濟的核心，這是一個非常脆弱棘手的討論主題。」

五美元就可以帶來改變

如果你的結婚戒指像你的愛一樣純淨無暇就好了。似乎在黃金供應鏈中擁有權力的每個人，從政府、礦業公司、地方當局，到大或小的非法經營者以及奴隸主，都能在現有的生意模式中分一杯羹。渴望改變的只有飢餓而流離失所的農民、年輕的經濟移民和被奴役的礦工們。他們並不完全孤獨，也有一些當地小團體在極小的金援下，為受壓迫者而奮鬥，並試圖保護環境，常常得面對官方反對勢力。但是這幅互動生態系中缺少一個角色：消費者。

黃金的供應鏈遠遠超過迦納國界之外，通過國際市場進入北美、歐洲和其他富裕國家的商店和家中。供應鏈中具有改變的力量，但這股力量尚未被好好發掘和組織起來，亦即每個黃金消費者的力量。

黃金對政府、投資者和罪犯而言意味著大筆現金，但對我們大多數人而言，黃金具有特殊的情感意義。黃金也許可以通電，但其最迷人的魅力卻是象徵性的。我們賦予黃金意義，讓黃金飾品具有豐富的情感意義。對於千百萬人來說，金戒指象徵著純潔的愛與永恆的承諾。

很難知道我們賦予在一只小小金戒指上的動人象徵，是將奴役問題從礦場中終結並保護自然界的關鍵，還是實現這些目標的最大障礙。當你的金戒指承載著象徵你的愛和婚姻的山盟海誓時，對你來說，沒有奴隸、沒有身受危險的童工、沒有導致河流和湖泊中毒的水銀曾經玷汙這戒指，應該十分重要。但是，對於許多人來說，這些事實簡直太醜陋而很難以想像。

當然，有些人希望黃金成為財富的象徵，而不是愛情。他們將黃金用作功成名就的炫耀展示，不真正在乎黃金的來源。金光閃閃的項鍊、粗大的金錶、純金的音樂播放器和鍍金的車輪都只是在說：「這就是我的全部，既然我擁有這些價值不菲的寶貝，我一定也是一個咖。」這是一種金玉其外的可憐又可悲的自我定位，但這種心態、作風是如此普遍，似乎不可避免，像是一種人類天生的缺陷。人們可以學習以新角度看到黃金嗎？人類的全部歷史似乎都在喊「不！」，人類的生存充滿著對黃金的渴望所造成的殺戮與破壞。但是歷史也向我們表明，改變是可能的。記住，在大多數人類歷史上，奴隸也是重要的炫富方法。他們的勞力、性用途，甚至是儀式性的謀殺，都可能大大提高一個人的地位。當時，一個人的力量和重要性直接取決於他或她控制了多少個奴隸。今天，很難找到一個理智清晰的人以控制或畜養奴隸來提升社會地位；光是這個想法就令人作嘔，更不用說它根本違法。如果改變是可能發生的，我們和黃金之間的關係就能做一點微幅的、必要的調整嗎？

說到底，我們不必放棄黃金。我們只需要放棄使用奴工和環境破壞，因為這些因素會讓本來光彩奪目的黃金失去顏色。為此，我們可以注意黃金的開採方式，拒絕購買會傷害人或環境的黃金。想當然耳，有些人會希望避免進行稽查，並將奴隸黃金偷偷挾帶入合法市場中，但是非法犯罪的存在並不代表我們就會投降，讓他們得逞。追蹤黃金是一項挑戰，但黃金比大多數商品更容易監控。黃金被蘊藏在固定位置，不像躲躲藏藏的罌粟花一樣可以被重新種植在其他地點。並且由於許多大型金礦場都被稽查過，因此稽查的改革工作可以集中在發生最多問題的小型非法礦場。

當我們開始認為，我們必須關懷我們購買與穿戴的黃金來自於什麼樣的自然環境與工作環境時，改革工作於焉展開。這個決定將有許多細節得討論，但是每個人都同意基本原則，不可以有奴工，不可以有童工，不可以有環境破壞。然後供應鏈中的每個角色，尤其是消費者，將需要達成協議，決定誰該稽查礦場並認證黃金是乾淨的。一旦做出了這些關鍵決定，就需要尋找礦場，對其進行稽查，與營運商合作整頓其運作（或查緝犯罪組織）並證明黃金的產出。在此過程中自然有很多事情可能出錯，但一旦通過了要求「乾淨」黃金的法律，市場將推動擴張經認證的黃金供應。[16]這需要一些耐心，改革業界環境、將非法礦山轉變為合法經營、釋放被奴役的礦工並幫助他們開始新的生活，以及確保已經開採的黃金以不損害窮國經濟的方式被系統處理，這些都需要時間。但成果將是我們可以感到良心無愧的黃金。

那麼誰來支付這一切呢？答案很簡單：每一個人。礦業營運商、大小公司、政府、批發商、零售商以及作為消費者的我們。整個產品鏈上的利潤餅如此之大，以至於可以在不中斷黃金流，也不把任何人擠出生意的情況下，扣除極少的利潤。在美國，訂婚夫妻平均花費兩千美元在結婚戒指價上，而且每年有超過兩百萬次訂婚和婚禮。如果我們加上區區五美元，來確保結婚戒指不受奴役問題和環境破壞玷汙，那麼每年就有一千萬美金的錢可以用來支付認證費用。

結婚戒指只是黃金銷售的一小部分。[17]光在美國，二〇一三年珠寶銷售就達到七百九十億美元，而美國的黃金消費仍遠遠落後於印度和中國。在供應鏈的價格上增加百分之一，對生產者和消費者都不痛不癢，但對於解放奴工和保護雨林有極大幫助。

對於迦納這樣的國家而言，輸出道德無暇的乾淨黃金還將在三個方面對國家經濟有利：首先，其商品可以打入以關注道德議題的消費者為主的高端市場；其次，它將有效控制其獲利最豐的出口；最後，它能更好地保護國家內部最脆弱的一群人和自然資源。在大多數情況下，這僅僅意味著要好好加強執行現有的法律。其中一項法律規定，政府可以要求採礦公司放棄土地，交給小型採礦者，從而使礦場合法。由於大多數非法礦山都是在大採礦公司不感興趣的地方運作，因此其結果不必然會對採礦公司造成損失。實際上，協議可以要求大公司提供環境教育和技術援助，以換取它抽取部分的黃金。對於其他小型採礦者，尤其是逃離奴役暴力的採礦者，旨在支持發展其他替代生計的現有政府計畫是好的，只要確保新的工作或技能得以獲得當地社區的大量資源投入。若能為此類計畫增加獲得合法、利率合理的微型信貸的機會，貧窮和曾被奴役的礦工將走向新生活。[18]

除了針對礦工們的需要來給予幫助，還需要給予所有公民都應享有的基本保護。再一次，要達到這個目標不需要新的作法，只需要擴展現有的工作和法律。這需要加強兩個關鍵領域：執法和勞動稽查。重點是要記住，這並不是迦納獨有，在進行某些類型的農業勞動稽查時，迦納政府遠遠領先於美國。但是，在這兩個國家中，警察都沒有接受過查緝奴隸的訓練，高層官員也沒有致力於推動他們的國家掃除奴役問題。但是，迦納擁有受過良好教育的勞動力，只要有政治意願和資源，培訓勞工稽查員和警察以偵察、對抗、逮捕和起訴奴隸主就不成問題。

該政策之貫徹既可以基於奴役他人是道德上錯誤的，也可以基於消除奴役問題會是強化經濟發展的投資這兩種不同的理由。自由的工人生產更多、花費也更多，他們將自己的子女帶離勞動力大軍，並讓孩子上學，而且他們更有可能納稅給政府。而且，由於迦納已經開展了能量充沛的反奴隸運動，已經在可可豆業、魚業、家戶幫傭奴役和其他領域中展開反擊，因此我們可以參考在這些領域的經驗，知道如何幫助人們在礦業取得永續性的自由。

亞伯拉欣的祈禱

如果齊心協力，公司、消費者和政府一起加緊採取正確的行動，在迦納終結黃金產業的奴役問題的成功率非常高。但是，如果我們站在現年二十三歲的奴隸亞伯拉欣身邊，自由似乎遙不可及，未來黯淡無光。在迦納進行研究的最後一個夜晚，我和亞伯拉欣一起坐到很晚，他勇敢地向我敞開心胸。我之所以說「勇敢」，有兩個原因，因為與我交談很危險，也因為許多奴工覺得羞恥痛苦。像性侵害受害者一樣，他們經常因所遭受的虐待而自責。最可恥的是，奴隸主經常譴責他們，將債務和奴役說成是因為奴隸的懶惰、軟弱、愚蠢、不誠實和自卑。這是洗腦，而為了逃脫精神上的痛苦，奴工往往寧可躲進腦海中的一片虛無，乾脆不去思考，拒絕面對奴役騙局的真相。直視在奴役中的自己，就像是看進一個絕望的深井。談論這被盜走的生命，可能會帶來極大痛苦，但是亞伯拉欣即使有時說話時邊發抖，仍然面對恐懼，並告訴我他的故事。

「我曾在多個礦山工作，並在警察和保全的多次突襲中活了下來，」亞伯拉欣告訴我，「突襲開始時，通常會有守望者開出警告槍響，然後每個人都拔腿逃命。我們知道，任何被抓的人都會遭到一陣毒打。你要做的只是那天晚上在森林裡睡一晚，然後第二天潛回礦場。每次都一樣，一切都被橫掃一空，沒有被帶入森林的一切都會被搶走。但是幫派頭目有守衛，所以還是必須回去工作、清理環境，使礦場得以重新開始生產。」

「有一次，我十七歲，警察包圍礦場，當我衝進森林時被抓住。他們毆打我，並以非法採礦的罪名逮捕了我。在監獄過了一夜後，我被帶到法官面前。我不明白發生了什麼事；一切都進行得好快。然後我聽到了這句判刑：監禁兩年。就這樣，我被帶到庫馬西鎮（Kumasi）並被關起來。監獄裡人滿為患，真的很擁擠，這很危險。那裡發生過一些可怕壞事。我們一天只得到一頓飯。在裡面，我發現很多囚犯都是像我這樣的少年，我想著幫派頭目和債權人就從來沒有被捕過，從未被罰款過。」亞伯拉欣獲釋後，他做了他唯一會做的事情：再度回到礦山，重新與叔叔一起扛債務。

對於亞伯拉欣來說，談論監獄和礦場的生活顯然很困難。我懷疑有些事情，尤其是他可能在監獄中遭受的痛苦，使他無法暢所欲言地談論自己。為了了解他遭受的傷害，我輕輕地問了亞伯拉欣一些問題，目的是為了了解他的創傷程度。痛苦的記憶片段是否不斷浮現腦海？是否一直縈繞於心？「哦，是的，」他說，「就像上週二，那是一個緩慢而安靜的一天，有一段時間我開始打瞌睡。結果，所有的場景突然湧入了我的腦海，它們是如此真實，讓我好害怕。這對我來說很常發生。」

「有時，我也會在晚上驚醒，恐懼到顫抖和流汗。」這些，還有其他我提到的創傷後壓力症候群的症狀，亞伯拉欣都承認有發生，包含持續性的過度警戒、無法專心、情緒麻痺以及深層的、難以消除的悲傷。他告訴我：「大約兩年半前，一次突襲摧毀了我的所有東西，我覺得那就是結局了，我失去了一切對我生活的控制。我所剩無幾的東西也不見了，債務卻仍然存在。我知道在礦場我不會有未來、不會有安全、不會有接受醫療的機會，總有一天我會生病死去。」

除非黃金的生產過程出現徹底的改革，否則亞伯拉欣的預測將成真。他已經患有矽肺病所帶來的慢性咳嗽，並且出現過幾次肺炎。瘧疾的螺旋體在他的血液中游動，當他虛弱時，就會開始發冷和發燒。他睡覺地點是地板上的一塊紙板，沒有蚊帳，當然也沒有使用抗瘧疾藥的機會，因此他既是傳播宿主，也總是不斷感染新的瘧疾。再一塊落石就可能使他殘障，而缺乏食物和睡眠意味著他在工作中迷迷糊糊、笨手笨腳，工傷事故遲早會發生。

亞伯拉欣解釋說：「這項工作很危險，但是有錢的人、賺錢的人迫使我們做現在做的工作。如果債務消失，我會遠走高飛，永遠離開這裡。我想學習新技能並做其他工作。」我問他對合法採礦租約有什麼看法？如果亞伯拉欣和與他一起工作的礦工可以去合法採礦場呢？「是的，那會有所幫助。當你是非法時，所有的累積都可能在一次突襲中化為烏有，所有財產和你挖出的所有礦石都將被盜。在債務利息和破壞一切的突襲之間，你永遠無法獲得自由。」

如果有什麼可以減輕他的痛楚，那就是亞伯拉欣相信真主正注視著自己。他告訴我：「真主計畫了每個人的生命，並且知道什麼對他們是好的。真主知道祂的創造正在受苦受難，有一天真主會祝福他。」我問亞伯拉欣，他是否曾經對真主生氣。他說：「不，把壞事歸咎於真主是錯誤的，而且無論如何，許多與真主更親近的人曾經歷更艱辛的苦難。如果真主不眷顧你，就不會讓你見到明天，所以當你起床醒來，堅強並且能夠工作，就是真主眷顧。」亞伯拉欣告訴我，只要有機會，他便去清真寺祈禱，祈求更好的生活，但是清真寺裡沒有人談論奴役。亞伯拉欣說：「伊瑪目（Imam，伊斯蘭信仰中的宗教導師）只是提醒我們要小心，尤其是在有突襲時。」

當我們快結束對話時，亞伯拉欣向我承認，他自認最糟糕的失敗是什麼。幾年前，他的弟弟從北方下來尋找工作。他的弟弟也相信許多年輕移民所相信的，覺得開採金礦將幫助他翻身。亞伯拉欣花了數週的時間、費盡唇舌告訴他的兄弟這裡的真實狀況，勸他不要來挖礦。但他既說服不了弟弟，卻又不願讓他走上負債之路。亞伯拉欣不惜增加了自己的債務，自掏腰包為弟弟購買工具，使他可以獨立經營。這個經歷使他感到很無奈，並決心阻止任何人來礦場工作。他說：「我再也不會允許任何親戚或家人踏上這條路。」

亞伯拉欣面對他生命中的悲劇，要說出這些非常不容易。同時他也緊張地強調自己說的是實話，他告訴我：「我向你保證我的故事是真實的，而且我認識其他人，他們的情況甚至更糟。」談論他的經歷使他充滿了五味雜陳的感覺。「你聽我說話，讓我感覺很好，這是第一次有人讓我談論我的痛苦。」他對我說，「我很高興我的聲音能被聽到，並被理解，但這也讓我為發生在我身上的一切感到難過，而且我不知道如何擺脫這困境。從我們所聊的內容裡，我知道我就是個奴隸。」

然後亞伯拉欣淚流滿面地說道，他想問我一些事情。「我想被人記住，」他說，「當我的故事被寫出來，並準備出書時，你會寄給我一本嗎？我想向他人展示，向他們證明我並非完全沒用。我想證明美好的事可以從我的生命中誕生。」

第八章——當森林倒下

「我怕嗎？我怕啊。身為人，我會感到恐懼。」

——胡賽．克勞迪奥．達西瓦

看來巴西在一九五六年決定建造新首都時，似乎是讓一群十二歲的男孩來設計這座城市。巴西利亞的街道彎成像牛角，周圍是狹窄的湖泊，加上中央的球形大道，構成一張牛臉。這還不是一張簡單的臉呢，像科幻小說的封面一樣，長長的帶狀留白空間，吸引著人們目光聚焦在奇形怪狀的城市建築。有的建築看起來像太空飛船、有的像大碗公，或像成圈的燒烤肋骨、或像鴨蛋、或像長桿上的一雙眼皮。所有建築都設計成純白色，還帶著尖角狀或球根狀，以長長的流暢螺旋形人行道相連，就是那種可以讓機器人沿路嗶嗶叫，和閃燈行走的人行道設計。當地人竟然沒有穿著未來派的V型領口緊身無領衣，還真令人意外呢。

青少年的風格也在城市規劃上顯耀出來，與其採用「市場」或「社區」的傳統概念，設計師們將建築物按照功能來分群放置。旅館被放在旅館區；公寓被放在住宅公寓區；餐廳被放在餐廳區，如此類比。幸好他們將廁所分散在各處，而不是集中在一個特殊的排泄區。在一九六〇年代，開上裝尾翼的車子，穿越寬敞空蕩的馬路，一路拉車從政府部門區開到娛樂區玩上一晚，一定很痛快。不過，這當然是在人口爆炸和每個人都擁有汽車之前的美夢。現在，日復一日，光是試圖經過市區去乾洗店拿衣服，或叫一些中式外賣，每個人就都卡在車陣中，讓城市動彈不得，因為沒人真正住在任何一個具備完整機能的地區。因為少數的幾輛公車，也逃不了和所有人一樣陷進城市大塞車的命運，所以城市幾乎也不經營大眾運輸工具了。我想不通這城市怎麼還沒有建立單軌鐵路，但現在開始還為時不晚。單軌鐵路至少可以連接各個政府大樓，從而取代現在需要的計程車。這些計程車常溜進地下停車場，在六線道的大馬路上表演大迴轉，然後在最後慌忙尋找建築物入口。誰會知道鴨蛋建築的大門通常在哪裡呢？

住在巴西利亞的人們早就了解，若對自己的城市和其種種特殊風格太在意，只會令人頭痛不已，所以他們乾脆不去想。當我從旅館區漫步經過一系列「二十五世紀的巴克・羅傑斯」（Buck Rogers）的科幻風格和包浩斯風格的建築物，再抵達一個大型現代主義建築中舉行的慶祝會議時，這是我嘗試複製的一種超脫方法。（對不起啊，我盡力了。在這座城市中行動時，我總難以分辨自己到底在哪或在哪棟建築物中，不過在一棟看起來像飛碟的建築物時，我以為我幾乎要被外星人綁架了。）

魯拉推動遲來的改革

我在首都的工作是幫助慶祝巴西人獨有的、一項國家根除奴役計畫的七週年慶祝。為了研究和撰寫這本書，我去到的所有地方，都面對相同的問題：腐敗、暴力、壓榨，和看似無可救藥的環境破壞。在非洲和亞洲，生態滅絕和奴役相輔相成，蹂躪自然和人命。巴西卻有不同的故事。

儘管有所不同，巴西卻仍然是一個遭受嚴重環境威脅、生態持續遭受破壞的國家。在許多方面，巴西是對抗全球暖化的重要國家。這裡有世界上最大的森林，也就是亞馬遜河流域，被認為是蘊藏生物多樣性的重要中心，也是「地球之肺」。這也是一個有著漫長奴役歷史的國家。在十八和十九世紀的跨大西洋貿易中，巴西從非洲接收了大量奴隸。被運往巴西的奴隸數量是送往北美的十倍之多。

從殖民時期開始直到一八八〇年代，大約有一千萬人從非洲被運送到巴西奴役。然而，由於在糖廠種植園工作的奴隸死亡率極高，巴西當時境內的奴隸人口數只維持在約為兩百萬，從來沒有超過美國奴隸人口數的一半。終結合法奴隸制還花費了更長的時間。在一八八八年五月終於達成全面解放時，巴西是西半球最後一個廢除合法奴隸制的國家。與其他許多國家一樣，將奴役訂為非法，並沒有使奴役消失，只是以不同的名稱繼續存在。到二十世紀中葉，巴西許多重要出口產業都倚賴奴役為基礎，但也因此引起了商人不樂見的社會關注，政府也採取了行動，著手處理那些對奴役視而不見的旁觀者，和奴役問題的本質。

巴西在聯合國裡撻伐奴役，在歐洲媒體上譴責奴役，又向美國政府保證他們會努力處理奴役問題，卻其實直到二〇〇二年以前都在國內推諉塞責。對於一個從一九六四至一九八五年處於軍事獨裁統治之下的國家來說，這不足為奇。但是，即使在恢復民主之後，巴西勞動就業部的一個名為「查禁強迫勞動的執行小組」也只有四個規模不大、又資源貧乏的小隊。很簡單嘛，如果整個社區都充滿蟑螂，四小罐殺蟲劑不可能起什麼作用。在一個像巴西那樣大小的國家中，只有四個小分隊，面對成千上萬受壓迫的血汗奴工，這力道遠遠不夠。

我的一個親身經歷可以凸顯問題的嚴重性：在一九九〇年代後期，我去到巴西西部一個小鎮裡，在一個沒有裝潢、四壁蕭條的奇怪辦公室裡，見了一位政府的勞動檢查員。他知道哪裡有奴隸在受苦，並準備採取正式的官方行動。但是，當他的地方老闆意識到他對這份工作是來真的時候，他的電話被拿走了，辦公室家具也從他的辦公室裡被移走了，他的公務員配車被「召回」。那些使用奴工的木炭營地位於森林深處，數公里之遙。而且每當他設法搭便車駛入林間深處時，似乎總有人向奴隸主打小報告，工人總會消失不見。政府無意認真處理奴隸問題，靠著強迫勞動致富的有錢地主的影響力太大，而奴工們則被視為草芥、棄如敝屣。在官方漠不關心的情況下，奴役問題像致命的蘑菇一樣，在凡是可以從人類血汗中牟利的地方冒頭生長出來。農業工作、土地清理、採礦業、木炭生產、賣淫和小型工廠中，男人、女人和小孩被剝奪了自由意志，有時甚至在奴隸主手中失去了他們的生命。

不過，這一切都在二〇〇二年十月，路易斯・伊納西奧・魯拉・達席爾瓦（Luis Inácio Lula da Silva）當選總統後，開始有了改變。綽號「魯拉」，這位新總統具有投身勞工運動的背景，這使他有能力對奴役問題採取真正的行動。他也是一個了解貧窮的人，出身貧窮之家，父親在他兩個星期大的時候就拋棄了全家。魯拉讀到四年級就離開學校，掙錢來幫助他貧困的家庭。十四歲時，他去了一家銅冶煉廠上班，在十九歲時的一次工廠事故中失去了一根手指，然後在工會政治生涯中扶搖直上。魯拉總統明確表示，他相信巴西的奴隸制歷史仍在阻礙巴西的發展。

他在二〇〇六年十月說：「這個奴役系統將財富塞進了有權有勢的精英的荷包，卻挖掘了一個社會深淵，讓全國人民深陷在其中。」[1]二〇〇三年，就職四個月後，魯拉就成立了「終結奴工全國委員會」（National Commission for the Eradication of Slave Labor）作為政府架構的永久組成部分，責成該委員會重寫和擴大由上屆政府擱置的《消除奴役國家計畫》（National Plan for the Eradication of Slavery）。也許是廢奴歷史上第一次，政府以正確的方式前進，確保在採取行動之前一切都準備就緒，而不是匆忙在準備不周時就急於解放，那往往帶來災難性的後果。[2]委員會將相關政府部會、警察和執法單位召集在一起，以及直到那時為止扛起大部分工作的反奴隸和人權組織。這是解決問題的正確團隊。

國家計畫中涵納了一些很好的想法。強化打擊奴役的法律，也增加相關刑罰。其中最有力的一項新建議也非常激進：無償沒收奴隸主的土地。如果這項建議獲得批准，土地沒收會是一項強硬措施。也有人建議將被沒收的土地，分配給重獲自由的奴隸和貧窮的無地農民。這將有助於防止人們再次被奴役，尤其重複被奴役在巴西是一個嚴重的問題。根據巴西勞工稽查局的數據，重獲自由的奴工裡，高達百分之四十的人被重新奴役和釋放了不止一次。魯拉了解，巴西的農村陷入了「貧困、經濟危機和奴役」的惡性循環；提供土地和更好的就業機會，將防止工人淪為奴隸。

奴隸主的反擊

到二〇一四年，沒收奴隸主土地的計畫仍備受爭議，儘管該計畫已於二〇一二年五月經眾議院通過，卻遲遲仍未頒布。一方面，這政策完全合理。包括美國在內的許多國家，都允許沒收罪犯的財產。美國最早的打擊奴隸販賣的法律是在南北戰爭之前制訂的，命令沒收販奴船和其他財產。但是在巴西，很多事情取決於土地，誰擁有土地，誰就控制土地和土地使用決定權。隨著時間流逝，歷史上的奴隸制、和由奴役他人來經營咖啡和糖料種植園的所創造的巨大財富，建立了一個由地主們組成的精英階級，通常被稱為「土地寡頭」（landed oligarchy）。這些地主的後代，仍然擁有巨大權力，控制著全國。這群人，就是巴西上演奴役問題和環境破壞的罪魁禍首。

為了讓奴隸主曝光於公眾，國家計畫還建立了一個份「骯髒名單」（dirty list），列出使用奴工的人或公司。名單已經發表在報紙和特殊網站上，名單上的任何人都無法獲得任何形式的政府資金、補助款或信貸。由於開啟和開發新土地的絕大過程都依賴政府許可、稅收抵免或其他支持，因此，奴役他人的公司和個人便被趕出土地開發。這很重要，因為在巴西，「土地開發」通常是破壞性森林砍伐的委婉說法。透過把奴隸主趕出土地開發，政府還保護了土地免為受到奴隸主慣常的大肆破壞。

短期內，最重要的是擴大「特種機動稽查小組」（Special Mobile Inspection Groups），這是在前政府時期，缺資金又缺設備反奴隸小隊。這些團隊的數量增加了，有了不錯的四輪驅動卡車，而且最重要的是，加入新的「流動法院」。流動法院包括一名法官，他隨反奴隸小隊一起行動，並有權立即處以罰款、凍結銀行帳號，並扣押資產，從而更容易迫使農場主人在奴工被營救後數小時內，向工人支付「欠薪」。有了這些錢，重獲自由的奴工便有辦法找到自己的家人。

《消除奴役國家計畫》取得了立竿見影的成果。二〇〇三年，重獲自由的奴隸人數翻了一倍多，達到四千八百七十九，人們開始認為政府或許真的可以達到二〇〇六年消除奴隸制的目標。令人痛心的是，重獲自由的奴工數量在二〇〇四年下降到兩千七百四十五，因為隨著奴隸主開始知道如何更隱密地隱藏他們的奴隸。[3]奴隸主也開始反擊政府的宣導活動，而且在二〇〇三年底，針對反奴隸工作者的暴力和恐嚇急遽增加，尤其是在偏遠的帕拉州（Pará）和托坎丁斯州（Tocantins）。托坎丁斯州的反奴隸工作者面對屢次的死亡威脅，被迫逃離。國家官員也成為目標，二〇〇三年十月，一位勞工法官和一位檢察官在屢次受到死亡威脅後，不得不離開城鎮。三個月後，那位法官的代理人被殺。二〇〇四年一月二十八日，勞工部的三名官員及其司機，在調查米納斯吉拉斯州（Minas Gerais）農場奴役申訴時被謀殺。

不幸的是，反奴隸工作一旦成功，就會引起奴隸主的暴力回擊。隨著成功營救的數量增加，更多的奴隸解放者因此殉道。二〇〇五年二月，在帕拉州邊界工作了多年的美國修女桃樂西·史唐（Dorothy Stang）在走路要去參加社區會議時被槍殺。「小桃」來自俄亥俄州的代頓（Dayton），一直與農村小農們一起生活和工作，通過永續林業幫助他們在小片土地上謀生。她的謀殺是赤裸裸的暴力：一名雇傭槍手在路上攔住了她，向她肚子開了槍，然後在她向前跌在地上後，向她背部開槍，又在頭部開了四槍。十一個月後，這名殺手被捕並被定罪。經過更多調查後，其他人被捕並受審判，其中包括牧場主雷瓦爾迪爾多・加爾旺（Regivaldo Galvão），正是他命令並付費這場謀殺。在加爾旺受審期間，一名對他不利的證人在有機會提供證據之前，也被謀殺。加爾旺仍被定罪並判處三十年徒刑。在巴西，幾乎沒有哪一年是沒有一位或多位反奴隸工作者或環境保護工作者被謀殺。在我離開巴西利亞並於二〇一一年五月進入亞馬遜之後，一對以保護森林和抵抗奴役聞名的環境保護主義者夫婦，在離我住的地方不遠的一條鄉村道路上，被攔截並槍殺了。自二〇〇八年以來，由於他們在帕拉州拯救（已經受到法律保護的）雨林，並防止非法生產木炭和土地破壞，他們一直受到死亡威脅。就像桃樂西・史唐被謀殺一樣，這顯然是暗殺。他們什麼都沒被偷走，而且警察說那位丈夫的耳朵被割下來了，很可能是殺手證明任務完成的證據。不到一週後，另一名倡議工作者阿德利諾・拉莫斯（Adelino Ramos）在亞馬遜叢林靠近玻利維亞邊境的最西端被謀殺。他之前向當局報告了那些非法砍伐森林的人。[4]當那些從生態滅絕和奴役中獲利的人受到威脅時，他們會反擊，而在巴西，戰線顯然劃定在腐敗、貪婪和貧窮的地景中。

消除奴役計畫的非凡之處，在於其表露在平淡的官方語言中，幾乎殘忍的誠實度。在巴西利亞舉行的會議上，政府公務員和反奴隸工作者都很清楚奴役和環境滅絕的根本原因，並願意討論列舉這些原因。他們說，每起謀殺案，每一座被毀的森林，每一個被奴役的人的背後，共同的起因都是腐敗、貪婪和貧窮。世界各地的奴隸都知道這一點，但是大多數政府都不願意承認這一點。

在巴西的民族敘事中，腐敗、貪婪和貧窮可以說決定了這個國家的命運。我們可以用與美國的例子對比和討論來說明這種情況。[5]當美國在西部拓荒時期向個體戶小農開放其廣闊的疆土，提供家園田產並建設小社區的同時，巴西利用一個有大地主和從屬農民的制度來拓展他們的疆土，這是他們從葡萄牙繼承下來的封建制度。

這土地寡頭勢力強大，在十九世紀相對幾乎沒有被挑戰過，又在一九六四至一九八五年間，憑藉軍事獨裁統治重新確立和鞏固了他們的地位。農村工會被關閉、龐大的種植園被機械化，迫使原本以支付農作物為租金的佃農、住在地主地上的佃農和小農離開土地，進入城市。軍政府透過補貼信貸、稅收減免、和價格支持，為大地主的土地掠奪和機械化買單。這還不夠，還有一個針對富人的土地發送計畫，免費或以廉價將土地給出。在一九七〇年代的十年間，大約有七千九百萬英畝的土地移交給了這群土地寡頭，面積相當於德國。有些政府寵兒甚至獲得了高達一千五百萬英畝的土地贈禮。這個「送土地給富人」計畫隨著獨裁統治而結束，但卻使該國百分之六十的農業用地掌握在百分之二的土地所有者手中。同時，巴西農村地區百分之七十的家庭根本沒有土地。

巴西的這種貧富差距的結果，可以從最簡單的財富和貧窮衡量標準中清楚看到。經濟學家通常透過比較一國最富有的五分之一人口與最貧窮的五分之一人口來衡量不平等。在北美或西歐的高收入國家，收入最高的五分之一人口，通常國民收入是收入最低的五分之一人口的六倍。換句話說，平均而言，收入最低百分之二十的家庭每賺一美元，收入最高的百分之二十的家庭就賺六美元。相比之下，雖然北美的比例為六比一，但非洲大部分地區的比例為十比一（反映出更大的貧困和分布不均的財富），而拉丁美洲的比例為十二比一（富人比非洲更富，還有很多非常貧窮的人們）。即使還有許多比巴西更窮的國家，巴西的比例卻高達三十比一。這是世界上最大的貧富差距。

這種程度的貧富差距很危險，正如世界銀行所解釋：「高度財富不平等威脅著一個國家的政治穩定，因為更多的人對國家經濟狀況不滿意，這使得在收入較高和較低的人群之間，難以達成政治共識。」[6]當我前面提到因為罪人逍遙法外、貪婪和貧窮，人們關係緊張時，我講的不是在社群網站上打打筆戰來激辯而已。在世界各地，人們死於奴役，但在巴西，他們也因造成奴役問題的根源問題衝突而死。

儘管制訂了《消除奴役國家計畫》，但目前，當這些衝突交織在一起成為一場持續不斷的戰爭，而且沒有明確的贏家。這場戰爭攸關的利益卻很清楚：奴隸主的勝利意味著地球遭受了災難性的損失，因為這很可能意味著壯闊亞馬遜森林的死期。

在巴西，圍繞奴役和環境破壞的衝突是一部重複但不斷變化的戲劇。大地主發現，他們使用自己的土地所受到的限制越來越多，而包括亞馬遜流域在內的國家所控制的一大塊土地，也受到越來越多的保護。可是同時，國會中有個勢力強大的團體代表地主和大商人，準備好要擋下任何他們認為可能阻撓發展和利潤的人權或環境保護提案。如果這劇情開始讓人感覺似曾相識，那是因為這就是以美國西部拓荒時代為主題的小說和電影常見情節。儘管雙方在國會上都有支持者，但第一線的情景就是大農場主與身無分文的小農的對抗，但規模更大。要了解這部戲的上演方式，請想像美國舊西部的堪薩斯州道奇城（Dodge City）或亞利桑那州墓碑鎮（Tombstone）。

前往巴西北部荒原

我們之中很少有人曾經拜訪過，或甚至住過真正的邊界地帶，即無人居住的自然世界和所謂「文明的」世界之間的區域。我成長在奧克拉荷馬州阿肯色河（Arkansas River）兩岸的一個小鎮上，也只能感受到周圍曾經的野生大平原的最微弱的迴聲。隨著土地被切成一個個完美的二點五平方公里的土地，以及每隔一段就匯聚成城鎮的散居鄉村房屋，實在需要遠足到稀有的原始大草原上，才能找到犁從未割過草地的地方。有時候，當夜幕降臨，遠處傳來一陣刺耳的土狼的嚎叫時，我可以想像華特．惠特曼曾經在他的旅行筆記本中描述的那片土地：

……一片蒼穹，綴滿清澈珍珠，於是大平原上的夜晚降臨。一片寧靜、憂沉、廣闊無邊的景觀，阿肯色州北部的陡峭岩石在暮色中閃耀色澤，西南地平線帶著一線濃烈的紫羅蘭色，肌膚可感受到的涼爽和淡淡的香氣……（比海上的任何事物都深遠），穿越了這無盡的荒野。[7]

這片土地在成為我家鄉之地的幾個世代之前，邊境線始終在移動，而在記憶的邊緣是十九世紀末的大草原。當時「……人們在阿肯色河附近發現四百萬頭野牛……野牛群之大，長八十公里、寬四十公里」。但是正如作家格溫（S. C. Gwynne）解釋的那樣，「……屠殺已經開始，這將很快成為人類歷史上對溫血動物的最大屠殺。僅在堪薩斯州，一八六八至一八八一年之間就出售了三千一百萬隻野牛的骨頭作為肥料。」[8]一直到我的童年時代，所有的一切早已一去不復返了，但是還有一些什麼，像是驚鴻一瞥的影像，竊竊私語地呢喃著荒野。

我想起我在龐卡城（Ponca City）的起源，以提醒我們，到處都曾經是邊境。而且雖然曼哈頓島以前的荒野狀態幾乎令人難以想像，但在其他地方，大自然只是暫時被驅趕到遠處，如果有機會，仍然可以從人類的壓制中恢復過來。我們大多數人都喜歡自然的概念，並且也深深同意我們有責任要保護大自然。我們大多數人甚至到訪過某種半原始的地方，像是沿著海岸、受保護的自然保護區，或在河流上划獨木舟，而且也都被當地的環境所感動。巴西的北部正是真正原始、未經人類汙染破壞的原始荒原。

一位倖存者的故事

阿賽蘭迪亞市（Açailândia）位於馬拉尼昂州（Maranhão）的北部。幾年前，邊境已經越過這個地方，偉大的阿薩伊樹（açai trees）消失了，只剩這座城市的名字還有著它們的果實。吉爾伯托（Gilberto）是一個英俊的年輕人，他抽出時間在週日和我聊聊。他帶來了他的妻子，兩人顯然深愛彼此，是一對令人羨慕的夫婦。吉爾伯托告訴我他的故事時，他的妻子聽著他說他所經歷過的一切時，臉上一下洋溢著驕傲、一下皺眉、一下擔心的表情。吉爾伯托曾是一位奴隸，他的工作是摧毀森林。

「我的家人像大多數家庭一樣，沒有土地，」吉爾伯托解釋說。「有時我們會嘗試『賺些土地』。這意味著要找到一塊公共土地或未使用的土地，並在上面種植莊稼。有一次，我們清理了一些土地並開始種莊稼，然後一位大農場主來了，說那是他的土地。我們無法知道那是否是真的。他說我們可以留下來，他會為我們幫忙收割『他的』作物而付錢給我們。然後勞工部的人來了，完全停止了我們在那裡的一切耕種。他們說條件太糟糕了，確實我們沒有水、沒有廁所，也沒有任何休息處。我們大部分時候只睡在田野上，有些人有幾塊塑料板可以墊在下面。我們一直很餓，螞蟻也咬我們。我們試過種些蔬菜，但在能收割之前就壞死了。當我們種的玉米要成熟了，我們就回去收割。我們在農地工作拉玉米穗，然後剝去外面的葉子。每完成將近六十公斤的去皮玉米，這位大農場主就付我們大約五雷亞爾（兩美元）。這是我們所有人的工作，甚至是小孩也都在工作。

「在此之後，我和堂兄一起去森林附近的北部尋找工作。這就是『貓仔』（gato，為不誠實的招聘仲介的街頭稱呼）抓到我的地方。那位貓仔像一個演員，他接觸你的時候非常友善，他了解你有多需要工作，然後他說他可以幫助。他會一次在城鎮招募幾名年輕男子，但是當你被送到森林邊緣的鄉村時，貓仔就成了壞蛋。

「當他招募我時，他說我每砍伐一『列』樹木，他會付我十二雷亞爾（約七美元）的報酬。一『列』樹木大約五十平方米，這大約是從凌晨四點開始努力工作，一直到日落，才有可能砍掉的量。這是個原始森林，植被非常茂密，有些樹非常巨大，但還有其他各種大小的樹，還有荊棘、藤蔓、蛇和許多昆蟲。為了完成這項工作，我們不得不向貓仔買工具。靴子、刀、鉤、大砍刀和斧頭而且都很貴。

「開始在那裡工作時，我們意識到這局勢很糟糕。早餐時，貓仔只給了我們一點咖啡和一些木薯粉，在午餐時間會有少量的米飯，如果幸運的話，可能還有一些豆子。因為這努力工作，我們真的很餓，幾天後，我們決定說：『算了！我們想走人。』但是貓仔卻說：『不行喔！你欠我錢，欠了工具和食物的巨額債務，還欠我把你帶來這裡的費用。』然後，他向我們秀了他的槍。所以我們想說：『好吧，我們會解決這筆債務再走。』但是債務卻越來越大。情況變得更慘，我們唯一的住所是棍子上面綁一些塑膠布。老鼠在我們睡中奔跑，我們唯一的水源來自一個骯髒的池塘，唯一的廁所是森林。

「最可怕的事情之一，是貓仔對兩個大約十三、四歲的年輕人所做的事情。到了晚上，他會來到我們的簡易住所，在槍口下將其中一個帶走。在森林中間，他把槍對準了男孩的頭，強姦他、強迫他做事。有時他也會用手槍敲他。非常可怕，我們想幫他們，但我們怕他會射殺我們。這些男孩狀況很慘。

「五個月後，我實在受夠了，我告訴表弟我要放手一搏。他很害怕，告訴我我會被殺。這個時候，貓仔還有另外兩個人拿著槍看著我們。但是我下定決心也願意冒險。所以呢，在某週日下午，我徒步走過叢林約八公里，然後找到了一條路。或許很難相信，但是我真的在路上遇到了一個我認識的人。當他聽完發生了什麼事時，他給了我三十雷亞爾，讓我能搭公車去阿賽蘭迪亞市。公車站周圍有人在閒晃，所以我問其中一些人應該去哪裡報案。『不用浪費時間去找警察啦，』他們卻和我說，『他們什麼也不會做。你必須去找生命與人權捍衛中心（Center for Defense of Life and Human Rights）[9]』在這個中心，我遇到了布莉達（Brígida），她是專家，似乎很了解我遇到的一切，她說很多年輕男性都遇過這樣的情況。她記下了所有細節，以及這些人被綁押的地方，並開始向特種機動稽查小組報告，以便他們突襲現場並營救他們。她告訴我，可能要過幾天甚至可能是幾週的時間，才能進行突襲。

「當她這麼說，我開始擔心我的表弟。我離開時他病得很厲害，我不想他死在那裡。所以，我回去想幫他。貓仔很火大，但也很驚訝看到我回來。我告訴他我去看一個女孩，他只是把我送回去工作。但是現在每個人都真的病了，我想應該是因為飲水，我的表弟也越來越虛弱。他病得很厲害，病到甚至當我說要把他帶到路上時，貓仔也不在乎。所以我把他帶走，他也成功回家了。我留在那等待突擊小隊露面。我想看看會發生什麼，並在那裡有機會說實話。終於，有一天，突擊小隊大約在中午到達。貓仔拿著槍跑了出去，但意識到士兵們強大得多，所以他不得不投降。工人們開始大喊大叫，他們非常高興，並趕著去見突擊小隊。地主必須立即向我們支付『欠薪』，大多數工人都離開踏上回家之路。

「我們告訴警察說，貓仔強姦了這兩個少年，但他卻沒有被逮捕，我不知道為什麼。有人說他們無法從身體上證明他曾強姦過他們，但我覺得這些男孩是受害者，他們的證詞就應該算數。我們其餘的人都看到貓仔帶走了男孩，然後當他把男孩帶回來時，我們也都在。我不懂為什麼貓仔沒有為這受到懲罰。

「大多數人返回南部，但是當我到達阿賽蘭迪亞市時，我停下來找工作。我也遇到了我的妻子。她在一家餐廳工作。我們一見鍾情，並在那場突襲後不久就結婚了。她仍然在那家餐廳工作，而我在一個大廚房工作。現在一切都不同了，我有了全新的生活。」

吉爾伯托的故事對他來說是個幸福的結局。我們不知道他的表弟是否康復了，或者貓仔是否曾被繩之以法。我們不知道其他工人背負的創傷是什麼，我們也不知道那兩個少年在遭受性侵犯後狀況如何。吉爾伯托砍伐的森林很可能屬於政府所有；幾乎所有未受砍伐的北部森林都在政府控制之下或由印第安部落控制，因此，他認為自己為之工作的「地主」，幾乎可以肯定是試圖非法掠奪土地的當地商人。這個人被繩之以法的機率也很小。

所有這些，都表明了巴西終結奴役和保護亞馬遜森林的計畫中的缺陷。值得注意的是，阻止這一特殊犯罪的，是當地人權團體和國家反奴隸警察，而不是地方或州警察或檢察官。在整個巴西，尤其是在環境受到最嚴重威脅的地區，都重複這種模式。大地主仍然控制著地方政府，而且通常還控制著地方執法部門。這意味著這既是口水戰，又是子彈戰。在國家政府談論保護自然的同時，當地老闆談論的是砍伐森林後將帶來的工作和經濟增長。對於當地人來說，工資低廉的警察很難抵制當地土地富豪的影響。對於當地的人權組織而言，要拓展當地人的本地思維，到包括正義觀念在內的全球視野，是一條艱難的路，要從年輕人開始影響。

與吉爾伯托聊過後，我跟隨鼓聲來到一棟建築物的倉庫，那裡的青少年正在排演他們自己寫的關於奴役的戲劇，這是生命與人權捍衛中心開展的一項計畫。透過更多的歌舞而不是對話，演出十九世紀的奴隸從非洲到巴西，再穿越時空，進入了現代，談論今天的奴役問題。這群青少年採訪了重獲自由的奴工，才編寫出這劇本。即使這只是一次排演練習，卻已經是場光彩奪目的表演。節奏動聽，舞蹈融合爵士與有巴西戰舞之稱的「卡波耶拉」（capoeira），還有失敗與勝利的高潮迭起。這場表演會被加以宣傳，作為啟蒙社區和建立社區凝聚力的形式帶到鄉村，並培力參與表演的孩子。父母非常驕傲地看著他們，弟弟妹妹們渴望有機會加入，模仿哥哥姐姐的每一個動作。這些是將會贏得當地民眾的觀念和話語，但他們能夠及時贏得勝利嗎？

沒有土地的人

第二天，我搭小型飛機向北去森林。這是一覽遼闊的森林，觀察森林邊界因為人類的砍伐而不斷退縮的最佳辦法，就像是看電影倒帶一樣。在阿賽蘭迪亞市周圍，森林早已蕩然無存，被開墾過的土地只剩下草叢與光禿禿的土壤。從這個高度下望，淺綠色草地上的白色布拉曼牛，看上去就像阿兵哥剛剃過的頭上面的蝨子。不同的除草劑、殺蟲劑，或有毒廢物在被開墾過的土地上留下五顏六色的痕跡，有的鏽跡斑斑，有的是黃綠色或深綠色，也有粉紅色和紅色的殘留。一些低矮的山頂被砍掉了森林，只留下兩側斜坡沒有被砍伐。這裡看不到任何農作物或牲畜，也沒有通向山頂的蜿蜒道路，因此很難想像除了盜採木材之外，還有任何其他砍伐的理由？當我們向北飛行時，淺綠色的草地和黃紅色的侵蝕條紋，逐漸被深綠色的森林取代。通常最後被砍伐的地方是比較低矮的山頂，因此樹木會從那裡開始向外蔓延，然後沿著山坡向下爬入山谷。如何保護這些陡峭的山坡？這是森林可以繁衍生息的土地，但是一旦樹木被砍倒，很快就會因為侵蝕而淪為寸草不生的荒蕪之地。我們在卡拉哈斯（Carajas）險峻的高山簡易機場上短暫停留。在低矮的三百公尺處，森林看起來像是茂盛的花椰菜，最高層的樹木將其樹幹伸向灌木叢之上，並在午後的陽光中，伸展深色球狀的樹冠。這是一個正等待被煮熟、配上義大利麵的花椰菜森林。

在中途停留一次之後，我們到了蓬勃發展的邊疆小城鎮「欣古河畔聖費利斯」（SãoFelix do Xingu）。飛機降落在一條很小的簡易跑道上，由於很少使用，高高的雜草從水泥縫隙中長了出來。該鎮的名稱源於其在欣古河（Xingu River）兩岸的位置，這是亞馬遜河的較大支流之一。欣古是一條大家你爭我奪的河流。在一九五〇年代後期，巴西政府在其盆地中設立了第一個「印第安公園」保護區。那時，欣古以西的任何地方都是原始森林，但是現在人類的開發已經趕上並越過了河。欣古河沿岸的一些受保護土地和森林其餘部分受到一項計畫的威脅，該計畫將在一個名為貝洛蒙泰（Belo Monte）的地方建造世界第三大水力發電大壩。自從該計畫於一九八七年洩露給媒體以來就一直充斥各種爭議，但是在二〇一四年，鬥爭塵埃落定，工程開始了。無論如何，非法砍伐森林一直沿著河流蔓延。二〇一一年九月，國際太空站的太空人拍攝了照片，曝光在欣古河沿岸肆虐森林的大火，這是非法的「先砍再燒」（slash and burn）清除方式的一種，火勢如此之大，連太空中都顯而易見。[10]

對於大多數旅行者來說，聖費利斯鎮就是旅行終點。如果想飛到更深的森林中，就得租一架飛機，而且飛機能降落的地點不多，侷限在少數幾個沙土路被整平過的地方。甚至，要降落前飛行員必須俯衝幾次以宣布他的意圖，讓跑道上的馬車、摩托車、舊卡車和熟睡的狗先躲開。聖費利斯鎮也是柏油路的終點。從這裡開始，西部的道路多為崎嶇不平的小路，需要四輪驅動車。較大的卡車只能以根本是步行的速度將貨物拖入或運出。下雨時車輛必須停止，因為小路會變成河流、泥潭、沼澤，或突然新出現的溝壑。

我來這是為了見達尼洛神父（Father Danilo），接下來時間他將是我在欣古地區的嚮導。達尼洛是一位六十多歲的天主教神父，他在這一帶工作了數十年。達尼洛是被簡稱為CPT的Comissão Pastoral da Terra一分子，是指基督教會推動社會正義的事工，致力於打擊奴役和推動環境保護。Comissão Pastoral da Terra的英文翻譯是「牧區土地委員會」（Pastoral Land Commission），但是在巴西的葡萄牙語中，含義更像是「關愛人民和土地的團體」。CPT在靠近未開發地帶的邊境地區設立了農民合作社，並提供教育、處理各種人權案件，且與政治人物和企業人士協調交涉等等，只要是能為該區帶來和平與正義的事情就去做。達尼洛是義大利人，曾在美國受過教育，已經待在聖費利斯工作很長一段時間了，他見證了欣古河和附近森林經歷的巨大變化。他是一位溫文儒雅、信仰堅定、天性樂觀的人，用冷靜和莊重對待所有人。未來數天中，他將是我的旅伴，我倆將一起挑戰一輛高大的、四輪驅動、有加大駕駛艙的卡車。[11]

離開聖費利斯，我們坐輪渡橫過寬度達一點六公里的欣古河，那渡輪是我從未見過的東西，它是一艘粗糙而生鏽的鐵製接駁船，旁邊用鐵鏈與一艘馬達小艇連結在一起，藉此將船推向任何方向，但獨獨無法筆直向前。在河的另一邊，路似乎非常平坦，但達尼洛解釋說，平坦的道路只會到我們到達市長擁有的牧場的入口。果然，很快我們就會陷入車輪壓出來的軌跡、溝壑和小溪流中，只能用低速檔牛步前行。

這條路上絡繹不絕的是風塵僕僕的男人，他們都是「無土地者」（*sem terra*）。由於巴西的經濟完全失衡、貧富差距極大，儘管巴西在世界市場上取得了成功，仍有成千上萬的「無土地者」竭盡全力在任何地方為了找一份工作而煩惱。想一想在一九三〇年代，大蕭條時期成群結隊的美國流浪工人，他們願意做任何事情來換一頓溫飽。然而，荒唐的是這裡沒有蕭條，這些貧窮的人其實生活在一個富裕和蓬勃發展的經濟中，但卻從一架不斷上升的梯子掉下來。憤怒之果在這裡滋生，還伴著絕望之草。這些男人、女人和孩子只受過很少的教育，除了販賣勞力沒有其他技能，因此容易成為奴隸主的獵物。然而，這群男人女人也知道自己生活在一個自由的國家。這或許是一個不公平的國家，但是在這個任何事都可能發生的廣闊疆域中，人們仍然有自己的權利意識。對於其中一些人來說，這種尊嚴的種子卻是死刑。

兇殺現場

三個男人走進雨林。這裡沒有明確的路徑，但他們循著的是地面樹叢剛被推倒或壓過的小徑。在他們之上，聳立著巨大的林冠。他們看起來像是三個好友相約去遠足，直到你注意到其中一個人的腿上綁著一把自動手槍。在一片陰暗的空地上，他們放慢腳步，小心翼翼地接近一堆新土和一個長方形的地洞。他們輕輕地倚在上面，看到一塊布，再更近看，是一個沾滿紅色黏土的人類顎骨。在墳墓的一角上，一棵生長迅速的灌木叢發出長長的芽。

持槍男子小心翼翼地打開他的小背包，戴上手術手套，並拿出一些手動工具。他伸入坑中，用指尖輕輕刷一下，很快頭骨的其餘部分就暴露了出來。旁邊延伸出來的是其他更長的骨頭，包括手臂的肱骨和橈骨，腿的股骨和脛骨，在肘部和膝蓋的關節處則有白色的球形骨頭。隨著他刷掉更多的土壤，牙齒露出了。顯然這不是一個老人，因為牙齒潔白結實又均勻。持槍男子身穿白襯衫，背部和胸袋上方用大寫字母印有「Perícia Criminal」字樣。他是犯罪現場調查員；這是亞馬遜版的《CSI犯罪現場》。但這不像電視演的那樣，沒有警匪飆車追逐，沒有風采翩翩或粗獷有型的警探，只有蟲子和灰塵在炎熱和悶熱的日子裡，還有森林的一個洞中爛掉的襯衫和泥濘的骨頭。

當更多的骨頭顯露後，調查員爬出來，開始用小型數位相機拍照。然後他將相機轉向附近的泥土堆。這是開挖這個淺埋墳墓的人，扔掉他所發現的第一批東西的地方。一隻拖鞋在肋骨旁邊，一個骯髒的塑膠袋凌亂地壓在兩者之下。葉子、樹枝、手骨和手臂骨頭混雜在一起。還有一件橙色的T恤，現在已經破破爛爛，從骨頭附近的鬆散土壤中露出來。上面曾經有一段文字，但是現在只看得到「……的」。

一位手拿十字鎬的男人開始挖墳墓旁邊的一塊空地，犯罪現場調查員在地面上鋪開了幾張報紙，然後畢恭畢敬地將年輕人的骨頭、衣物和碎片從墳墓裡抬出來，放在報紙上。當它們都從土裡被挖出來後，研究人員慢慢組裝四散的骨架。偶爾他們困惑地停下來，仔細檢查細小骨頭碎片或布料，以找到它們原本的位置。最後出來的是頭骨，眼窩和嘴裡都還有泥土。將土清除後，頭骨看起來更像一個人。在乾淨的頭骨上可以查出死者為何死亡的真相：兩個平滑的彈孔清晰可見。子彈射入左耳上後方，穿過年輕人大腦，然後經過鼻子上方額頭再穿出來。

二〇〇八年時，這位年輕人和他的朋友得到了為新的養牛場墾荒的工作。他們在惡劣的條件下辛苦工作了一個多月，然後，實在受夠了，他們去向地主索取工資。地主答應在他們在森林裡工作的營地向他們付款。然而，他派一個幫派殺死他們。一開始沒人知道這件事，直到三年後真相才公諸於世，警察在樹林深處發現了他們的墳墓，兇手早已逃之夭夭。由於無法直接證明地主與謀殺案的關聯，警察盡了最大的努力將他判處四十天監禁，罪名是在自然保護區砍伐和破壞環境。

難以查緝的短期奴隸

這些年輕人是陰險的新奴役犯罪方式的受害者。在巴西農村地區，獲得奴隸的成本幾乎為零。人們極度需要一份工作，所以要找到一個潛在的奴隸，只需要說你提供一份工作、配點食物，然後把人運進森林裡。對於奴隸主來說，沒有採購價格、不需付預先付款，只有尋找奴隸、給點食物、交通費，以及提供工作所需的斧頭、鋸子和鐵鍬的花費。得到奴隸的成本如此之低，以至於人們被奴役的時間在許多情況下縮短到一個月左右。乍看之下，這似乎沒有道理，一旦有了奴隸，為什麼一個月後就擺脫他？但是森林裡的犯罪分子來說，短期奴役是在最大程度地減少風險，同時最大化利潤的好方法。

是這樣運作的：當工人們帶著穩定就業和高薪的預期進入森林，他們會竭盡所能地做好工作，甚至等到被告知他們還因為工具和伙食而欠錢，他們還會更努力，認為自己有義務償還債務，才能快快開始賺錢。又因為隔離在森林中，他們很難看清楚事情的全局真相，所以工人埋頭苦幹，只期待拿到工資的那天。如果他們終於察覺自己陷入奴役的圈套並且逃跑，馬和狗會追到他們並把他們拖回來。隨之而來的是一陣毒打，有些可能是就像森林墳墓裡的兩個年輕人一樣被殺害。經過一個月左右的辛苦工作，吃不飽的食物、惡劣的衛生條件、拳腳相向的暴力，和意外事件造成了人員傷亡，工人開始因疾病和筋疲力盡而陸續倒下。工人於是被當作垃圾拋棄，就像塑膠飲料瓶或保麗龍杯一樣，能隨意帶到路上然後扔掉。

他們去警察那裡報案也無濟於事。奴隸主通常都小心翼翼掩飾自己的身分和農場的所在地，他們取假名，並選在晚上將工人運送到森林中。當疲憊的奴隸被榨乾最後一絲力氣時，便把他們載到荒郊野地放下，因此奴工通常不知道他們人在哪裡，或曾在哪裡被奴役。他們唯一想要的就是回到家人身邊。

犯罪的奴隸主賺到了一個月的粗重工作的成果，如果真的找到他並加以審訊，奴隸主會辯稱是工人沒有償還債務就逃跑，工人應為此而被逮捕。同時，在附近鎮上，他手下的黨羽繼續招募下一批不知情的奴隸。遊走於灰色邊緣的狀況也助長了這種短期奴役：如果只持續一個月，那真的算是奴役嗎？工人生病或受傷，是老闆的過錯嗎？這些嚴厲的指責不就只是好吃懶做的工人針對辛勤的老闆的無的放矢嗎？甚至奴隸們也不確定自己到底經歷了什麼：那是奴役，還是只是一場誤會，或是純粹是活該倒楣？毫無疑問的是，工人們想要放下這類經歷，在他們繼續尋找有尊嚴的好工作時，會試著忘記的一段經歷。

這是一種「即時奴役」，對於計畫以砍伐受保護之森林來賺快錢的奴隸主來說，這種操作方式一石數鳥。這是對於政府增強執法的反彈（在這裡，「增強執法」指的其實只是稍稍執法，因為所相對的是以前的零執法狀態），也是降低風險的策略。如果工人重獲自由或被拋棄，他們大多不願聲張，較不太可能去舉報犯罪。短期奴隸甚至可能直到後來才會意識到他們所經歷的其實就是奴役，在當下可能只會想說只是工作條件太差，和運氣不好被敲詐。對於奴隸主而言，較短的時間意味著他們可以濫用工人對未來的憧憬和責任感，發揮工人最高的生產力。在二十一世紀，作為奴隸招募者的貓仔也發展出短期派遣的模式。

在發現兩名年輕男子的屍體後不久，附近的另一個農場又發掘了另外十三人。我才剛開始我的森林之旅，就已被深深震撼。在這個美麗而充滿生機的田園中，有謀殺案、有草草挖掘的墳墓中的屍體、有逍遙法外的殺手和奴隸主。CPT的工作以及我幫助創立的組織的工作是保護這些工人，並找到結束奴役和重建生活的方法。但是，面對難以察覺的短期奴役甚至更快的死亡，我們要怎麼達到目標呢？在違法亂紀的叢林世界，面對拿著槍的匪徒，甚至面對像桃樂西．史唐這樣的殉難者，當自然世界千瘡百孔、人命被踐踏，我們還能做些比照顧少數倖存者更多的事情嗎？

巴西堅果樹與養牛夢

如果你看過好萊塢西部電影，就會對我在欣古河另一邊的發現有概念。所有的經典人物這裡都有：擁有當地沙龍店、倔強而善良的女人；試圖開墾土地，卻一步步走向破產的農家；殘酷剷除任何阻礙的大牧場男爵；寡不敵眾又手無寸鐵的律師；還有永不放棄的好心牧師。我在一個名為佩馬薇（Primavera）的小村莊中找到了所有這些角色以及更多其他角色。

達尼洛神父和我經過緩慢的長途拔涉，最後終於到達了佩馬薇村。路上有時充滿泥濘，有時突然出現吞沒道路的裂痕或大洞，我們很幸運有卡車。僅僅十五年前，這片土地還沒有被開發過，但是當一家採礦公司沿著這條崎曲小路推進到此，肆無忌憚的山老鼠就緊隨其後。桃花心木（Mahogany）是用於家具的高級木材，越來越稀有而且價值不菲。在受保護的森林中，沒有任何砍伐活動是合法的，更不可能允許對印第安保護區的砍伐，但盜採桃花心木是罪犯行為，他們完全藐視法律。因此也不奇怪，當他們進入原始森林中時，會使用奴隸來完成危險艱難的工作。這些奴隸主是「先砍再燒」的專家，他們先從桃花心木下手，然後再砍倒其他珍貴樹木，拖到道路上。

如果這群山老鼠幸運的話，他們會發現巴西紅木（pernambuco tree）。由於其特殊的屬性，這種瀕臨絕種的物種在過去的四百年中一直被用於製造一種產品：製作小提琴和大提琴的琴弓。

每一位你曾聽說過的偉大小提琴家和大提琴手都使用巴西紅木製造的弓，但如今，琴弓製造商爭先恐後地種植更多的樹木，巴西可能很快會全面禁止巴西紅木出口。嘗試種植這種生長緩慢的樹很困難，因為它們只能在生態完整的雨林中茁壯，在為商業目的人工栽培的單一環境中長不好。隨著環保意識抬頭，音樂家們突然對拯救雨林非常感興趣，並組織起來保護巴西紅木。[12]

一旦他們砍光了有價值的樹木，奴隸主通常會縱火燒毀剩餘的森林，然後誘騙貧窮的農民為占領非法毀壞土地的權利付費。這些貧困的無地農民徒步走到這裡，希望建立新生活。單身男人是第一批進來的，他們帶著工具去進一步清除樹木並開始種植農作物。為了尋找可用土地或為了支付買土地的費用，他們會在灰燼中尋找黑道流氓錯過的任何有價值樹木。砍下這些樹後，他們只會拿到樹的一小部分價值，但這筆錢就足以讓他們開始。當天氣條件合適時，森林的其餘部分將再次被燒毀，留下焦土和被殲滅的生態，好使耕作用的工具更容易操作。整個大欣古流域千瘡百孔，三層高的巴西堅果樹樹幹被燻得黝黑，聳立在灰燼、礫石和雜草上。

對巴西堅果樹的縱火焚燒，即使是由對土地飢渴的農場主所為，也是亞馬遜地區的人為悲劇的一個很好的例子。奇特的是，這些巨大的樹木與藍莓和蔓越莓屬於同一個植物科。它們可以長到約十五層樓高，據稱可以生存五百至八百年。[13]它們鶴立雞群，比其他所有樹木都高。由於為巴西堅果樹授粉的大黃蜂和傳播其種子的齧齒動物無法在人為開墾過後的土地上存活，因此巴西堅果樹只能在野生的原始森林中繁衍。巴西堅果是一種重要的食物來源，尤其可作為出口農產品，這就是為什麼在巴西、玻利維亞和秘魯等國家，砍伐巴西堅果樹是非法的。儘管有這項法律，但非法的森林砍伐卻正在摧毀巴西的堅果樹。巴西在一九七〇年收成了十萬四千噸堅果，在一九八〇年收穫了四萬噸，到了二〇〇〇年只收穫了八千噸。每損失一棵巴西堅果樹，就會同時損失一群小刺豚鼠（agouti）。刺豚鼠是一種已經越發稀有的叢林居民，看起來像是介於天竺鼠和北美大野兔的混合體。刺豚鼠是極少數演化出足以穿透巴西堅果種子莢的牙齒、並以巴西堅果為食的動物之一。牠們吃堅果，但也挖洞並將堅果儲存在地下以備後用。被埋藏的種子有些會發芽並生長，從而擴大樹木群的範圍。這是森林維持平衡與和諧的經典例子。這森林之王在高處依賴那高飛的、獨自行動、以泥土築巢的大黃蜂進行授粉，在地底依靠挖泥的齧齒動物來生存。一旦這些已經發展了千萬年的微妙連結被打破，生態系統就將崩潰。

非常諷刺的是，對於大多數開墾者和他們的家庭而言，他們摧毀的巴西堅果樹的經濟價值，其實比他們試圖在被破壞的裸露土地上飼養的牲畜更高。這是因為大多數占用森林土地的窮困家庭都欠缺農業知識，他們的耕種策略都是一廂情願的。開墾農田的生活備極艱辛，而且充滿危險。他們占領約兩百英畝的土地，要嘛是一把火燒毀森林，要嘛一刀一刀把樹木砍倒。他們夢想著自己會成為像坐在農村社會頂端的農場富豪一樣，但這顯然是癡人說夢。富有的農場主控制著成千上萬英畝的土地，而他們的牲畜，即使對環境有害而且經濟效益不高，但因為數量夠大，以至於即使利潤很低也可以累積財富。開墾者不懂這個道理，只知道模仿大地主的模式，摧毀了他們的森林，冒著一切風險購買牛群，養在他們清理出來的兩百英畝土地上。但殘酷的事實是，他們的牛群太小而無法獲利，但卻又大到讓放牧土地上無法種植其他農作物。另一方面，生產巴西堅果和其他資源的原始森林，輕輕鬆鬆就能提供與牧牛一樣多或更多的收入。如果除了採集天然的森林產品，再輔以少量可可和巴西莓（açai berry），則產值可以是一個家庭從牛身上獲得的收入的兩倍至三倍。但是，根深蒂固的文化觀念對農民產生巨大影響，那些沒有受過教育的農村窮人還是會說：「牛隻使人富有。」因此，森林死了，除了牧場大亨以外，所有人都貧窮了。

槍桿子就是法律

隨著森林邊界的開放，在這個奴隸主傷害大地、剝削開墾者的新世界裡，唯一真正有效的法律就是槍桿子。在這裡，謀殺和盜竊司空見慣。弱勢的單身農民可能在一個晚上就被消失，他們的土地會在幾天之內又被出售。或者，正如一位失地農民向我解釋的那樣：「我們開始耕種後，有一天有個人來找我，說：『這樣吧，你看是現在用這個價碼把土地賣給我，或者是要我從你的遺孀手中買下來。』」那農民賣了土地，繼續生活。

森林邊緣這種無法無天、你爭我奪、弱肉強食的混亂狀態並不是過去式。今天，就是你正在讀這篇文章的這一天，還有每天，謀殺、奴役，伴隨著種種戕害森林的行為，日復一日地向森林進攻。結束暴力只有兩種方式，要嘛是在森林消失時終止，要嘛是在森林受到真正保護時終止。我們必須期望，當傷害森林的攻擊線停下來時，一切都會結束。也期望發生在森林四周的是文明的法治，而不是暴力與混亂。

像所有邊境城鎮一樣，佩馬薇村之所以興起就是因為它位處邊界之上。可以正確形容這裡的詞包含塵土飛揚、雜亂無章、無聊透頂，直到發生某些事情。這裡只有一條骯髒的街道，兩旁是低矮的木製建築：一間酒吧、一個馬廄、幾座教堂、一間修車店、一所學校、幾間房屋和一間小型雜貨店。狗在街上睡覺，人們緩慢移動。一些簡易小亭是用樹幹和棕櫚葉做屋頂搭起來的。遮蔭樹下是一輛被架起來的小貨車，生鏽的引擎由鏈條懸掛著。不難想像一群槍手們在酒吧前準備大打出手的畫面，而且有時他們確實會。

一位在酒吧、咖啡廳、商店和舞廳裡工作的服務生告訴我，他已經靠鎮上的這一條街生活了兩年，這段期間警察只來過一次，就是大約一年前。「但是上週，」他和我說，「有一些外地的工人在鎮外為五旬節會（Pentecostal mission）蓋一些建築。他們的工作已經完成，就在酒吧裡放鬆喝酒。後來他們喝醉了，和一個也喝醉的當地人開始吵架。那個當地人舉手槍威脅他們，但這些年輕工人把槍從他身上奪走，然後反過來打他一槍。當下有很多證人，也有人叫警察，但警察從沒出現。第二天傍晚，他的遺孀將屍體帶走埋葬。」

儘管有這個故事，我還是喜歡佩馬薇村。因為距離電話線和手機基地台很遠，使這裡成為一個安靜的思考空間，人們仍然會互相交談、講故事和一起哄堂大笑。唯一的電力來自小型瓦斯發電機。只有少數人有發電機，並且偶爾才使用。那間半咖啡廳的酒吧在晚上開發電機，供電給繞掛在露天舞台上的電燈泡串，提供人們在那裡喝啤酒、玩足球。發電機也讓沙沙作響的音響系統和酒吧後面的電視得以運作。電視上播放著年代久遠的功夫電影，李小龍在佩馬薇村很有名呢。

但是在午夜之前，人們就會回家，發電機關起，世界慢慢回到原本的樣子。方圓數百公里沒有人工照明，黑暗純淨澄澈，滿天星斗璀璨迷人。慢慢地，當眼睛適應黑暗，可以看見東西之後，星星的光芒將夜晚的一切覆蓋上一層銀白色，可以清晰看見細節。頭頂上的銀河系變成了一條發光的河，讓我想到美國早期環保運動領袖約翰・繆爾（John Muir）的話：「我們一起走過銀河，樹木和人都是。」沒有電力、沒有發電機、沒有正常城鎮裡的吵雜喧囂，寂靜讓大自然的交響曲得以被聽見。除了在星光下清晰地看到大貓頭鷹，還可以聽到牠劃過我頭頂、展翅俯衝的聲音。蝙蝠更安靜、更不易看見，在銀色的星光下，牠們比較像一閃而過的存在。昆蟲在四處輕快跳躍、閃爍飛舞，遍地咯咯嘶鳴。大大小小的溫血動物和冷血動物在草叢和灌木叢的隱蔽下沙沙作響。樹蛙以獨一無二的節奏完美一致地開始合唱，又天衣無縫地結束。有狗吠叫、有牛哞哞，打呼聲來自附近棚戶敞開的窗戶。這是溫柔、無所不在、天地和鳴的生活之聲。

克勞迪奧夫婦的犧牲

就在我陶醉於閃閃發光的夜晚的時候，一名刺客正潛伏在不遠處。他是有人買通的殺手，目標是一對年長的夫婦，他們長期以來都擋了別人的財路。後來警方無法說出這對夫婦究竟是死在星期一晚上，還是星期二凌晨，也就是二〇一一年五月二十四日，但他們的謀殺動機和方法很明確。

胡賽．克勞迪奧．達西瓦（José Cláudio Ribeiro da Silva），通常被人稱之為阿奧，他和他的妻子瑪麗亞（Maria do Espírito Santo）都很貧窮，也沒受過良好的教育。正如他們的一位好友所告訴我的：「他們是農民。」[14]他們出身微寒，而且一直無法翻身，但是他們很聰明，有很大的夢想。他們夢想是讓這裡的人們能與森林和諧共處，特別是碩大的巴西堅果樹。這些樹木對他們來說意義非凡，是他們生活和工作的象徵和焦點。

當他們第一次聚在一起時，克勞迪奧和瑪麗亞像所有巴西農民一樣，在他們的園子裡種米、豆類和玉米，一邊照顧他們的小兒子。但是慢慢地，在某段時間後，他們開始以一種嶄新的方式將森林視為生命和生計的來源，而不是障礙。他們沒多久就開始向大眾推廣他們的理念，傳授他們的森林生態學，以及如何以永續方式來生活。他們的好奇心和智慧帶領他們走向更遠、更廣闊的世界，然後他們回家鄉並告訴其他人他們學到了什麼。當他們開始這套新方法、新觀念時，克勞迪奧才只有受過四年級的教育，瑪麗亞則有受過稍好的教育。但一年又一年過去後，他們持續累積對環境議題的自我教育，對自己的知識也更加自信。他們的朋友告訴我：「沒人能看得出來他們是農民，他們看起來就真的很聰明。」當他們被謀殺時，年齡分別為五十二歲和五十一歲，克勞迪奧的學歷仍然是四年級，但是瑪麗亞剛剛完成拿到了教學證書，取得了她認為自己向其他人傳播訊息所需的技能。

他們的朋友告訴我，克勞迪奧和瑪麗亞兩人的個性剛好可以相輔相成。克勞迪奧認真、嚴肅，瑪麗亞樂觀、幽默，兩人互相平衡。「他們可以與專家進行討論，」他們的朋友說，「還可以輕鬆地爭論自己的觀點，因為他們真的知道自己在說什麼。」而且他們不是只會空談，而且有辦法落實真正的改變。一九九六年，克勞迪奧和瑪麗亞搬入森林時，創辦了一個充滿創意的小農場，產能高、利潤多，還不需要傷害既有的森林。他們搬到了政府擁有的土地上，靠近其他新農場，其中一些合法，一些非法，還有一些走在灰色地帶。這些農場中有一些已經清除了樹木，開始引進牲口，其他農場則試圖以新的方式做事。該地區約有三百個家庭。

他們運用他們學到的知識來種植蔬菜、畜養動物，但他們主力放在採集森林裡自然的水果、堅果和其他產品。在農場的正中心是一棵碩大無朋的巴西堅果樹，他們將樹暱稱為「陛下」。樹幹之粗，要八個人用手拉手才圍得起來，而且大樹的堅果是重要的經濟作物。克勞迪奧和瑪麗亞歡迎所有訪客，讓每個人都覺得賓至如歸，並向數百多人介紹永續林業。一段時間後，州政府批准了他們的工作，並支持了他們使用土地和森林的主張。到目前為止，一切都很好，但是山老鼠也正虎視眈眈著原始森林。

克勞迪奧和瑪麗亞建立了一個生態友好的示範農場，但這相當於一個戰區。居住在該地區的家庭早在多年前就已經從巴西東北部來，尋求更安穩的新生活，但是到一九九〇年代末，三個因素匯聚在一起，給這個農村社區帶來了巨大壓力。首先是古老的謬論，即小農可以靠養牛來致富。在他們剷除樹木並開始經營小型畜牧之後，這批新的小牧場主發現他們犯下了災難性的錯誤。他們的牛不夠多，無法養家糊口，而這片土地現在也無法用來種植了。大筆投資之後，他們只剩下被糟蹋的土地，也不知道未來在哪裡。

第二個壓力來自伐木公司，這些公司多年來一直朝著森林步步逼近。儘管這是政府土地，但這些公司都知道，即使在伐木過程中被捕和罰款，他們仍可以輕易地非法砍伐該土地。就在許多當地家庭試圖轉型，透過永續林業來改變他們的生活和處境時，伐木公司來到這裡，準備好要欺騙小農，或趕走他們並砍伐他們的樹木。衝突即將爆發。

然後，在二〇〇五年左右，第三個壓力開始累積，由於附近大城馬拉巴（Marabá）的煉鐵廠迅速擴張，對木炭的需求不斷增長。巴西是一個鐵礦石很多但幾乎沒有煤炭的國家。如果沒有煤炭，木材製成的木炭可以提供將鐵礦石提煉成所謂的「生鐵」所需的燃料，方便攜帶的生鐵塊隨後會被銷往世界各地。二〇〇七年，尤其在政府頒布了一道提供給許多行業的「加速成長計畫（Program of Acceleration of Growth）」後，產量才真正開始騰飛。該計畫提供了許多促進出口的獎勵措施。到二〇一〇年，採礦業為巴西賺入一千五百七十億美元的利潤，創造了五百一十億美元的外國收入，約占該國所有出口額的四分之一。[15]出口的生鐵大部分流向美國，用於製造浴缸、水槽、廁所，也用於汽車零件、橋梁、洗衣機、微波爐，以及其他數千種美國消費者購買和使用的鋼和鐵製產品。

擁有冶煉廠並出口生鐵的大公司並不生產自己的木炭，而是從小型生產商那裡購買木炭。這些生產商開著露天卡車，裝滿高高的一袋袋新木炭，運抵馬拉巴。木炭生產商在巴西有著悠久而醜陋的歷史。他們以高速建造大量的低土窯，然後肆無忌憚地砍伐森林，他們所染指過的森林保護區都將淪為一片荒蕪。這是對環境的「肇事逃逸」，手法俐落、後患無窮，靠的是大量的奴隸。克勞迪奧和瑪麗亞就擋在木材公司和木炭燒窯商兩者的財路上。

他們的朋友告訴我：「克勞迪奧和瑪麗亞是當地社區所選出來的領導人，他們竭盡所能制止這種破壞行為。所以很多人希望他們死。」二〇〇八年，這對夫妻與當地政府和牧區土地委員會（CPT）聯繫，並告訴這些機構他們收到死亡威脅。一名CPT律師幫他們向政府機構投訴，並得到了一些回應。巴西環境與可再生自然資源研究所（Brazilian Institute of Environmental and Renewable Natural Resources，簡稱IBAMA）與美國的環境保護署地位相當，但權力更大。在克勞迪奧和瑪麗亞的申訴之後，IBAMA進入森林，關了幾個伐木場和木炭營地，但這些行動還不足以警告其他公司和木炭製造商。很快地，伐木車又回到了穿過克勞迪奧和瑪麗亞及其鄰居的社區居所的道路上。雙方對彼此的不滿都在加劇。二〇〇九年，克勞迪奧採取行動，拿著一把舊獵槍站在路中間，阻擋卡車並警告他們，如果他們試圖非法闖入、砍伐樹木，他會開槍射他們的卡車。不久，這對夫婦為所有載有非法砍伐木材的卡車拍照，並將照片發給任何願意聆聽的人。村子裡有許多人被劍拔弩張的衝突給嚇跑了，遠離了克勞迪奧和瑪麗亞。當他們的鄰居拋棄他們時，他們在CPT中的朋友一直陪著他們。同時，他們對抗非法採伐的運動引起了媒體的廣泛關注，突然之間，克勞迪奧和瑪麗亞吸引了巴西和世界上其他地方的鎂光燈。

在所有媒體的關注下，克勞迪奧被邀請在二〇一〇年馬瑙斯（Manaus）的TEDx會議上演講。他的演講平和卻擲地有聲，因為他解釋了自己和瑪麗亞所面臨的狀況：

一九九七年……這裡的土地上都是原始森林，植被覆蓋率高達百分之八十五，其中大部分是堅果樹和古布阿蘇樹（cupuaçu）。如今，隨著伐木工人和生鐵生產商的到來，馬拉巴只剩下了百分之二十的森林覆蓋率，許多地方的森林只剩下小範圍的碎片。對於像我這樣生活在森林中或來自森林的人來說，這是一場災難。我從七歲起就開始摘堅果，我生活在森林附近，我盡自己一切力量來保護森林。這就是為什麼我隨時都可能被子彈打入腦袋的原因，因為我不只在附近巡視，我大聲譴責伐木者，也大聲譴責燒木炭者，這就是為什麼他們想要把我滅口的原因。他們對桃樂西修女所做同樣的事，他們也想對我做。

我今天可能在這裡和大家演講，但一個月後，你們可能會聽到我被消失的消息。我問自己：我害怕嗎？我怕啊。我也是人，我很害怕。但這不會讓我閉嘴！只要我還能走路，我就會譴責那些傷害森林的人。亞馬遜河上的樹木是我的姐妹，我是森林的兒子。我靠他們生活、我依賴他們，我是他們的一部分。當我看到卡車上的樹木被送向鋸木廠時，我心痛如絞。好像我在看葬禮，帶走我最親愛的人。

為什麼？因為生命，對我而言那就是生命。對所有生活在城市中的人們來說，那就是生命的源頭！因為森林在淨化空氣，那是它給我們的贈禮。還有一群非法之徒，他們只想到自己的利益，而不是後代子孫或其他任何事情，他們在我們鎮上無法無天地為非作歹，幹損人利己的事。很遺憾的是沒有人採取任何勇敢的行動來制止他們。這是個障礙。

森林必須得到保護，因為其中所含的一切都有利可圖，它能幫我們賺錢啊！而森林就在那裡，養育著我們。每當我想要的時候，我就去找它並在那得到我所想要的。現在，有人認為只有將樹木砍倒，只有把樹木燒成木炭，森林才能提供資源。讓我很難過。

現在我要請你們所有人幫一個忙。當你購買來自森林的木頭產品時，請檢查來源。這是我們開始減緩傷害的唯一方法。這是我們在森林之中無法做到的事情。如果你們都開始對可疑來源的木材說不，非法盜木的市場將開始萎縮。他們要嘛得遵守法律，要嘛關閉。但是，只要人們繼續購買非法木材或購買非法森林產品，這種情況就會持續下去。輸家就會是那些生活在森林中的人，還有你們，因為你們以後將不會看到任何森林，森林有一天終會消失。如果消失了，人們該如何生存？我們將如何生存？摧毀森林可行嗎？當然不行！森林還豎立著的時候是可行的！還不必給森林澆水或施肥，只需要去它那裡收集它所產生的東西。

在那塊小土地上，我生產堅果油、古布阿蘇油和果肉，我用藤子和木頭製作工藝品，使用自然倒下的木材，那是大自然為我送來的木材。我去使用這木材，而且為了代替倒下的那棵，我會種下另一棵樹。這樣，當我不在時，森林還會生生不息，會有其他人來，他們會想要我今天擁有的同樣的東西。當樹木昂首挺立時，是兩倍永續，因為當森林被砍伐下來時，你只會擁有一次，可是當你讓它自由自在地生長，你將永遠擁有它。今天、明天，你都擁有森林，甚至當你不在了，其他在那裡的人們，還可以像你當初一樣享受森林，它們將過得很好。[16]

在預測自己的死亡這件事上，克勞迪奧非常準確。不是一個月，而是六個月後，他和瑪麗亞騎著摩托車沿著他們家附近的道路行駛，當時他們越過河橋，槍手開槍射擊。鑑於在現場發現了總共十五個手槍彈殼和獵槍彈殼，當時很可能有兩名殺手。在他們逃跑之前，其中一名殺手將克勞迪奧的一隻耳朵割下來，當作戰利品拿走。

謀殺發生兩天後，我和他們的老朋友坐在一起，翻閱了克勞迪奧和瑪麗亞的照片。一張照片裡，瑪麗亞在一個種植藥用植物的小房間中，與一群遊客談論園藝和林業的結合。在另一張照片中，她帶領他們在森林裡的田野上踏青。還有一張是克勞迪奧和他十幾歲的兒子，驕傲地站在他們剛用磚和水泥建造的小烤箱旁邊。還有美麗的叢林花朵、一點堅果和水果、猴子在樹上，以及豔麗的橘色、紅色、藍色、綠色鸚鵡的照片。在巨大的巴西堅果樹「陛下」的前面，克勞迪奧和瑪麗亞以及一對可愛的年輕夫婦正在對著鏡頭咧嘴笑、擺姿勢，和扮鬼臉。

但也有一些照片訴說一個更黑暗的故事：克勞迪奧站在剛倒下的大樹的樹樁旁，燒焦的土地和載著巨大原木的卡車正沿著泥濘的道路開，木炭營地全速生產，滿目瘡痍的土地上沒有任何生命的跡象。有時，克勞迪奧站在鏡頭前，眼神渙散、憂心忡忡。然後是在家拍攝的照片：克勞迪奧倒坐在椅子上，他的臉因疲勞而鬆垮。在克勞迪奧和瑪麗亞被殺的同一天，巴西國會正在辯論一項擬議中的法律，該法律將放鬆對該國森林的保護。如果通過，該法案將縮減旨在保護亞馬遜免受伐木者、農民，和其他商業利益之害的國家森林法規的規定。新法律將為開放更多土地讓森林遭到毀滅，並集體特赦犯有非法盜木罪的人。在辯論中，反對修改法規的國會議員、前環境部長何塞・薩尼・菲洛（José Sarney Filho）收到了謀殺案的消息。站在會議廳發言時，他公布他們被殺的消息。《紐約時報》解釋了接下來發生的事情：

包括代表們在內的聽眾，向他發出噓聲。「我真不敢相信，」那天也在場的綠色和平組織主任阿達里奧先生（Mr. Adário）說，「他們竟然在噓有人被謀殺的消息。太可怕了，但是確實發生了。」[17]

在接下來的幾天裡，又有兩名環保主義者被槍殺。埃雷米爾頓・佩雷拉・桑托斯（Eremilton Pereira dos Santos）在克勞迪奧和瑪麗亞被謀殺的地方不遠被槍殺。然後，在亞馬遜裡的朗多尼亞州（Rondônia），一位農民和勞工領袖阿德利諾・拉莫斯（Adelino Ramos）在賣菜時被殺。大約一週後，環保和反奴隸運動者向政府提交了一份上面有二〇七人的死亡威脅名單，其中四十二人已被殺害。幾個月後，牧區土地委員會發布了他們名為「活死人」的年度報告，提供了自一九八五年以來，在亞馬遜地區被殺害的九百一十八人的名字。沒人知道還有多少人消失在森林裡沒有標誌的墳墓中。

我們願意付出多少？

隨著死亡人數的增加，我感到心如死灰。在美國，我們說要挽救亞馬遜都說得很好聽，但是沒人和克勞迪奧和瑪麗亞站在一起，而我自己也一樣缺席了。我們都深信要終結奴役，但是廢奴主義者準備在哪裡努力和戰鬥呢？我似乎陷入死胡同，進退維谷，怎麼做都錯。如果我們繼續努力拯救熱帶雨林並阻止奴役，有人會因此喪命。如果我們不試圖制止奴役問題和森林破壞，人們遲早也會死亡，而且地球的生態會一起陪葬。粉碎像克勞迪奧和瑪麗亞這樣的好人的力量不斷增長。如果當權者如此冷血，大聲嘘喊施壓發聲的人，甚至當人都被殺了還報以冷嘲熱諷，我們還有希望嗎？當肆無忌憚的貪婪結合無法無天的暴力，我們能怎　辦？巴西正在發生這種情況，這是一個快速發展的國家，甚至曾為消除奴役付出真心誠意的努力。

當我離開克勞迪奧和瑪麗亞的朋友時，她對我說：「他們是唯一站出來的人，但看看現在發生什麼了？現在，謀殺案一發生後，各種警察遍布各地，但我們知道他們很快就會離開。聚落裡的人們非常害怕，許多人不知所措。克勞迪奧和瑪麗亞是他們的朋友，他們擁有共同的夢想。現在許多鄰居都在考慮也要離開。如果沒有人接手工作，那麼所有人都會忘記。克勞迪奧和瑪麗亞把這件事推為全國性議題，但當初所有高呼認同的人，現在都在哪裡？」

第二天，我與IBAMA的人交談。他的手槍綁在腿上，他曾參與逮捕非法伐木者，也曾在木炭營地中突襲奴隸主，但他也感到沮喪：「沒有勞動檢查員現在外出，」他說，「他們在等待像CPT這樣的一群人或警察調查伐木者或木炭營地，然後他們才不得不出動。這就是為什麼我們前途堪憂，問題始終沒被解決的原因。因為得要我們說些什麼，他們才會做事情；如果我們什麼都不說，他們也什麼都不做。但是要舉報非法行為，我們必須要進入現場調查，而我們手邊沒有完成這些任務所需的工具。我們需要車輛、收音機、GPS和更多人力，這個問題遠比我們小組的人員要龐大得多。我們最終得依靠像CPT這樣的組織來偵查犯罪。然後，我們經常被告知要等待其他政府機構的許可，才能突襲我們知道有奴隸的木炭營地。然後我們等啊等，等著他們機構的最高層授權行動。人都快死了，卻沒有人出現來執行法律。難怪有人認為警察根本不在乎，不是沒有道理。」

我感到更加沮喪。破壞森林、奴役弱勢的惡勢力正在大步邁進。他們在政府高層有人脈，手裡有槍，有卡車、收音機和鈔票。這些奴隸主和非法伐木者不僅是危險的罪犯，人數也遠多於反對他們的人。在目無法紀的邊陲之境，他們就是皇帝。他們的停留時間不長，一直不斷在森林的邊界移動，所到之處只留下死亡、毀滅和奴役。

達尼洛神父挺身反對他們，但他手無寸鐵，而且儘管他精力充沛，畢竟垂垂老矣。幾十年來的第一次，他也正在考慮退休，回到他的家鄉義大利。CPT的反奴隸專家欣威．皮拉薩（Xavier Plassat）挺身反對他們，但沒有預算，工具也很少。克勞迪奧和瑪麗亞的朋友挺身反對他們，而且清楚知道她可能要付出的代價。一位美國修女挺身反對他們，結果被暗殺身亡。我願意為此付出代價嗎？我們之中的任何一個願意嗎？還是我們都只是紙上談兵而已？

第九章——解答沒有我們想像的遙遠

在我後面的是小鎮，在我前面是樹木。這是條動盪不安的界線、是保留原始樣貌的處女地和一切的邊緣。一邊是隨著人群到來、森林砍伐和土地開墾所帶來的光禿禿的塵土碎屑。另一邊，是我們世界上最大的森林，欣欣向榮，擁有無限的平衡和活力。如果事實是我們已經在倒數森林僅存的日子，那麼我將爬上這座小山，越過這條小溪，走入地球最深真相的原始世界，並在那個真相中漫步，即使只有一小會兒。

眼前苦樂參半，尤其看見這樣的美、這樣的大千世界。剛剛接近森林的邊緣，各種生命數量就倍數增長。鳥類的數量迅速增加，有黑白大鷹、禿鷹、小灰鴿和彩色的雀科鳥類。牠們跳躍閃爍在灌木叢和花朵中，包含牽牛花、毛地黃、紫藤，以及像窗簾一樣懸掛在樹上的快樂黃色小花。在森林的邊界這裡，一群黃色大蝴蝶和奶油色小蝴蝶在空中旋轉，然後聚集在任何有水或動物糞便的地方，變成五十、六十、一百或更多隻蝴蝶聚集而成的美麗飛行地毯。

走過森林邊界，我真正進入雨林裡，這裡的生物多樣性爆炸成長。為了閃過各種大小的藤蔓、小樹叢、樹木、灌木叢、巨大的蕨類植物，和大大小小的各式蘑菇，我的每一步都像是扭來扭去的林波舞（limbo dance）。爬上陡峭的山丘時，我抓住了一根小樹幹當作支撐，一條螞蟻河便在我的手上流過。我又小心避開了一個靠近腳邊的小球，那球大約是一個葡萄柚的大小，是乾枯的葉子和枯草塑成的完美球體。用靴子尖端戳它，它再次滾動，並在一塊石頭上裂成兩半。裡面是一個球形的小室，上面散布著蛋殼和鳥糞。我又邁了一大步，這次差點踩到另一個棕色的球，但這是個毛茸茸的球，它一被踢到就迅速展開，並急速竄入灌木叢裡。

有棵樹上有光滑、淺綠色的樹皮，點綴著針尖般的刺。絆倒在斜坡上時，我沒仔細看就往上一抓，然後棘刺就插入了我的手掌。蘑菇到處都是，有白、有橙、有棕、有黑。頭頂上傳來刺耳的叫聲，成對的鸚鵡飛過，有些黑色、有些綠色、有些是淡藍色，而且翅膀下面有閃亮的黃色。一隻紅色的鸚鵡具有高昂的魚鷹翼展，寬闊流線又精緻。

大地的荊棘

當我翻到山腳下的一塊空地時，我瞥見了一隻我原以為是鳥的動物。碩大的藍色翅膀比我張開的手掌還大，但牠飛起來時一開一闔，我才意識到這是我見過的最大的蝴蝶。我試圖讓我笨拙的腳步安靜下來，朝牠移動，希望在穿過灌木叢時追蹤到牠。這簡直是捉迷藏，每當我的視線補抓到牠，牠轉眼消失不見。我又逮到一眼，這次目不轉睛盯著那蝴蝶看，當落日的陽光開始將光軸射入林間空地的時候，我盯著蝴蝶在樹木之間滑翔。突然間，我被一團熾熱的藍光炫瞎了雙眼，然後反射性蹲了下來。我迷失了方向，搖了搖頭，往前看，看到兩棵樹之間的蝴蝶飛過。當我這樣一看，另一束陽光照到了蝴蝶，牠的翅膀像鏡子一樣，將灼熱的熱帶陽光反射到我身上，一道令人瞎眼的藍色光芒射出，穿透了森林的數千片綠色和褐色。我覺得眼花撩亂，又有點像被催眠，我簡直不敢相信這隻蝴蝶的威力，跌跌撞撞地跟了幾步，看到牠再次閃爍後，完全消失在蕨類植物中。

目眩神搖，頭昏眼花，我頹喪地了停下來。閃光使我從悲傷和困惑中分散了注意力。現在，我精疲力竭、滿頭大汗，身上還被蟲子咬了。但是，低頭望著樹枝的飽和綠色時，我看見藍藍的微小迴聲，幾乎像霧一樣，盤旋在樹葉上方。我搖了搖頭，俯身直到我發現這是另一隻蝴蝶，但這一隻羞赧低調，前一隻絢麗浮誇。牠很小，翅膀的形狀更像蜻蜓，但是非常澄澈，完全透明，只有邊緣閃閃發光，帶有矢車菊藍色。牠幾乎是看不見的，但是當牠移動，就讓背後的淺綠色葉子隱隱約約蕩漾著幽靈般的藍色，只是一些呢喃、像是一個還不成熟的想法、一個探問。

不管大小，不管是炫目還是蒼白，在我的腦海裡，這一切都交織飛舞在一起。包含那在糞便上覓食的精緻白色蝴蝶、藍色炫光、滾動的空巢球等，包含這複雜森林裡豐富而細膩的平衡，還有回答我絕望感的答案，一切都在我的腦海裡。荊棘刺穿了我的手，一束光閃瞎了我的眼，而且在我襯衫下面，還有個什麼狠毒又無情的東西刺入了我的腹部。但我認為這是我們的工作，要帶來光明、保護人類和森林，要繼續努力，而不是放棄。

如果我們愛我們的世界，那我們就必須成為那些保護世界的荊棘。如果我們憎惡奴役的存在，那就我們必須成為揭露奴役的光。如果奴役問題和生態滅絕像腫瘤一樣生長在一起，那麼我們就需要挖起、剷除它們。要知道和接受我們得這樣做，就像所有真正重要的議題一樣，可能需要幾代人的時間，而且代價可能很高。我不知道該怎麼做，但是克勞迪奧和瑪麗亞學會了一種方法，即使這方法害他們喪命。我們都知道一小塊的答案，而現在是時候將一塊塊答案拼在一起了。

開心的家庭農場

我從山上下來，直奔去拜訪一戶邊境家庭。這個家庭位在佩馬薇村的不遠處，正在尋找並建立一種與森林並存的、同時讓他們為下一代的未來充滿希望的生活。這個溫柔的家庭是奴隸主的噩夢，他們輕巧地生活在土地上，與森林並存也保護著森林。他們的農場是許多其他農場的典型代表，這不是克勞迪奧和瑪麗亞的那種生態教學農場，而是一種正在應用所學並持續進化的農場。

爸爸和媽媽帶著兩個十幾歲的兒子，一起住在他們親手建造的三房房子裡。兩個房間當作臥室，第三個房間供儲藏和坐臥所需的空間。在有遮陽的後陽台上，他們用柴火在手工製作的大陶土火爐上煮飯。火爐上有個洞，大小剛好適合鍋子放在其中，柴火在鍋子下面燒。大多時候，他們也都在陽台上的長椅用餐，那裡有徐徐微風輕拂。我和他們坐下來吃一頓晚餐，一群鴨子就在我腳邊蹣跚走動，希望撿到一些食物。

根據巴西的土地使用法律，這個家庭不擁有土地，但已經獲得了耕種土地的權利。他們有大約兩百英畝的土地，這是一般開墾者會有的土地大小。土地基本上是免費的，但政府有個要求：如果土地已經被非法砍伐，則耕地者必須將其中一半恢復為森林的原貌，植樹並讓原始森林長回來。如果土地仍未被砍伐，那麼農民不能在一半的土地上砍伐樹木，但可以像克勞迪奧和瑪麗亞一樣，將其作為森林資源進行管理。如果做得對，此要求將讓所有人都受益。這些永續使用森林資源的家庭，比砍伐土地來養牛的家庭收入更高，經濟來源也更加穩定，政府也會保護森林。儘管如此，這仍然是脆弱的平衡。這是一條漫長的泥土小徑，在樹林裡很多事情都可能發生。

這個家庭循規蹈矩。我爬山時所經過的野生森林是屬於他們土地的一部分，除了採集巴西堅果和其他森林物產外，他們保持著森林的原狀。他們稱小溪後面的山脊和山丘為「基督山」（Monte Cristo），也用同樣的名字呼喚他們的農場。在他們建造房屋的溪邊和道路附近的平坦土地上，有著維持他們生存的植物和動物的驚豔組合。雞在腳下跑，有一頭母豬帶著她的小豬，還有幾頭每天生產三加侖的新鮮牛奶的乳牛，而十幾歲的高個子兒子看起來已經喝了很多。媽媽將一些牛奶製成新鮮的農場奶酪，供他們食用和出售。他們在房子周圍種了萊姆樹和檸檬樹、木瓜和百香果、辣椒和蔬菜，還有一片鳳梨田。很快他們也會種植一些可可樹。他們所有的水都來自他們徒手挖出、用水桶提水的一口井。這是一種邊境地帶的農家生活，但他們很幸福，他們的兒子也長得高高壯壯。他們貧窮，但吃得好，也有能力幫助別人，當達尼洛來接我時，他們把一頭小豬放在一個麻袋裡，讓他帶到另一個他們聽說生病的家庭。我一直都聽說過「袋子裡裝頭豬」（**a pig in a poke**）*，但這是我第一次攜帶一頭。

他們只是一個家庭，但代表數千個。在世界各地，家庭農場正在消失，大量遼闊的土地被用於種植單一作物，更由於大型企業化農業（agribusiness）標準化了生產流程，且常常使用基因改良作物。同時，巴西是全球唯一一個朝著另一個方向發展的國家，家庭農場的數量正在增加，一九九六至二〇〇六年間增加了三十五萬戶，總數達到四百五十萬戶。這些小型家庭農場是一座強大的工廠，僅在百分之三十的活躍農業用地上就生產了巴西所消耗食物的百分之七十。在沒有大型企業化農業的巨額補貼（那正是殺死美國和歐洲家庭農場的元兇）的公平競爭市場上，小家

* 譯註：英文俚語，指衝動購物。

庭農場的效率更高。正因如此，巴西在經濟上正在超越其他國家：本地生產的糧食意味著更好的價格穩定性和更強的國際收支。[1]當地農民提供的食物更新鮮，而且無需長途運輸的燃料成本。「本地買，本地吃」聽起來可能像是美食家的口頭禪，但是在巴西，這概念得到了政府政策的支持，該政策有利於經濟、有利於當地社區、有利於保護森林，還有利於農戶。大量研究表明，巴西的奴役問題發生在邊境地帶或大型企業化農業的大農場上的非法土地掠奪中，而不是在小型家庭農場中。

卡普魯合作社的可可豆

曾經，巴西是巧克力世界的中心。可可樹原產於亞馬遜河和奧里諾科河（Orinoco river）流域，最後的野生可可樹仍在那兒生長。可可是西半球最早的馴化植物之一，並從亞馬遜北部擴散到中美洲。在墨西哥，人們發現四千年前的陶瓷壺中就已經含有微量可可飲料。馬雅人認為可可粉是眾神的禮物，甚至其拉丁學名「Theobroma cocoa」意思就是「眾神的食物」。

一五二八年，可可剛抵達歐洲時，起初並不太受歡迎，生可可的苦味使它成為一種需要後天訓練才會欣賞的味道。但是從十八世紀開始，隨著牛奶巧克力和甜巧克力的發展，對可可的需求開始飆升。此後，尤其是在十九世紀吃巧克力成為工人階級的享樂之後，巴西可可出口迅速增長，和歐洲人在西非和菲律賓種植的新型可可農場競爭。

在大西洋沿岸的巴西巴伊亞州（Bahia），可可成為主要農作物，但目光短淺的土地所有者卻為生態災難播下了種子。可可樹是中等高度的林下樹木（understory trees），是生長在雨林中高大的冠層樹木下的灌木。[2]就算長到最高，可可樹的高度也不可能超過七、八公尺以上，而且生產壽命很短，大約四十年。為了從興起的市場中獲利，巴伊亞州的農民清除了土地上的冠層樹木和林下植被，然後種植了緊密排列在一起的可可樹，增加了可能侵襲可可樹的病蟲害的危險性。在頭幾年裡，種植者藉由榨出了可可樹的產能而獲利，卻不願意透過除草、修剪和施肥來照料樹木，導致隨著樹木的老化，產量下降了近百分之四十。[3]到一九七〇年代後期，當透過空氣傳播的真菌席捲巴西時，巴西的可可樹變得毫無抵抗能力。這種真菌被稱為「巫婆的掃帚」（witch's broom），因為這種真菌使枯萎樹枝上只剩下雜亂叢生的小樹枝。到二〇〇一年，這種真菌消滅了世界第三大可可生產商，使產量減少了百分之七十五以上。儘管真菌侵染的當下影響已經很嚴重，但連鎖反應卻更是災難性。二〇〇八年，美國國家公共廣播電台（National Public Radio）的喬安妮．西爾伯納（Joanne Silberner）報導了巴伊亞州接下來發生的事情：

在真菌侵襲之前，該地區擁有超過一百萬英畝的茂密雨林。土壤濕潤，吸收性強，會在雨季時吸收大量水分。在乾旱季節，吸收的水慢慢滲入卡喬埃拉河（Cachoeira River）。但是隨著可可樹的死亡，人們砍伐了森林，以木材和牧場賺錢。裸露的土壤被動物的蹄子壓實並被太陽灼傷。在分水嶺之處……地面現在又乾又硬。

從森林到牧場的轉變大大地改變了該地區的水流方式，在卡喬埃拉河伊塔布納市的聖塔克魯斯大學（Universidade Estadual de Santa Cruz）工作的內羅爾·卡拉桑斯（Neylor Calasans）如是說：「只要我們把森林改用為牧場，水就無法進入土壤。」他接著說：「水一接觸到土壤就會流失。」卡拉桑斯一直在監測流域的水流量、溫度和降水。他的圖表顯示，水沒有被海綿狀的土壤吸收，而是越過被壓得很硬的泥土，直接流入河中，於是有時在旱季沒有水源可以補充河水。這造成了幾個問題，」他說：「在伊塔布納市，他們在給城市供水方面遇到了問題，特別是在從五月到八月，降雨量減少的這幾個月裡。」在伊塔布納市，有幾天河根本就乾涸了。[4]

這種真菌使農民急於搶地養牛，結果與亞馬遜其他地區相同，茂密的森林變成了乾燥的牧場。但其實事情可以不需要走到這步田地。

回到欣古河沿岸，距基督山農場的拓荒家庭不遠，是一家雜貨店和倉庫，隸屬於一個名為「卡普魯」（CAPPRU）的組織（「小型農村和城市生產者合作社」的縮寫，在英文裡是Alternative Cooperative of Small Rural and Urban Producers，原文為葡萄牙文）。在這裡，我遇到了一個叫何西·巴羅斯（Jose Barros）的人。何西曾經是一個失地農民，但現在他種植可可。「可可改變了我的生活，」他告訴我：「我只上學到四年級，而我一生中的大部分時間都在四處奔波，試圖賺到足夠的錢養活我的家人。我曾為不同的農民工作，我甚至下過礦坑。」大約七年前，何西設法找到了一百英畝的土地，並且像基督山的家人一樣，開始種植一些蔬菜、玉米和木薯粉來養家糊口。為了獲得政府的用地許可，他只得保證會保留原始森林的百分之六十，他因此很擔心自己是否有辦法在剩餘的土地上謀生。

然後，他遇到了來自卡普魯組織的人，並認識了可可樹。那時，有一項政府計畫，目的是試圖在「巫婆掃帚」真菌的侵襲後重新振作產能，計畫的一部分是贈送可可種苗給願意栽種的人。何西拿了一些，把它們種在大約六英畝的森林裡。在卡普魯組織的指導下，他把可可分散種植成林下樹木，讓大樹冠為可可樹遮蔭，並保持潮濕的土壤、免受陽光直射。他仔細地培育了它們，如果一些可可樹死掉，就重新種植。四年後，他的樹木開始生出可可豆莢。

他告訴我：「那就是我們的生活開始發生變化的時候，那一年我賣了約一千公斤可可豆。那是我們人生中第一次有能力購買生活必需品之外的食物與衣服。我們買了一頭牛喝牛奶，又買了一輛摩托車，我們整修了房子，吃了更好的食物。我們買了更舒適得體的衣服和好鞋子。我們的孩子已經長大，並準備離家，而我們有能力幫助他們展開新生活。」

何西帶著驚嘆和自豪的表情，告訴我他和他的妻子最近做了些他們做夢都想不到的事情：「我們去旅行了一次，」他驚嘆道，「我們去了沿海的一座城市，單純去拜訪！」他們的視野不斷擴大，何西知道這是拜永續型農業所賜。現在，他在十五英畝的土地上擁有近五千棵可可樹，其中約一千兩百棵樹可生產約三千公斤可可豆。剩下的樹木還太年輕，但將在未來兩三年內開始結出可可豆莢。他說：「剛開始時，我使用過一種除草劑，但現在我不用了。我仔細觀察樹木，有時枝條會出現『巫婆掃帚』，但我會把那些樹枝立刻砍掉並燒掉。我修剪樹木，在樹根附近挖鬆，然後用糞便施肥。最棒的事情之一就是樹冠也能賺錢，因為有巴西堅果，簡直太讚了！」

何西的故事顯示了生活的另一種可能性。他的家人過著舒適的生活，而他「耕種」的百分之六十的土地是受保護的原始森林。值得注意的是，合作社的工作人員告訴我，何西雖做得好，卻還幾乎無法與另一位他們最出色的農民相提並論，那位農民是他們最好的生產者，他的種植方式千變萬化，種植草藥和其他特色作物，並從每棵樹上細心處理出大量可可豆。當我向農民和合作社工作人員提問時，我意識到這不僅僅是可可，更是有機、環保、公平貿易的可可，可以製作出我們想要的巧克力，不受奴役、童工汙染，也不造成環境破壞的巧克力。唯一的問題是，這家合作社是一家年產一千噸的小型農村生產商，尚未獲得有機或公平貿易認證，因此他們的特殊可可在全球市場上被混入數百萬噸的可可當中而無法被看見。幸運的是，這是一個可以解決的問題。與此同時，二〇一一年，合作社啟動了一項計畫，幫助其八百個農場家庭再種植一百萬棵可可樹。

環境友善的塔博卡錫礦場

我和達尼洛神父離開森林，沿著崎嶇的小路返回塔博卡鎮（Taboca）。三十年前，這裡就是森林的邊界，最初的淘金者、再來伐木者，和最後的採礦公司，沿著欣古河從這邊登陸，再進入森林。在塔博卡鎮現在所在的位置，地質學家發現了用於製造錫和焊錫的錫礦，這正是將苦難、犯罪、破壞和奴役帶入東部剛果的礦物的一種。在一九八〇年代和一九九〇年代，隨著個人電腦大行其道、錫石需求的暴增，塔博卡鎮成為了一個新興城市。當價格暴跌時，大型礦業公司退出了市場，但是塔博卡鎮仍然蓬勃發展，成為通往原始森林邊境的門戶，並為遷入的小型礦工提供物資。

塔博卡跟巴西其他地方一樣，究竟誰有權利在附近開採礦石並不清楚。但是在目睹剛果境內錫礦場的恐怖情景之後，我知道我也必須參觀這些礦山。我發現這裡有讓我毛骨悚然的熟悉感，但卻又完全不同。在塔博卡鎮附近的一個礦山上，我在地表上發現了一個同樣大的破洞，其中有一條分流的水被用來洗滌和加工礦石。從表面上看，它看起來像迦納的露天金礦以及剛果的錫石和鈳鉭鐵礦。但是靠近點看，情況卻大不相同。在一個有如會在剛果看到奴隸的礦坑中，一台大型的韓國現代牌（Hyundai）挖掘機正進行大量的挖礦工作。工人們仍圍繞在四處，以高速水柱沖向礦石，或將礦石拖到會搖晃並淘選砂石的機器上，但工人們既不恐懼，也不特別疲倦。沒錯，他們身上沾滿了泥濘，但在短短幾分鐘之內，我身上也一樣沾滿泥濘，因為我連膝蓋都陷進黃色泥濘中，手臂得伸進泥濘中抓取鞋子。

一個男人出來見我，我問他是否是老闆。他用他的問題反問我：「早安，您是聯邦警察嗎？」我向他保證我們不是警察、甚至不是巴西人之後，他開始談論礦山和工作。他解釋說：「這裡的土地仍然屬於大型礦業公司，但因生態破壞而被ＩＢＡＭＡ（聯邦環境警察）遺棄。因此，現在，我們以某種半合法的方式來到這裡，ＩＢＡＭＡ知道我們在這裡，而且因為我們小心維護環境，他們不會干擾我們。小鎮政府無法正式承認我們，但樂於見到我們創造工作機會和做生意，基本上都是建立於非正式的關係。」

他繼續說：「當大型礦業公司來到這裡時，像這樣的礦區是蠻荒而危險的，酒吧和妓女會聚集在礦山周圍，毒品販子將無處不在。但是我們不允許任何這類狀況，所以這是一個安全的地方，乾淨，食物又好。」我所看到的一切確實都支持這樣的說法，工人自由地進出。有一個在休息室裡專心玩西洋棋的男人解釋說：「我們有兩個四人小組在這裡工作，但是今天，我的一名工作夥伴不上工，因為其中一台洗礦石機的馬達燒壞了，我們正在等待更換馬達。但是礦山的運作方式是這樣的：當我們出售錫石時，每個人都會得到收益的百分之四。我們通常每天生產約三百公斤半精製錫石，每公斤售價為十八點五雷亞爾（約合十一美元）。因此，總收入的百分之三十二歸工人所有，「老闆」拿百分之十，其餘大部分的錢用於支付所有其他費用，例如挖掘機的租金，所有我們所吃的食物、廚師的薪水、工具、燃料和其他項目。」

這個團隊規則似乎運作得不錯。在礦坑旁邊的休息空間裡，我找到了一個野外廚房和一個全職廚師正在準備午餐需要的蔬菜、雞肉和米飯。乾淨的衣服懸掛在山脊上，鋪滿蚊帳的吊床因為是白天而捲起。橡膠靴一列排開擺在牆角邊，衣物懸掛在曬衣繩上晾乾，鍋碗瓢盆整潔地疊起，在冷水機旁擺放著一些乾淨的玻璃杯。廚師是女性，因此和男人分開住，單獨住在一個小屋裡，她的小屋四周有雞在地上啄食著。

在休息室裡，我與另一個大約二十多歲的男人聊了天，幾分鐘後，他的妻子也加入了我們的對話。他告訴我：「在我來到這裡之前，我就像其他礦山的某種機器。我和妻子離開了我們在巴西朗多尼亞州（Rondônia）擁有的一小塊土地，在那裡我們只是小農，但在這裡我可以賺很多錢。在我的土地上，我每天可以賺大約五雷亞爾（大約三美金）；在這個礦坑裡的好日子裡，我一天可以賺兩百雷亞爾。有時候，會有公司從塔博卡鎮來，試圖招募我，但我很喜歡這個公司。這裡很舒適；可以自己創造時間。」當我們邊聊邊開玩笑，我看到了之前從未見過的物品，具體地證實了這個男人所言不虛：他不久前還是「小農」的年輕妻子正戴著牙套，這顯然是相當豐厚又穩定的薪水才能做的消費。

就像我在其他國家所做的一樣，我問這些人是否知道他們開採出來的礦物會被如何使用。就像世界上許多其他礦工一樣，他們也不知道。他們中的一些人聽過葡萄牙語中的「焊接」一詞，這是錫石最主要的用途之一，但即便如此，他們仍然不確定那是什麼。他們挖出的黏糊糊的黑色汙泥，最終會被用來製造手機，這概念對他們來說簡直是天方夜譚，其中幾個人甚至拿出手機盯著看。「衝突礦石」一詞使他們感到困惑，但他們確實知道有些巴西人被奴役在礦區中，特別是在農場和木炭製造營地。

那個可能是老闆的人說：「要在這裡開採，我們必須向ＩＢＡＭＡ承諾，我們會填滿坑洞，重建地表，並在完成後重新種植樹木。這都沒關係，我們為此留了一筆錢，因為有誰願意在河邊留下像這樣的大醜坑？我們最大的問題是官僚機構！所有這些不同的機構，都有不同的規則和目的，但似乎沒有一個機構有權真正分配我們這塊土地或規範這裡發生的事情。IBAMA保護環境，但是他們無法給予採礦租約，實在是令人不知所措。」

這可能令人沮喪，但就像種植可可地農民合作社一樣，這個小小的團隊正顯示出基層的經濟發展如何能夠提供工作，同時保護人權和保護環境。一個龐大的全球經濟體可能需要大型公司，但是規模意味著距離——距離越遠，越難了解我們購買和使用的商品的真正來源。如果礦場能被保護，不受犯罪集團的控制，能夠接受如何經營礦場的訓練，那麼在塔博卡鎮的錫石礦的成功模式，也能夠複製到迦納的金礦和剛果的鈳鉭鐵礦場。事實證明，建立本地社區和企業是使人們擺脫奴役、維持自由之身的最佳途徑，也是保護自然世界的一種可能途徑。

塔博卡礦區的邊緣看起來似乎是一門古老的巨型加農砲。被雜草叢生包覆的生鏽大筒指向道路，好像在守著河岸。這個怪物，以及周圍的鐵地板和散落砸碎的機器，都是大型礦業公司經營過的礦場所留下的痕跡。全部這些機器，都是在大公司因為違反環境而被趕出礦場時，被摧毀和拋棄的。這生鏽的殘骸，也呼應了在迦納看見的大型廢棄礦場機具，那裡也是附近被小規模採礦所包圍。這是另一項大規模業者得面對的難題。儘管該公司有能力運行這些大型且相對高效的機器，但它們卻無力在錫石價格下跌時繼續經營下去，或履行其保護礦區周圍環境的承諾。因為經營規模較小較適切，當全球錫石價格低廉時，目前的工作團隊可以過得還可以，當錫石價格高，工人們的生活則可以過得尚堪舒適。對於CAPPRU合作社中的小農戶而言也是同樣道理，儘管全球市場上的可可價格上下波動，但如果經營的農作物種類繁多，同時營運經常性開支相對低，那農民就是安全的。

何西的健康可可樹、經營環境友善的錫石礦場的非正式合作社，以及位於基督山森林小屋中的拓荒者家庭，這些只是小小的個案，整個邊境地帶上還有其他成千上萬、各種樣式的經營樣態。但是重要的是，在每個例子中，人們已經不再那麼脆弱不堪，他們得以從絕望的貧困中爬起，過渡到了即使不算富足、也達到了健康而有尊嚴的安全水準，他們的孩子得以健康成長，生活也不僅僅只是折磨人的工作。這些例子證明，取代剝削生態破壞的替代方案是可行的，而且這並不需要人們的施捨。實際上，這是邊境地帶的森林裡一種更可行的經濟模式，因為這些方式保留、並擴展了森林所能提供的潛在經濟價值。只要我們擺脫目光短淺、急功好利的思維，不再濫墾森林或迷信牧場，看得更遠一點，我們就會看到生命的出路，也就是豐富的生物多樣性，以及可再生和可持續的農產品。我們會看到克勞迪奧和瑪麗亞在地平線遠方所看到的願景。這種發展方式充分利用了巴西越來越多的家庭農場。它的規模較小、去中心化、更有機且能迅速成長，並且沒有陷入破壞巴西可可作物或困擾生物燃料行業的陷阱。

生物燃料是轉機還是危機？

這樣的解決方案看似非常簡單，但我們不要自欺欺人，因為要在農業、環境保護、經濟可持續性、勞工權利和消費者需求之間取得平衡，非常棘手。有時，通往地獄的道路上鋪滿了政府、企業和消費者的好心。

在魯拉總統領導下的巴西，「農業能源」（agroenergy）成為一個旗艦計畫。伊拉克戰爭期間，看著世界其他國家對石油的擔憂越來越深，魯拉總統和他的政府看到了難能可貴的機會。周遊世界的魯拉提出了生物燃料（biofuels）的想法，與包括美國在內的許多國家簽署了合作協議，在聯合國裡為生質燃料辯護，並利用他的總統權力來支持巴西農業的新「綠色」出口市場。有了最高層的大力推動，巴西的生物燃料自然出現爆炸性增長，巴西甚至渴望成為「生物燃料的沙烏地阿拉伯」（the Saudi Arabia of biofuel）。二〇〇八年，巴西超過美國，成為世界上主要的大豆生產國，大豆是生物柴油的主要成分。[5]到二〇一〇年，巴西的大豆生產面積已超過四千五百萬英畝，幾乎占該國耕地的一半。

但是還有其他與汽油價格無關的驅動因素。自二〇〇五年以來，大豆需求爆炸性成長的另一個原因，是發展中國家的肉類消費量急遽增加。因為許多農田從種植物變成放牧動物，許多小農因此被逼迫只能使用越來越少的耕地上，而且耕地通常是位在丘陵地和山地上，因為平坦的山谷被用來大規模養殖單一作物，例如種大豆或放牧牛群。在亞馬遜地區，我們已經知道，當生態系統的多樣性被犧牲，將土地單單用於一種牲畜時，無論是在經濟上還是在環境上，其代價都相當巨大，但在當時，土地被轉讓給單一作物的潮流勢不可擋。隨著像印度和中國這樣國家的中產階級增加，吃肉的人的數量迅速膨脹，考慮到這兩個國家的人口總數超過二十億，全球對牛肉、豬肉和雞肉需求量的增加非常可觀。

這裡的重點是，肉類產量的增加也意味著穀物生長的增加，代表更多受保護的森林受到威脅。每生產四百五十公克的肉大約需要六、七公斤的穀物或大豆。實際上，美國將其百分之九十五的大豆作物（世界第二大作物）用來作為給動物的飼料，主要用於豬。如果把大豆本身當作給人的食物，而不是作為動物飼料，可以更有效率得餵飽飢餓人口。但拋開這不談，還有另一個問題：大豆和玉米等需要大量投入的一年生作物，每年每英畝釋放約四百五十公斤的二氧化碳，相當於美國每年光是這兩種作物，就排放了一億四千四百萬噸的碳排放量。

農作物和牛的數量極多，而且這狀況的背景是，當油價超過每桶一百美元時，人們對穀物和肉類的需求早就已經使生態系統陷入危機。對生物燃料的需求的增加造成了新的淘金熱，人們加倍爭奪土地和勞動力。在巴西這樣的地方，這些搶地的做法很大一部分是由外部投資造成，投機客認為，這概念就像在沙烏地的石油還便宜的時候多買油井一樣。搶地的結果對窮人來說是災難臨頭，因為儘管穀物產量增加，但因為玉米和大豆被用來當作生產燃料，所以穀物所做成的食品價格仍舊上漲。關於這種現象的經典案例研究是二〇〇七年在墨西哥發生的現象，當時美國啟動了將更多汽油與乙醇混合的計畫。隨著玉米價格的飆升，作為當地主食的墨西哥玉米餅，成本增加了百分之四百。由於大豆和米價翻為兩倍貴、玉米價格翻為四倍貴，許多貧困國家突然付不起養活人民所需的進口糧食。當這種情況開始在全世界各地發生時，第一聲抗議的怒吼來自令人驚訝的角色。

就在魯拉總統和布希總統簽署增加乙醇生物燃料的協議之時，聯合國和國際貨幣基金組織（International Monetary Fund）均發出了嚴厲警告。[6]國際貨幣基金組織談到了對世界窮人的嚴重影響，但聯合國專家走得更遠。聯合國糧食特別報告員（UN's Special Rapporteur on Food）讓·齊格勒（Jean Ziegler）說，將糧食儲備轉化為燃料是「反人類罪」（a crime against humanity）。他補充說：「必須停止的是……在全世界各地由飢餓所造成的、日益嚴重的屠殺。」他指出，製造十三加侖的乙醇需要兩百三十公斤的玉米，這足以養活一位尚比亞或墨西哥的孩子一年。齊格勒承認使用生物燃料有好的一面，例如更乾淨的環境和減少對化石燃料的依賴，但他仍然呼籲暫停生物燃料的生產五年，以便開發「從農業廢棄物中生產生物燃料和生物柴油」的技術，而不是使用可食用的小麥、玉米、甘蔗和其他糧食作物。當時沒有人聽進去，更多土地被迫用於生產生物燃料。

到二〇一二年，美國百分四十的玉米都轉化為乙醇，越來越多的土地被投入乙醇市場中。目前尚不清楚在二〇〇五至二〇一二年期間，轉移玉米作物用途到底讓總糧食價格增加了多少，但各家獨立估計的平均值約為百分之二十五。對於一個全國三分之一的玉米是進口而來的墨西哥來說，這意味著每年要多花二點五億至五億美元，這比墨西哥政府為了支持本國的小規模玉米種植者所能投資的資源還要來得多。所有這些都意味著更嚴重的糧食危機：墨西哥的基本食品的價格上漲了百分之五十，肉類和奶製品的價格因 動物飼料的成本升高而一起上漲。到二〇一一年，那裡的政府估計一半以上的人口正處於缺糧時期，有五百萬兒童經常營養不良。[7]

當時，奴役早就存在於各種森林砍伐業當中，有的是燒製木炭的，或者走私像紅木這樣的高級木柴。但是生物燃料以新的方式將工人綁在大豆和其他農作物上。CPT和政府注意到，奴役的增加與生物燃料農業增加有並行的趨勢。因為糧食價格上漲，絕望而無土地的農民家庭變得更加絕望，飢餓使他們鋌而走險，聽從森林旁的人口仲介保證好薪水、好待遇的花言巧語。同時，以前在高度機械化的農場上幾乎不會使用奴工的大農場主，現在需要「根系清理者」（root collectors），這是稱呼清理林地所需的短期工人的行話，也正是上一章中，吉爾伯托被奴役的工作類型。就業的可能性，大大吸引了該國最貧窮地區的工人，其中一些人最終淪為奴隸。

到二〇一一年，為了種植大豆而砍伐的森林數量，與為了放牧而砍伐的森林數量旗鼓相當，兩者對亞馬遜地區構成了雙重威脅。隨著第一份科學研究的出現，事實很明顯，大豆像牛一樣，由於會造成土地水分流失和壓實乾燥土壤，而對土地帶來嚴重的傷害。大豆種植地區的社區和生態系統也開始遭受與耕地有關的相同問題。[8]不令人意外地，官方的環境保護區中，發生了大量此類問題。

回到欣古河，自然保護區和受保護的原住民土地正面臨著越來越嚴重的水汙染，水系也被侵擾。在欣古河源頭，也就是剛好位在環境保護區外，並接近河的緩衝區的地方，大豆種植區的除草劑、農藥、化肥和淤泥順勢流入河中。造成的連鎖反應是魚群和野生動物的減少、飲用水安全性的擔憂，以及突發性洪水。由於落在種植區上的雨水再也無法被森林的土壤與植被吸收，大雨來臨時它們瞬間累積在地面上，淹水問題於是變得嚴重。這種情況在美國歷史上陰魂不散。

一八八九年五月三十一日，美國歷史上最大的災難發生，當時因為水壩潰決，席捲了一系列小城鎮和賓夕法尼亞州的約翰斯敦市（Johnstown），造成超過兩千人死亡。雖然直接的原因是大壩的倒塌，但更大的原因是當時持續的森林砍伐，這使越來越多的水高速流入大壩後面的湖泊。大衛・麥卡洛（David McCullough）在關於洪水的暢銷書中解釋說：「森林不僅在土壤中保留了大量的水（每英畝約八百噸），而且尤其是山區，森林抓住土壤，而在冬天，森林也會把雪抓住。在森林被破壞的地方，春季的融化和夏季的雷暴會使山洪奔騰而下。而且由於雨水本身年復一年地沖刷走土壤，留下的地表很少，洪流變得越來越可怕。」[9]

在欣古河的上游，沒有積雪或春季融雪的問題，但是巴西那部分地區每年的降雨量是賓夕法尼亞州約翰斯敦的兩倍，造成了災難性的後果。矛盾的是，亞馬遜河上游鬱鬱蔥蔥的潮濕氣候特別豐富，那是隨著季節性洪水緩慢循環演變而成。許多熱帶河流都有季節性洪水，但沒有什麼能像亞馬遜河流域的「igapo」（沼澤森林）和「varzea」（洪水森林）那樣令人驚豔。當洪水來臨時，很長一段時間大面積的雨林被深達十二公尺的水淹沒，而且由於水位如此高，可以從船上碰到雨林樹木的頂部。洪水氾濫頻繁而廣，以至於由於重量增加，南美大陸的中央甚至下沉了幾公分，然後隨著水位減少再次上彈升。這是有史以來所知最大的地殼起伏。上游的生態環境根據洪水的節奏進行微調，例如魚類演化成可以在高水位時，食用水果和種子，並且由於低水位使牠們滯留在淺水池中，而演化出可以直接從大氣中呼吸。森林地面上的一些植物每年在水下生存多達六個月的時間，因此似乎已經演化出一種在被淹沒時繼續行光合作用的方式。這些極端的條件產生了令人驚嘆的奧妙，但一切都受到與生物燃料有關的森林砍伐的威脅。

終結甘蔗糖廠上的奴隸

巴西的另一種主要生物燃料作物是糖，這是製乙醇的主要原料。在巴西和西半球世界其他地區，製糖和奴役有著悠久而醜陋的歷史。眾所周知，在十八世紀和十九世紀，加勒比海地區和巴西的蔗糖種植園死亡率惡名昭彰地高，需要不斷從非洲進口新的奴隸來遞補死去的奴隸。歷史學家斯圖爾特．施瓦茨（Stuart Schwartz）在巴西的奴役問題上寫了很多篇文章，並描述了一個「非常類似於現代工業裝配線的過程……工作極為艱辛……夜裡沸騰的大鍋、嗡嗡作響的磨坊、和大汗淋漓的工人，讓不止一個觀察者聯想到地獄的形象。」對於那些經常受到懲罰並「被以熱蠟燒焦或灼傷，臉上或胸部被烙上印記，被滾燙的鐵折磨，被切掉耳朵或鼻子，或遭受與性相關的野蠻對待……」的奴隸來說，這一定是地獄。[10]

大量的酷刑和死亡不再困擾著巴西的蔗糖田，但大約有三十萬人是季節性的甘蔗砍伐者，他們尤其容易受到虐待。巴西新聞網（Reporter Brasil）負責人李奧納多．薩卡本（Leonardo Sakamoto）解釋說：「巴西氣候宜人，土地和技術得天獨厚，但是其生物燃料的許多競爭優勢來自於對工人的剝削，包含從奴役到低薪。」二〇〇八年，機動反奴隸小隊破獲解救了大約三千名甘蔗工人。這些工人們描繪了惡劣而危險的工作條件。這不令人驚訝，因為用砍刀收割甘蔗，被認為是一個人可以做的最糟糕的工作之一。

巴西再次向我們展示了方程式的兩面，哪些地方可能出錯，哪些地方可以做對。一方面有工人虐待和奴役的存在，另一方面也有《改善甘蔗種植勞動條件國家承諾》（National Commitment to Improve Labor Conditions in the Sugarcane Activity），該承諾於二〇〇九年由三百三十一家公司簽署，代表了百分之八十的蔗糖生產商。儘管在其中一個簽署種植園中，很快發現了血汗奴役犯罪，但跨及整個產業的協議已幫助讓勞權侵犯逐年下降。

支持這項改變的是機械化所帶來的勢不可擋的進步。過去，鑑於糖業和棉花種植的工作極為辛苦粗重，它們被認為是「需要」奴隸的農作物。美國南北戰爭前的種植者認為，如果沒有奴隸，美國透過棉花出口而大量累積的財富將枯竭，導致國家陷入蕭條和混亂之中。現在，兩者都可以透過機器更有效地來耕種和採收。在巴西，往往只有規模較小且偏遠的農場仍使用單獨的切割機來採收甘蔗，大多數奴役犯罪都發生在這種農場當中。我二〇一二年與巴西反奴隸運動者交流時，他們說糖業中只有極少的血汗奴隸犯罪案件，但也指出了一個狀況，就是機械化也意味著越來越大型的種植園會對環境造成更大的影響。隨著國際上對生物燃料的需求不斷增加，蔗糖田也壓迫著亞馬遜森林，威脅生物多樣性和受保護的森林。

甚至與生物燃料熱潮有關的謠言也可能引發廣泛的環境破壞。二〇〇九年，在巴伊亞州，一個韓國組織宣布了他們打算在一個名為卡廷加（Caatinga）的自然地區建造酒精／乙醇加工廠的打算。這個消息引起了土地爭奪。森林遭受砍伐、小農被從自己的土地上趕走、腐敗的政客開出假的土地權狀。輕描淡寫但卻足以毀滅小農的訴訟案，被用來針對不願賣土地的貧困農民。還有其他更兇狠的威脅和恐嚇也被用來嚇走人們。結果就是，在加工廠都還沒建成的早早之前，而且沒有依循任何地方或國家層級的關於土地保護和使用的法規，亞馬遜河支流源頭的一大片森林就因此被砍伐殆盡。

老羅斯福挺身而出

我們都希望減少溫室氣體排放，我們都希望保護瀕臨滅絕的物種、保護人們不被奴役，但是代價是什麼呢？要計算生物燃料的實際成本是複雜的，並且對我們大多數人而言，相當令人費解。在汽油中混合乙醇確實可以減少一些最糟糕的排放物，這是一件好事。但是，如果要減少美國汽車碳排的代價是亞馬遜雨林的損失，那麼乙醇就沒有意義。森林砍伐破壞了地球上移除和儲存大氣碳的最大的力量。對「地球之肺」的任何威脅都必須與加乙醇的汽油所帶來的好處相權衡。或許在這議題上展現最大智慧的也是最被忽視的聲音，就是聯合國專家尚．齊格勒呼籲暫停五年從食物中生產生物燃料，同時繼續提高我們從其他非食物來源生產生物燃料的能力。

美國環境保護署（US Environmental Protection Agency，簡稱EPA）使用「生命週期分析」（lifecycle analysis）來計算這些費用。這測量了從種植田到油箱的漫長過程中，諸如生物燃料之類的物質可能產生二氧化碳的所有方式，加總森林砍伐、種植和收割、加工、運輸及其最終被消費者使用所產生的碳。批評人士說，EPA的標準還不夠好，無法計算進所有影響，尤其是在耕種甚至還沒有開始之前就涉及的生態系統毀滅。同時，二〇一二年，EPA要求由棕櫚油製成的生物柴油不可在美國用作燃料。因為棕櫚樹發展迅速，大量毀滅印尼的雨林，環境成本過高，因此美國無法接受棕櫚油作為燃料。

在這種保守的精算中，巴西走的是一條非常窄又危險的路線。對於任何了解美國歷史的人來說，這是一條讓人看起來非常熟悉的道路。巴西的政治和經濟腐敗程度，以及這種腐敗如何造成和使奴役和環境破壞得以進行，反映了美國在十九世紀末和二十世紀初的經歷。在當今的美國，很難想像在二十世紀初，當年國家僅存的森林有被移交給木材公司、並被全面砍伐的危險。當時，阿迪朗達克山脈（Adirondacks），也就是現在的冰川公園（Glacier Park）和數十萬平方公里的政府林地幾乎都是在被搶奪的範圍內。大多數政客都能被買通，因此，他們樂於以高額賄賂來交換低價出售政府林地也就不足為奇了。今天美國仍然有廣闊的森林，這是由於一位率領運動的年輕總統，願意以環境保護之名賭上他的政治前途。

狄奧多・羅斯福（Theodore Roosevelt）於一九〇〇年十一月當選美國副總統。他呼籲制訂健康與安全法規，控制大公司以及保護環境，這意味著許多政客和商業領袖很高興看到他只能出任這一象徵性高但權力低的工作。但是就職六個月後，隨著總統威廉・麥金萊（William McKinley）被暗殺，羅斯福就任總統。他的第一個舉動之一就是呼籲國會強化對企業的控制，並敦促國會保存和保護美國的森林和荒野。一九〇四年，他壓倒性勝利當選為總統後，該如何處理國家的森林引發了爭議。羅斯福與林業局局長緊密合作，開始為美國的未來預留約一點五億英畝的聯邦森林。國會議員，特別是西部州的國會議員，則想出售這些森林，因此，為了阻止更多的自然資源保育，他們在一九〇七年《農業法案》（Agriculture Bill）中增加了一條條文，剝奪了總統保護森林的權力。因為不希望否決一項重要且必要的法案，羅斯福和林務局的吉福德・平蕭特（Gifford Pinchot）只好退而求其次，積極地挑選要保護的土地。在羅斯福簽署《農業法案》並失去對各州森林權力的幾分鐘前，他先簽署了一項命令，將超過一千六百萬英畝的西部土地指定為國家森林。這些被稱為「午夜森林」（midnight forests），標誌著它們在深夜被圈劃保護為國家森林。這過程非常大膽，但也確實是採取行動的正確時機。到一九〇〇年，美國原始森林覆蓋率的一半已被砍除，伐木高峰在一九〇六年達到四百六十億板英尺。

一位不怕得罪特殊利益的總統，採取了迅速而受爭議的動作，讓美國保留了一部分的宏偉森林。如今，即使巴西已劃出森林區域，那些想要砍伐和「開發」土地的人，與那些想要保護留存森林的人，仍舊陷入了鬥爭。這似乎是一場沒有止境的鬥爭，而且由於法治在森林邊界上執行薄弱，使情況更加惡化。必須了解的是，一些森林保護措施確實已經奏效，巴西的合法砍伐木材和木材生產在過去十年中迅速下降。合法的木材公司已經裁掉了數千個工作，有些甚至已經倒閉。根據巴西政府的亞馬遜研究所（Amazon Institute）的研究，原木消耗量從兩千四百五十下降到一千四百二十萬立方公尺。他們在二〇一〇年的報告中指出，這一下降的原因，是因為合法木材公司對砍伐和加工樹木進行了更加嚴格的監控。如果人們遵守法規，這系統就會有效，但是法規對黑道而言根本毫無意義。

對木材的需求仍然持續，罪犯分子抓緊機會，快速補上合法伐木減少所造成的真空。而且，非法盜採的木材產量，遠遠超過合法木材產量下降所產生的需求。正如我在這本書中拜訪的所有國家發現的那樣，環境法規減緩了合法採伐並保護了一些森林，但是進入這個空間的犯罪分子不僅準備剝削私人土地，還準備開發自然保護區、受保護的生態系統、國家公園、和屬於原住民的土地。在巴西的帕拉州，「幽靈」木材公司成倍增長，砍伐樹木並從禁區和保護區搶走原木。幽靈公司的工人可能會辯說他們有砍伐樹木的權利，在卡車上貼上商標，並出示看似伐木許可證的文件。但這類公司通常是虛構的，未經合法註冊，當然也沒有可以砍倒樹木的許可證。調查組織「社會觀察站」（Social Observatory）在二〇一一年的一份報告中解釋了這套做法。[11]

在帕拉州，想要將木炭賣給冶煉生鐵公司以出口的商人，會賄賂州環境部門的官員。腐敗官員會簽發允許從冶煉廠附近的合法農業用地中清除「木屑」的許可權，或者將重新授權已超過十年的過期許可證，以「完成」先前批准用於伐木的土地上的工作。然後，這些許可證會被用來以合法掩護非法，在根本不在批准地區之內的森林保護區上盜採樹木。盜採木材要成功的關鍵是速度，如果有人質疑，則揮舞出示許可證，鏈鋸轟鳴，樹木便會像骨牌一樣倒下。如果有人去城市檢查許可證文件，或去警察局詢問伐木的合法性，那麼當他們回到現場時，被盜砍的樹木和盜砍者早就消失無蹤。一旦樹木被滾上卡車後面，開往一個隱藏的木炭營地或鋸木廠時，那就沒救了，那部分的森林基本上已經一去不復返了。在幾週之內，被砍伐的樹木會被加工，成為冶煉廠的木炭，或者砍伐成木材準備出口。

當社會觀察站的調查人員追蹤那些運送木炭、開往冶煉廠的雙拖車卡車的車牌號時，他們發現大多數車牌實際上是摩托車、贓車、不存在的車輛，而很少是真正的卡車。錯誤的車牌意味著無法透過這些卡車追蹤到真正的車主、企業或伐木場。透過調查得知這樣的狀況，一些誠實的環境警察開始研究這個情況。但是，當警官開始發現不法行為時，州長安娜・朱莉亞・卡帕

（Ana Julia Carepa）向環境警察的最高主管致信，要求他將那些揭露不法商人與州政府勾結的警官停權。州長使用森林破壞者經常重複的論點，譴責正義的警察「阻撓該地區的發展」，並指責「（警察）辦公室的活動……無濟於事」。誠實的警官並未被停職，但他被轉移到另一個城市，結果也大同小異，就是非法砍伐森林和出售木炭的行為仍在繼續。

北美平原上的沙塵暴

我在美國大平原長大。這裡從來沒有森林，但大平原也曾經是一個複雜而充滿活力的生態系統。草原草長到將近兩公尺，成千上萬的麋鹿、鹿和水牛漫遊，覓食並豐富了土地。人們也在那裡生活，過著與世無爭的生活，追隨牛群，並創造出與大多數其他地方一樣美麗、豐富，但有時有點愚蠢和荒唐的文化。當外來的開墾者來到並「開發」平原時，均衡的生態系統被摧毀了。原生植物成為犁下受害者，水牛和其他動物被屠殺，成為世界歷史上最迅速的近乎滅絕的悲劇之一。居住在平原上的美洲原住民遭受新疾病的折磨，然後儘管簽訂了保護性條約，但仍遭到武裝團體的屠殺。我與一個部落的孩子一起長大，在不久前一個世代的時間之內，也就是他的祖父時代，目睹了部落的大部分人口都死於疾病或暴力。在被屠殺殆盡的那段時間裡，記憶喪失了，每個家庭都遭受了創傷的折磨，並且不僅遭受破壞，部落還被迫離開家園，驅車數百公里到達荒涼不適人居的保留地。被邊緣化並面對邪惡劇烈的種族歧視，剩餘的許多部落成員陷入酗酒和絕望。

大平原上的許多部落，其文化和生計被美軍徹底摧毀，只好尋求宗教和神秘的答案。一八九〇年後，一個名為「幽靈舞」（Ghost Dance）的特殊儀式在各部落之間迅速傳播。許多人希望這一為期五天的淨化和統一儀式，能復興大地並洗淨白人帶來的邪惡。經歷了滅絕，他們呼籲神的幫助。結果並非如此。聯邦鎮壓幽靈舞的企圖，導致了在傷膝河的大屠殺（Wounded Knee Massacre），造成一百五十三人死亡，其中大部分是婦女和兒童。

我們都知道這個悲慘的故事，但是在我們試圖理解奴役犯罪、森林砍伐與發展的經濟壓力之間的聯繫時，重要的是發生在大屠殺之後的事情。在大平原上，隨著白人開拓者的到來，儘管他們的意圖或許是好的，但土地退化得更快更多。種下小麥，收穫豐碩，不過只持續了一段時間。當高原變化莫測的氣候，遇上被翻犁過的耕地時，結果就是乾旱、土壤退化和沙塵暴。超過一億英畝的土地遭到嚴重破壞。能夠抓住水分、並在乾旱中將土壤抓在一起的原生種深根系的草類，因為被剷除了，造成地表赤裸裸、乾化為塵土、風一吹就走。沙塵暴立即使超過五十萬人無家可歸，並且在五年之內，有兩百五十萬人逃離了這場環境災難，使廢棄的農場和城鎮散布在平原上。今天，人們繼續從高地流失，估計僅堪薩斯州就有六千個鬼城。[12]

我們回顧大平原生態系統的破壞，並搖頭嘆息，指責我們祖先的無知，以及他們貪婪而無視自然和原住民的行為。我們可以說他們不了解自己在做什麼，他們相信「發展」、文明和自己的進步是齊頭並進的。他們不知道成熟和高度演化的草原是寶。他們不明白，強迫其「發展」意味著毀滅，就大平原而言，實際上向空氣中釋放的二氧化碳比汽車或燃煤發電廠還要多。

但是今天我們確實明白了。我們知道，試圖將草地生態系統變成耕地，就像將森林變成草地放牧牛一樣愚蠢和危害人間。我們不妨想像用衛生紙製成雨傘，或用混凝土製成鞋。我們了解，要建構一個有效的生態系統，需要數十萬年的演化發展，在該生態系統中，動植物和昆蟲以及氣候，天氣和土壤和水被整合到一個萬物可以生生不息的狀態，並且穩定而最大化了將太陽光（我們的主要能源）轉化為一切使生命成為可能的元素。人類會犯錯並不足為奇，但這些行為是醜陋而見利忘義的。一些人的論點是，他們對財富的迫切需求比其他任何事物都重要，對此貪婪最喜歡的合理化解釋之一是以「發展」之名的陳舊謊言。

如果這聽起來有點讓人覺得太虛幻，如果聽起來像是一個關於抱樹運動的神秘呼籲，其實不然。這不是幽靈舞的召喚，那是失去所有時痛苦的輓歌。這是像克勞迪奧和瑪麗亞這樣的人的生命見證，他們的言行舉止證明了與森林建立永續性夥伴關係的可能性。然而，這是一個危險的訊息，並非巧合，克勞迪奧和瑪麗亞像跳幽靈舞的印第安人蘇族一樣，阻擋在他人貪婪的道路上而被謀殺。

畢其功於一役

對於巴西乃至世界各地的許多人來說，亞馬遜繼續遭受殘酷的破壞，和巴西政府沒有好好地保護這一必不可少的豐富資源，簡直離譜而令人無法忍受。但是，除了奴隸主非法破壞森林的罪行外，巴西還遭受著對環境的另一種可怕威脅：政治。巴西的政治體制十分兩極化。貧富之間的極端距離，使該國在政治上分裂，其中一方是由地主和商人組成的強大聯盟，他們視亞馬遜為自己的財富，認為可以多加剝削以建立個人財富。在我撰寫本文時，一項法案正在通過巴西的政治體系，這將使亞馬遜有更多的砍伐空間，並減少對已經保留的森林的保護。總統迪爾瑪·羅塞夫（Dilma Rousseff）有意支持該草案，同時來自世界各地的數百萬封電子郵件和訊息湧入，要求否決法案。

當然，從美國的角度來看，很難去自以為是的評價迪爾瑪總統的困境，因為美國政治體系中也存在著極端的分裂和仇恨，並且美國剩餘的森林和野生環境也面臨著嚴重的威脅。如果真要說，美國有關環境的政治辯論比巴西的辯論更加混亂。在美國，主張終止環境保護措施、並允許破壞被保留的大自然居然被稱作是「保守主義」而獲得尊重。奇怪的語言雜技使我們可以將對森林的保護定位為「自由主義」，而對我們共享的自然遺產的自由揮霍則被定為「保守主義」。讓討論更加混亂的是，一些政客建立了一種政策主張，將對宗教團體而言重要的社會保守立場，例如反對同性戀的公民結婚權，與對環境具有破壞性的立場，如在受保護的森林中進行石油鑽探，偷渡聯繫在一起。結果就是在某些公民的心中，基督宗教居然被當作為環境破壞辯護的理由。實際上，包括基督徒在內的美國公民，對環境的看法千差萬別，並且基於信仰的環境保護運動有越來越大的趨勢。關鍵問題是，環境已成為又一個政治足球，其重要性僅基於是否得以協助贏得下一次黨派爭奪來衡量。在美國和巴西，如何管理環境，都需要從這些短視的政治辯論中跳出來，並把眼光放遠。環境政策可能會產生巨大的短期影響，例如生產更多的石油或增加食品成本，但更重要的是它們的結果是長期的且不可逆轉的。政治家常常像孩子在爭奪玩具一樣，但是他們的短視，使我們留給子孫的世界處於危險之中。

做出對的決策是有可能的，而巴西已經有很多經驗。可可合作社、生產錫石而不造成奴役或環境破壞的礦山，展示了不僅可行而且在許多方面更好的替代方案。巴西列舉使用奴隸和傷害環境的公司的「骯髒名單」行之有效。環保警察的人數太少了，但是進入田野的警察做得非常好，只要他們被給予足夠的空間。在巴西，也有聰明而活躍的團體和一個自由媒體，隨時準備公布罪犯姓名和揭露不法行為。而且，也許最重要的是，有些人已經準備好願意為正確的事情賭上生命。

另一方面，法治在森林邊界上是脆弱的或根本不存在的，無法保護那些冒著生命危險爭取權利的人。政府是保護區的監護人，但不會雇用足夠的警衛，例如環境警察，來保護他們的安全。在邊遠的小城鎮裡，沒有警長、沒有戴錫製星星的律師來確保人們循規蹈矩。更糟糕的是，巴西司法機構無法確定誰對奴役犯罪和環境滅絕等罪行擁有管轄權[13]，因此他們在法院與法庭之間跳來跳去，反倒讓罪犯逍遙法外。然後，當政府本身，無論是美國還是巴西，陷入風靡生物燃料風潮時，基層沒有清晰的聲音來解釋為什麼大家須要三思而行。

在巴西似乎尚未被聯繫在一起的兩個點是如何使人們終結奴役同時也能減少碳排的挑戰。以及，如果人們將兩點聯繫起來，如何可能產生雙贏的局面。我們了解奴隸如何被迫造成環境破壞和大量的二氧化碳。我們還了解到，解救他們的主要障礙，是要有經費支付反奴隸社會運動，並幫助被解救的奴工在獲救後就能夠養活自己。似乎沒有人看到，雖然奴隸被強迫砍伐樹木，但我們也可以立即雇用獲救後的倖存者來種樹。巴西在二〇一〇年的官方基本薪資為每月兩百八十八美元，也就是每天不到十美元，但要獲得三十五美元的一噸碳信用額，則需要種植六到十棵樹，如果中間有多次休息，這可能是一天的工作量。在減少大氣中的二氧化碳的同時，可以透過限額量和貿易為終結奴役犯罪來提供資金嗎？是時候找出答案了。當我們能深入理解環境問題與人權的相互關係時，我們可能會在很多方面看到，解決一個問題可以幫助解決另一個問題。

關鍵是人

當我走出樹林，被蟲子蜇咬並雙眼昏花時，我知道這需要我們所有人共同努力，來解決這些環環相扣的問題，建立一個畢其功於一役的政策方案，為我們指明前進的方向。巴西知道答案的一部分，而剛果、孟加拉、迦納以及其他那些出現「奴役」和「環境破壞」兩隻禍不單行醜惡怪獸的地方，也知道一小部分。我當然沒有所有的答案，甚至可能有些想法有錯。但是我確實知道，解決問題需要的關鍵部分是人，帶來光明和揭露真相的人們、願意保護我們在自然和人性中所珍愛的事物的人們，以及足夠成熟以做出承諾並深入研究、直到奴役和環境滅絕逐漸消失時的人們。真正重要的事情需要時間，有時它們需要整個文化來改變他們的思維，但是我們知道這可能發生。儘管有種種障礙，人權和公民權利仍在擴散，在某些情況下，在過去幾十年中，改變的速度令人驚豔。是的，要以數十年為單位來衡量我們的工作是艱鉅的，但回報是值得的。只是我們需要從現在開始，在寶貴的自然生態還存在著的時候。

第十章——你無法假裝不知道

一九四二年夏天，一對年輕的美國夫婦回到奧克拉荷馬州南部的老家中，探望農村中貧困的家人。幾年前，他們分別只有二十二歲和十九歲，在結婚不久後，他們逃離一九三〇年代肆虐北美平原的沙塵暴（Dust Bowl），輾轉來到華盛頓特區，經歷了幾乎難以想像的驟變。一張在郵局牆上發現的政府招募通知，將他們帶到了聯邦調查局巨大的人力資訊分揀機上。這兩個年輕人正是FBI首任局長約翰．艾德加．胡佛（J. Edgar Hoover）欣賞的新兵類型：堅韌、忠誠、純樸，並為他們得到的機會心存感激。他們只知道努力工作，他們或許是無知的窮苦流浪求職者（Okies）*，但因為聰明伶俐而步步高升。這位年輕丈夫在指紋部門表現出色，因此有機會成為了特工，一個真正的「G-Man」。† 備受賞識的他，幫助他的年輕妻子申請了一份搜索和整理犯罪檔案的工作。不久之後，他們有了一輛汽車，穿著像城市人一樣的衣服。此時大蕭條才剛結束不久，對於生活仍然非常接近赤貧的家人來說，他們兩人證明了生活可以變得更好。

他們的家人聚集在一起來看看這對夫妻，聽他們談他們人人羨慕的崛起，和如此遙遠的繁華大城市。夜晚來臨的時候，這個小農舍已經擠滿了人，所有的床都裝滿了，地板上滿是睡在舊棉被上的人。天氣也很熱，溫度計顯示超過華氏一百度（將近攝氏四十度），太陽下山時，鬱悶的濕熱幾乎沒有消散。人們只能盼望微風，盼望流動的空氣，所以這對年輕夫婦拿著他們的被褥，鋪在遠離房子的草地上。他們一起躺在地上，仰望著朦朧天空中的星星，為回家而興奮，熱得無法入睡，他們喃喃自語，開著玩笑，談論著他們周圍看到的所有變化。

屋子裡的最後一盞燈熄滅之後，當只有蟬鳴瀰漫在空氣中，睡覺時間快到時，年輕的丈夫開始用較低且較慢的聲音說話。「甜心，我想告訴你一些事情，但是你必須保證永遠不會與任何人討論這事。」

她默默地同意。七個月前美國才宣布加入二戰，她知道此時保密就意味著安全。

他繼續說：「有一群科學家已經持續開會一陣子，製造新型炸彈。如果這炸彈研發成功，它將比任何東西都強大，不僅比一個大型炸彈大，而且比數百個大型炸彈的加總還大。」他暫停一下，整理自己的思緒。「他們正在使用某種原子能，就像我告訴過妳的那種科幻小說故事。如果他們能夠讓炸彈發揮作用，他們將能夠用僅僅一顆炸彈就摧毀整個城市，這是前所未有的破壞力。」

---

* 譯註：「Okie」可以指奧克拉荷馬州的居民，又特別指在一九三〇大蕭條年代時，來自奧克拉荷馬州、被迫離開農地去找工作的流動工人。

† 譯註：G-Man，是科幻第一人稱射擊遊戲戰慄時空系列的重要角色之一。他通常會穿著一身筆挺的商務西裝，一隻手提著一只公文箱。一般用以指（美國）政府工作人員（尤指聯邦調查局探員）。

他的聲音中沒有勝利的喜悅，只有凝重的憂傷。她的思緒伸展，試圖想像這樣子的破壞，試圖想像整個城市的人們在瞬間死亡。這畫面一點都不好，這樣的恐怖讓她感到反感。

「還有別的事情，」他說，她可以聽到他試圖將恐懼排除在自己的聲音之外，盡量讓自己仍是她所認識的那個堅強、可以保護她的男人。「不久以後，他們認為他們將能夠測試這種新炸彈。一些科學家認為它根本不會成功，有些科學家則認為可以。但是一些科學家說，如果爆炸起作用，可能會引發連鎖反應，從而燒毀所有氧氣、整個世界上的所有空氣。如果那真的發生了，唉，那一切就沒了，那就是世界末日了。」她原本把手放在他的胸口，突然感到一陣顫抖，同時試圖理解為什麼有人要冒這樣的風險。

他們安靜了一會兒，凝視星空，卻以新視角認識周遭的一切。他們的世界，他們亙古不易的世界，可能會被毀滅。他們前途光明的幸福新生活，還有每個人的生活，都可能瞬間消失。他們之前已經學習接受死亡的降臨。因為朋友和家人的投身世界大戰，因為報紙上所寫的堆積如山的傷亡人員，他們知道死亡正在四處窺探他們這世代。但現在談的不是戰爭的風險，這是聖經的《啟示錄》，是末日，大火燒盡了一切。這訊息纏繞於他們的腦海，他們也因此被永遠改變了。雖是改變了，但仍然富有朝氣與對國家的忠誠，仍然足夠純真，不會耽溺於憂愁。腳踏實地的工作和勇氣使他們走到今天；一顆毀滅世界的炸彈震撼了他們，但這並沒有改變他們必須做的工作。

那晚之後，他們的生活就像生命該有的樣子勇往直前：有了孩子、有低谷、有失、有得，但他們從未對任何人說過他們對原子彈的了解，三年後對日本投下原子彈時也是如此，甚至在俄國人測試他們的原子彈時也是如此。他們把這秘密留給自己，但它改變了他們的生活方式。它使他們對彼此的愛更加珍貴，它使他們重視所有的生命，想要幫助建立一個永遠不會發生這種恐怖的世界。他們沒有告訴任何人他們的秘密，因為他們受到榮譽的約束，但他們的行動說明了他們已經有了徹頭徹尾的改變。

這對年輕的夫婦，在未來將成為我的父母。他們竭盡全力使我的童年盡可能無憂無慮，他們為我樹立了道德、堅定、好學、勤奮工作和平衡生活樂趣的榜樣。我不知道他們是否告訴過其他人關於原子彈的事，但就在我母親九十一歲生日前，當我們討論我們都讀過的美國總統哈里·杜魯門的傳記時，她告訴我那個星空下的夜晚。我非常震驚。我永遠不知道我的父親，一個菜鳥聯邦調查局特工，怎麼會對曼哈頓計畫了解這麼多，而當時甚至連研究實驗室的人都被蒙在鼓裡。但不知何故，他確實知道，而且很難想像這些資訊在他和我母親心靈上的分量。

我們的選擇關係到存在的意義

我的父母知道他們所做的一切，不斷前進，並以他們的方式為世界帶來改變。我父親從調查犯罪中獲得的深層成就感，不知不覺也遺傳給了我，儘管這把我帶到了難以體驗的地方，但這股動力仍然存在。我不能不去，我不能不知道。在一九九〇年代後期，這股動力把我帶到世界各地，調查無所不在卻又難以查緝的奴役犯罪。從二〇〇七年起，這種強烈的好奇心又把我帶到了世界各地。這一次是為了追蹤一個犯罪組合，一個不僅對人，而且對我們共享的珍貴的自然世界的秘密攻擊。現在，我們知道了一些我們以前不知道的事情：

我們知道，奴役和破壞環境不僅密不可分，而且惡性循環，遍及地球。

我們知道，奴隸被用來破壞環境，而且當生態系統遭到破壞時，生活在其中的人們更難以抗拒賣身為奴。

我們知道，這種破壞和奴役滿足了全球市場的需求，我們每天都在吃、穿和使用這種罪行的產物。

我們知道，奴役問題，這個我們的老敵人，也是全球暖化的主要原因，就是我們新的大敵人。

我們知道，環境法律和條約制止了許多合法的森林砍伐活動，而奴隸主們爭先恐後地填補了市場上的空缺。

我們知道，非法的奴隸組織常潛入犯罪的好地點：國家森林、野生動植物保護區、聯合國教科文組織世界遺產，以及受保護的房屋和原住民土地。

我們知道這些奴隸主根本無視環境法律；對他們來說，世界是被用來掠奪的，奴隸是他們用來粉碎和搶奪的工具。

我們知道，我們購買商品產生的利潤會沿著供應鏈流動，助長對自然界的攻擊，驅使更多的人淪為奴隸，然後將更多的商品送入全球供應鏈。

我們知道這些犯罪無處不在，這是一種永不停止運轉的犯罪機器，像癌症一樣吞噬著人和自然。

我們知道，要拯救我們的星球，我們必須與奴役問題開戰。而要終結奴役，我們必須保護我們的環境。

我們知道，了解這些事情會改變我們看待世界的方式和我們的行為方式。從現在開始，我們不再能以無知為藉口，若是再沒有作為，只能承認自己是漠不關心。我們現在是知道更多事實的一代人。這對我們來說是一種道德重擔，就像知道原子彈的我父母的重擔一樣，但這也是一種機會。看待世界的新視角並不經常出現，而當它出現時，可能會是令人震驚的覺醒，是一種責任，也是一種特權。全球暖化的新挑戰和奴役的古老挑戰，兩者看似難以克服，但現在我們有了一個一石二鳥、畢其功於一役的解方。知道這一點，使我們成為我們的孩子有資格質問的人：當你得知關於奴役和環境破壞的真相時，你做了什麼？

了解真相、並對此感到擔憂很重要，但是，如果我們的道德觀念太狹隘，那麼很難對我們的星球或我們物種的未來感到樂觀。儘管事實上，就算我們有心，我們需要負擔的也不多。也許會有像克勞迪奧和瑪麗亞這樣的人，被要求犧牲自己的生命來為這個真理奮鬥，但是對我們大多數人來說，最大的犧牲不過是些許不方便。我們必須考慮購買商品的來源，也許還要為某些商品支付更多費用。我們該小額捐款來支持像克勞迪奧和瑪麗亞這樣的人，他們正在做我們都知道一定得有人去做的工作。我們所有人都必須決定，為了我們的目標，是否值得給我們的生活帶來不便。至少我們可以確信，當我們決定有所付出、承受不便，其威力是強大的。我們知道，我們的行動可以使一些家庭擺脫奴役控制、制止森林砍伐和汙染、減少溫室氣體、保護瀕危物種、減少腐敗、抑制暴力、釋放自由勞動者的創造力和生產力、改善公共健康，並幫助終結困擾了我們幾個世紀的殘酷和剝削系統。但是，我們所不知道的可能同樣重要。做出這決定，將如何改變我們？

當我們選擇終結奴役和生態滅絕時，我們將創造什麼樣的世界？這種選擇並不一定需要是決定性的、包羅一切的，但我們絕對需要持之以恒。在正確的時機做出的微小的選擇，可以帶來巨大的改變。羅莎·帕克絲（Rosa Parks）*選擇不放棄在公共汽車上的席位；芬妮·羅·哈默（Fannie Lou Hamer）†選擇進行投票，翁山蘇姬選擇不放棄，甚至全力以赴。我們可以選擇對我們所知道的採取行動。如果我們做到這一點，並使這些小小的行動成為我們生活的一部分，那麼我們的孩子將從我們的榜樣中學習，成為我們盼望他們成為的人。小說家喬納森·薩夫蘭·佛爾（Jonathan Safran Foer）指出：「將心比心是一種隨著使用會變得更強的肌肉，並且經常性的選擇

---

* 譯註：一九五五年十二月，阿拉巴馬州蒙哥馬利的黑人婦女羅莎·帕克絲拒絕聽從巴士司機的命令，不肯讓位給一名白人乘客，她因此被捕與罰款。針對此不公平待遇，金恩博士等人發起了聯合抵制蒙哥馬利公車運動，持續長達一年。之後，聯邦地方法院判決在公車上進行種族隔離是違憲的，該判決也獲得最高法院的支持。這次運動的成功也讓金恩博士成為著名的民權運動代言人。

† 譯註：一九六一年，美國密西西比州的哈默在醫院進行腫瘤手術時，其白人醫生在未得她同意的情況下，將她的整個子宮切除，而這並非只是單純的醫療失誤。當時密西西比州政府有政策要求醫生為黑人婦女進行非自願性或誤導性的絕育，藉以控制黑人人口。這次的經歷促使哈默在往後投身黑人平權運動。

仁慈而非殘酷，將會改變我們。」[1]

隨著我們的同理心越來越強，它必須以我們的責任感為指導。我們不能為我們的父母、祖父母在不知者無罪的無知中，對生態失衡和破壞所造成的傷害而責備自己。他們所做的大部分抉擇都是出於正確的理由：照顧他們的家人、創造更好的生活，與享受來之不易的進步成果。如果他們知道他們的孩子會發現自己處於如此危險的處境，他們當初未必會繼續採取導致全球暖化的作為。也許他們中的一些人，會選擇加入那些已經在二十一世紀、卻仍然否認全球暖化的人，但我希望相信不會。我想相信，他們永遠不會想讓他們的孩子面對全球暖化、奴役問題、物種喪失，以及對人類和自然界的系統性殘酷剝削等巨大的惡行。我想相信，我們也不想把這些問題丟給我們的孩子。

我們必須誠實；我們沒有靈丹妙藥。就算我們明天能夠終結奴役，那也無法立即阻止全球暖化，如果我們能夠終結環境破壞，那也不會結束所有奴役。如果我們能夠奇蹟般地結束奴役和環境破壞，那也不能解決世界上所有的問題，但是值得注意的是，其中有多少個問題在奴役和生態滅絕中息息相關。要我們在全球範圍內實現改變似乎是不可能的，甚至是不可能的，但是沒有人可以否認美國消費者對世界其他地區的影響。關切環境議題的文學家溫德爾・貝瑞（Wendell Berry）說，每當我們決定要吃什麼食物時，我們都會「代耕」。[2]我們與來自奴隸制和環境破壞的交匯處的所有商品之間的關係也是如此。每當我們購買手機或一件黃金首飾時，我們都會透過代理進行開採。當我們將蝦子鋪滿烤肉架時，我們是透過代理做捕撈的。當我們購買家具、汽車或廚房水槽時，我們是透過代理人去砍伐森林，透過代理人將其燃燒成木炭，並透過代理人將鐵冶煉。我們所吃的食物、所穿的衣服，或者選擇不購買的商品，都以一種關係將我們與奴役、國家經濟，和受保護的森林中的人們聯繫在一起。

刻意對會造成我們的不便的行動視而不見、置之不理，肯定是最容易的決定。誰想被這些討厭的顧慮所束縛？我們就不能裝作像父母那輩一樣的無知嗎？反正我們的微小選擇也不能真正改變什麼，對嗎？是的，每個選擇都很小，就像一滴小水珠。但是選擇的行為在我們生活的每一天都在重複，並延續到我們的孩子和他們的孩子身上。這些數以百萬計的小選擇將匯集成經濟壓力的滔滔江水，這條巨流可以沖毀、也可以改善人們的生活和自然世界。我們知道如果我們什麼都不做會發生什麼，它每天都在巴西、剛果、迦納和孟加拉發生。我們很容易想像如果我們什麼都不做的後果：一個森林萎縮、奴隸更多、兒童死於礦坑和漁村、沒有大猩猩、海平面上升、沒有老虎、農田乾涸和枯竭、人們饑腸轆轆的未來。事情不一定是這樣的，認為可能會有一個更好的未來的最好理由是，我們知道未來可能有多糟糕。

理性來說，奴役在很多方面都有百害而無一利。破壞大自然——維持我們的生命的最終源頭

——這既錯誤，又愚蠢。兩者都沒有合理的辯護理由，只有似是而非、強詞奪理的藉口，那都是遮掩人類的貪婪的遮羞布。奴役和環境破壞是荒誕的，但我們的文化不也往往如此？當整個文化信誓旦旦地主張錯誤的行為是正確的時候，我們的問題就大了。當涉及到奴役和我們如何對待自然界時，我們的文化有很多需要悔改的地方。當一種文化決定女人不如男人，並按照這一邏輯行事時，女人的生活會變得很痛苦。當一種文化決定，看起來有某種特徵的人、或以某種方式祈禱的人，是邪惡的、是不如人的、是一種威脅，那麼剝削他們、奴役他們，或甚至拋棄他們就會變得順理成章。當一種文化決定其眼前的福祉比他人的生計更重要，比健康和生氣勃勃的環境更重要時，那麼我們就走上了一條通往災難的道路。

我們應該毅然決然下定決心有所行動，其意義遠遠超出奴役和環境破壞。長期以來，我們一方面知道很多關於奴役的事實，另一方面也知道很多關於全球暖化的事實。了解他們兩者之間的危險共謀，使我們更有理由採取行動，但有時理性是不夠的。這已經超越了理性，更關係到人類的本質。這是關於我們都來自並將歸回的大地。這是關於做人的基本原則，雖然我們是能夠思想和推理的動物，但做人不僅僅是理性。我們最真實的本質呈現在思想與欲望相遇的地方，在事實與夢想碰撞的地方，在身為人類的我們迫害到自然界的其他成員的時候。我們在這些十字路口上做出的選擇，昇華了我們的日常生活，並延伸到遙遠的未來。看似渺小的決定和渺小的行動，實際上決定了我們作為人的內在價值，決定了做人的意義，也決定了我們將從後代得到的歷史評價。

奴役問題終究會因為它造成的浪費而自我了結。它是粗暴的經濟模式，基本上是無法持續的。地球最終將擺脫任何肆意破壞的威脅。生態滅絕在經濟上也是惡劣又短視的。問題是，我們是否也會因為被算作是這種威脅，而被甩開。我們對自由擁有強烈的渴望，但是我們也有照顧與供養家人和自己的需求、對自然有熱愛、要保護我們所愛之人，還要保護自己的財產。這些渴望可以是諧調或不和諧的、彼此衝突或激勵人心的、威脅人的或安慰人的，但它們總是會承載特別的意義。奴役問題重要，環境問題也很重要，而奴役和環境破壞充滿邪惡與暴力的共謀，則更為重要。

我們都希望能終結奴役問題。我們都知道，我們必須保護我們奧妙、美麗和維持生命的大自然。實現這種理想的機會很少，而機會一旦出現，通常會是在一邊是危機、一邊是轉機的十字路口。我們如何看待最陌生、最無助和最無聲的人，將決定我們在這個路口做出來的選擇。沒有人強迫我們選擇一種或另一種方式。我們不必保持一致，但是我們別無選擇，只能參與。我們要嘛採取行動使我們的理想變為現實，要嘛不採取任何行動，並假裝不知道我們所知道的。

向我們的孩子學習

還有什麼能比孩子為校內表演而打扮一樣可愛的事嗎？在巴西阿拉瓜伊納市（Araguaína）的一所小學，體育館已變成劇院，折疊椅上滿是春風滿面的家長。房間裡熱鬧歡騰，充滿聊天和笑聲，關於接種疫苗重要性的簡報剛剛結束。我們看到一個穿著醫生白袍的小女孩，聽診器在脖子上晃來晃去，臉上戴著手術口罩，正在祝賀一個打扮成學生的小女孩。該學生拿著一本書和一個文件夾，從她嚴肅而欣喜的表情中可以明顯看出，她現在完全擁有良好的衛生習慣和接種疫苗的重要知識。家長們鼓掌並微笑，這位小醫生顯得格外自豪，她轉了圈圈，才帶著她的小病患離開舞台。

拿起麥克風，一位年輕的老師介紹了最後一部表演。她說，這是一部關於現代奴役的戲劇，關於現代奴役如何扼殺人的自由，以及我們如何制止它。兩個小男孩緊張地走上舞台。他們的臉上有著相同的彎曲鬍鬚和微小的山羊鬍，戴著寬邊帽子，好讓我們知道他們是住在鄉下的成年人。「我是一個大農夫，」一個小男孩對著麥克風說，「我需要一些工人！」「好吧，」另一個男孩說，「我是貓仔，我可以從城市找一些工人。」他們有點小緊張，支支吾吾，點點頭後，在「農民」輕推一下後，貓仔退場去了「城裡」。

老師解說：「城市裡有需要工作的人，當貓仔答應給他們好工作時，他們就會跟他一起去鄉下。」正如她說的那樣，這六個表演「窮人」的孩子走了進來，四個女孩和兩個男孩頭上纏著頭巾，軟軟的橡膠鋤頭和鐵鍬不自在地放在他們的肩上。他們在舞台上一字排開，貓仔對他們大喊：「開始工作！」隨著一點緊張地咯咯笑，他們開始揮舞著鋤頭和鐵鍬來「開墾土地」。老師解釋說，他們整天都在工作，然後一個小女孩向前走。她懇求：「我累了，我需要休息。」「門都沒有！」貓仔下令說：「回去工作！」觀眾席上響起一陣緊張的笑聲。更多孩子搖晃亂動，然後另一個女孩站出來：「我餓了！」她說：「我們需要食物！」貓仔說：「沒有食物給你。回去工作！」然後現在，老師解釋，有一個工人逃到了城裡。於是一個小女孩在貓仔抓住她之前，飛快地穿過舞台。片刻之後，她又回來了，但是這次是在警察的陪同下，他們的隊長是一個穿著西裝外套的小男孩，看起來像是六歲的巴拉克．歐巴馬，是唯一沒有塗上山羊鬍的男孩。和他在一起的是一個女孩和一個男孩，扮演「警察」，小男孩警長的下巴很突出，他散發著光芒。

「雙手舉高！」警長說，然後所有人，甚至是被奴役的工人，都向空中揮舞著手。「這裡的地主是誰？」他正氣凜然地問道，然後所有的工人和貓仔都指向農民，大聲喊著：「是他！是他！」其他「官員」迅速行動。一個人將農夫的手綁在背後，小女孩正氣凜然地逮捕了貓仔，向後壓制他，使他動彈不得，帽子也掉了下來。工人們開始嘲笑貓仔，然後在他們的新自由被宣布時，大聲歡呼。暗號一來，他們一起大喊：「Escravo nem pensar！」當他們向觀眾鞠躬時，掌聲和歡笑聲越來越高亢。整個劇持續了約兩分多鐘。

「Escravo nem pensar！」的字面意思是「奴役，想都別想！」但是巴西人告訴我，更好的翻譯是「奴役，門都沒有！」在阿拉瓜伊納市的演出不是一次性表演，而是全國「奴役，門都沒有！」運動的一部分。對於這些孩子，奴役和環境威脅的知識很簡單明白。他們已經知道他們站在哪一邊；我們只需要趕上他們。

附錄

在剛果東部工作的組織

班濟醫院（The Panzi Hospital）*

該醫院以治療性暴力倖存者和患有嚴重婦科疾病的婦女而聞名，已受到國際社會的廣泛關注和報導。可以從這個網站幫助支持班濟醫院：http://www.panzihospital.org/about/support-panzi-hospital

---

* 譯註：班濟醫院現在擴張為班濟基金會（Panzi Foundation），網站為：https://panzifoundation.org/

解放奴隸組織（Free the Slaves）

解放奴隸組織幫助受奴役的人們擺脫被束縛的殘酷。該組織也協助防止人們掉入販運者的圈套，也幫助政府官員將奴隸主繩之以法。該組織並幫助倖存者恢復尊嚴、重建生活，並拿回對自己、家人和社區未來的掌控權。透過證明終結奴役是可能的，解放奴隸組織正在建立一個沒有奴役犯罪的世界。在剛果，解放奴隸組織與當地團體合作，支持教育和就學、良善治理（good governance）、公民倡議（citizen advocacy）和政府問責（government accountability）、法治執法、勞工權利協會、支持使用剛果礦物的公司提高透明度、支持微型貸款（micro-credit），也支持發展可行的採礦替代生計，例如農業和畜牧業。可以從這個網站支持該組織的工作：https://www.freetheslaves.net/donate/

坦噶尼喀湖浮動診所（Lake Tanganyika Floating Health Clinic，簡稱 LTFHC）

這個飽受衝突困擾、資源豐富的坦噶尼喀湖流域對地球的福祉和利益已經變得至關重要，該組織的工作現已被視為對湖區穩定成長與發展息息相關。坦噶尼喀湖浮動診所長期為坦噶尼喀湖流域居民提供幫助，已有超過五年的歷史。在這個幾乎完全被忽視的地區，浮動診所：

- 提供維持生命的醫療服務
- 分發必要的醫療用品
- 建立重要的通訊中心
- 收集基本醫療數據
- 與該地區的人民和政府建立牢固的關係

可以在這個網站支持坦噶尼喀湖浮動診所：https://www.freetheslaves.net/donate/

受夠了計畫（Enough Project）

受夠了計畫致力於終結種族滅絕（genocide）和危害人類罪（crimes against humanity），聚焦於一些世界上最嚴重暴行發生的地區。該組織從現場取得事實，使用嚴格的分析方法來確定最永續的解決方案，影響政治領導人採納其提議，並動員美國公眾要求改革。受夠了計畫一直領導著將奴隸所開採的衝突礦產趕出我們所使用的電子產品中。支持他們：https://ss11.americanprogress.org/o/507/donate_page/support-enough

友好和平團隊的非洲大湖行動（The African Great Lakes Initiatives of the Friends Peace Team）

該組織在非洲大湖區（蒲隆地、剛果、肯亞、盧安達、坦尚尼亞和烏干達）的基層地方加強、支持和促進和平活動。為此，「友好和平團隊」響應了當地宗教和非政府組織的要求，聚焦於衝突管理（conflict management）、和平建立（peace building）、創傷療癒工作（trauma healing）和調停和解（reconciliation）。友好和平團隊的非洲大湖行動由當地夥伴和國際社會成員所組成。可以從這個網站來支持他們的工作：http://aglifpt.org/get/donate.htm

謝詞

在研究現代奴隸與生態滅絕的過程中，許許多多幫助我的人都是在當地冒著生命危險，從事反奴隸與環保運動的鬥士。這些男人與女人僅管非常勇敢，但威脅來自四面八方，有剝削奴隸與自然環境的犯罪組織，甚至還有當地的地方政府或中央政府。為了不再增添他們的危險，我不在此指出他們的姓名，但我打從骨子裡感謝他們。他們宛如二十一世紀版的廢奴運動者、或是為了追尋自由冒死逃脫白人奴隸主牢籠的自由鬥士，他們是今日的菲德烈克·道格拉斯、哈莉特·塔布曼與索潔娜爾·特魯斯（Sojourner Truth）*。我期盼有一天我們能光明正大地公開賦予他們應得的榮耀。

* 譯註：索潔娜爾·特魯斯原名伊莎貝拉·鮑姆佛里（Isabella Baumfree），她是一位廢奴主義者和婦女權利的倡導者。出生於一個奴隸家庭，從一八四〇年代初開始宣揚她的主張。她改名後的姓為「真理」之意，名為「旅居者」的意思，因為她感到受到上帝的呼召，立志「周遊全國，向人們指明他們的罪孽，並向他們昭示神的旨意」。

其他與我一起工作、但生命安全沒有受到威脅的反奴隸與環保運動人士的大名，則已敘明在內文中。

註釋

第一章 啟程

1 http://www.indianmirror.com/indian-industries/2013/ granite-2013.html, accessed April 6, 2014.

2 "The Real Cost of India's Cheap Stone" BBC, http://news.bbc.co.uk/1/hi/world/south_asia/6233697.stm, accessed April 7, 2014.

3 Slave Labourers in Indian Stone Quarries (2003), Director/Author: Henno Osberghaus, Frank Domhan. LavaFilm GMBH, Berlin.

4 For a full explanation of how the number of slaves in the world is calculated, see the Global Slavery Index at www.globalslaveryindex.org.

第二章 手機、錫礦與奴隸

1 Basildon, Peta (Jan. 9, 2003). "Rebels 'eating pygmies' as mass slaughter continues in Congo despite peace agreement," The Independent.

2 最初，這些武裝團體成立的原因與礦產無關。有些武裝團體和種族衝突有關聯，如胡圖族的「解放盧安達民主力量」（Democratic Forces for the Liberation of Rwanda，簡稱ＦＤＬＲ）或圖西族的「全國保衛人民大會」（National Congress

for the Defense of the People，簡稱CNDP）。其他部隊被稱為「馬伊馬伊」團體，最初是保護村莊的地方自衛隊，但他們後來也加入了不斷變化的聯盟，同時經營自己的礦場。應該負責清除這些入侵者並帶來秩序的政府部隊是剛果國家軍隊（Congolese National Army，簡稱FADRC），但許多軍隊的指揮官和部隊已經叛變。許多軍隊指揮官和部隊已經流氓化，現在也深度涉入奴役和採礦業。更麻煩的是，政府試圖透過「吸收」敵方武裝勢力來平息局勢，但允許他們整個單位原封不動保留下來。這意味著，剛果國家軍隊的部隊可能只是一支穿上了新制服的圖西族部隊，但對政府幾乎沒有忠誠度或服從性。不清楚到底是中央政府太軟弱，還是受賄太多（或兩者兼而有之），無法管理自己的部隊。

3 An excellent introduction to post–Civil War peonage is Douglas A. Blackmon's Pulitzer Prize–winning *Slavery by Another Name: The Re-Enslavement of Black Americans from the Civil War to World War II*, New York: Anchor Books (Random House) 2008.

4 Op. cit., p. 99.

5 Op. cit., p. 377.

6 Quoted in a report by the Harvard Humanitarian Initiative and Oxfam International (April 2010). "Now the World Is Without Me," *An Investigation of Sexual Violence in Eastern Democratic Republic of Congo*, p. 21.

7 See, for example, de Fabrique, Nathalie; Romano, Stephen J.; Vecchi, Gregory M.; van Hasselt, Vincent B. (July 2007). "Understanding Stockholm Syndrome," FBI Law Enforcement Bulletin (Law Enforcement Communication Unit) 76 (7): 10–15. ISSN 0014-5688.

8 Kirsten Johnson, Jennifer Scott, Bigy Rughita, Michael Kisielewski, Jana Asher, Ricardo Ong, Lynn Lawry (Aug. 4, 2010). "Association of Sexual Violence and Human Rights Violations With Physical and Mental Health in Territories of the Eastern Democratic Republic of the Congo," *Journal of the American Medical Association*, 304, 5, 553–62.

9 「解放奴隸」（Free the Slaves）是一個位在美國華盛頓特區的全球性反奴隸組織，它與東部剛果兩個重要團體密切合作。想要了解更多或是支持他們，請見：www.freetheslaves.net.

10 http://news.nationalgeographic.com/ news/2007/08/070816-gorillas-congo_2.html.

11 馬伊馬伊民兵，是剛果民主共和國境內上百個地方武裝集團的泛稱，此一詞彙來自斯瓦希里語的maji，本意為「水」，在一九九〇年代被廣泛用來描述各地的武裝集團。馬伊馬伊通常為社區性質的武裝，組成人數介於二十至兩百人之間，但也有上千人者，目的為保衛社區的土地與資源，通常各自獨立運作，且缺乏行政、司法等地方管理的組織。（資料來源：維基百科）

12 Stefan Lovgren (Dec. 14, 2005). “Hippos — And Precious Dung — Vanishing From African Lake,” *National Geographic News*, accessed at: http://news.nationalgeographic.com/news/ 2005/12/1214_051214_hippo_dung.html, March 17, 2011.

13 Rogers, M. E., Voysey, B. C., McDonald, K. E., Parnell, R. J., Tutin, C. E. (1998). “Lowland Gorillas and Seed Dispersal: The Importance of Nest Sites,” *American Journal of Primatology*, 45 (1): 45–68.

14 根據聯合國調查員，恩昆達也與特里伯特．魯吉羅（Tribert Rujugiro）有關。特里伯特．魯吉羅是前總統保羅．卡加梅（Paul Kagame）的顧問，也是三重星控股（Tri-Star Holdings）的董事長。這個三重星控股集團曾經參與了戈馬和叛軍占領區的經濟活動。聯合國專家小組報告說：「魯吉羅先生的美國法律代表否認他在還受全國保衛人民大會（CNDP）控制下的『馬西西區（Masisi district）』土地上購買或投資；否認與全國保衛人民大會領導階層，包括恩昆達『將軍』，在二〇〇六年在他位於基洛里韋（Kilolirwe）的牧場舉行會議；否認向全國保衛人民大會付『保護費』，以『保護』他的牧場上的牛群；或任命一名全國保衛人民大會指揮官來管理他的牧場。專家小組堅持其調查結果，並在附件六中提供更多細節。」二〇一一年五月十二日，剛果民主共和國問題專家小組（Group of Experts on the Democratic Republic of the Congo）給安全理事會第1533（2004）號決議所設委員會主席的信。聯合國S/2011/345號文件。

15 James Owen (Jan. 19, 2007). "Mountain Gorillas Eaten by Congolese Rebels": National Geographic News, accessed at: http://news.nationalgeographic.com/news/2007/01/ 070119-gorillas.html, June 25, 2011.

16 "Congo's Curse." IRIN. Web. Oct. 5, 2010. http://www.irinnews.org/Report.aspx?ReportId=61006.

17 op. cit.

第三章　錫從哪裡來?

1 購買焊料的電子公司正在製造我們最終會購買的產品，但這些不太可能是我們聽說過名字的公司。在印尼、馬來西亞、台灣、中國、菲律賓，以及印度、歐洲和北美，到處都是製造和組裝電子元件的小公司。有些公司可能在製造單一類型的晶體管或電容器，其他公司可能正在組裝一個有數百或數千個部件的邏輯板（logic board）。他們可能在製造硬碟或隨身碟、耳機、麥克風或螢幕和顯示器。有些則用來為汽車、廚房用具或醫院設備製造零件。所有這些產品都需要焊料。這些零件將被出售給產業鏈中的下一個步驟，即把它們實際組裝成我們所購買的東西的公司。

2 疥瘡也被稱為「七年之癢」；這是由一種微小寄生蟲引起的皮膚感染，這種寄生蟲鑽入宿主的皮膚，引起極端的過敏性瘙癢。疥瘡最常由直接的長時間皮膚接觸引起，有點像一種類似導致狗和其他動物的疥癬的寄生蟲。可以把疥瘡看作是人類的疥癬。

3「生態滅絕」一詞似乎是在一九六〇年代末首次被用來描述戰爭的影響，特別是越南戰爭對自然環境的影響。美國人在越南的大片地區噴灑有毒化學品，導致了生態系統的荒蕪，以及大量的人類疾病和死亡。二〇一一年，在律師和環保人士的領導下，有一場由律師和環保主義者波莉．希金斯（Polly Higgins）領導的運動，該運動要求聯合國承認生態滅絕是一種國際反和平罪，足以在國際刑事法院受審判。

4 See: American Bar Association Antitrust Section (1982). "Jury Instructions in Criminal Antitrust Cases," p. 27. See also: US Justice Department (Jan. 1998). "Criminal Resource Manual 2472," a work of the US Federal Government, citing United States

v. Peoni, 100 F.2d 401, 402 (2d Cir. 1938).

5 Antonio Ruffini (2008). "Africa Remains Key to Future Tantalum Supply." *Engineering and Mining Journal*, pp. 68–72. See Cabot's policy here: http://www.cabot-corp.com/Tantalum/ GN200809161037AM6983/. A spokesperson for H.C. Starck, Manfred Buetefisch, explained that, "While working through everything together with the UN panel, we found out that not every retailer had told us the truth concerning the material's origin — despite assuring otherwise. That's when we realized that — seeing the ongoing war in East Africa and the DRC — that they are not reliable partners for us, and that we cannot buy any material there anymore." Using microscopic X-ray technology, H.C. Starck is working with the German Federal Institute for Geosciences and Natural Resources to identify unique mineral "fingerprints" for minerals from different mines. Quoted in Deutsche Welle (Aug. 13, 2010). "Coltan Mines to Be 'Fingerprinted,' German Scientists Say," accessed at: http://www.dwworld.de/dw/article/0,,5907446,00.html, June 29, 2011.

6 如果你想自己嘗試聯絡一下，寧夏駐美國代表是「Admat公司」（Admat Inc.）電話：610-783-5513；傳真：610-783-0453；地址：P.O. Box 1404, Southeastern, PA 19399, USA。（「東南」不是一個地區，是費城郊區的一個小地方，離谷堡僅一箭之遙。）寧夏駐歐洲代表是「精英材料解決方案有限公司」（Elite Material Solutions Limited）電話：（國家代碼）1582-418423；傳真：（國家代碼）1582- 418483；地址：The Spires, 2 Adelaide Street, Luton, Bedfordshire, LU1 5DU, United Kingdom。

7 下表顯示二〇一〇年一到三月期間，曾經從戈馬取得礦物的公司。資料來源：Internal Briefing Document, "Configuring Policy Approaches toward the Eastern DRC Mineral Sector," prepared for Free the Slaves by Resources Consulting Services in July 2010.

2010年一月到三月從剛果戈馬採購礦產的買家

採購噸數	目的地公司	目的地國家	擁有者
949.49	馬熔錫機構有限公（Malaysia Smelting Corporation）	馬來西亞	海峽貿易有限公司（The Straits Trading Company Limited）
869.1	MSA Kigali	盧安達	大衛・班稣山（David Bensusan）
800.08	Trademet SA	比利時	弗雷迪・穆伊萊特（Freddy Muyleart）
265.77	BEB Investment	加拿大	未知
263.7	SDE Bruxelles	比利時	Elwyn Blattner Group International
177.15	Met Trade India	印度	Gupta Group
163.8	Tengen Metals ltd	托爾托拉島／英國	未知
44.46	Congo Russia Industry/ OJSC	俄羅斯	Rosspetsplav公司
33.9	Star 2000 Services ltd	香港	未知
22	Fogange Jiata Metals Co Ltd	中國	佳遠鈷業（Jiayuan Cobalt Holdings Co., Ltd），新華聯集團及香港金唯集團（Macrolink Group & Hongkong Goldwei Group）
20	MPA Gisenyi	盧安達	Kivu Resources
10.1	Africa Primary Tungsten	盧安達	尚保羅・西基洛（Jean Paul Higiro）

資料來源：戈馬礦產部（Division de Mines, Goma）

8 當我打電話給ＩＴＲＩ的辦公室，他們告訴我「ＩＴＲＩ」以前是代表類似「International Tin Research Institute」的意思，但是現在這不再只是縮寫，「ＩＴＲＩ」就是全稱。他們也說不上來為什麼「iTSCi」的第一個字母是小寫，我猜想或許是因為錫被用於iPhone和iPads，他們想要聽起來酷炫一點才加入第一個小寫字母。

9 ＩＴＲＩ的網站是這麼介紹：「iTSCi（ＩＴＲＩ錫供應鏈倡議）是一項聯合倡議，旨在協助上游公司（從礦山到冶煉廠）制訂必要的行動、結構和流程，以在實作層面上，符合經濟合作暨發展組織（Organization for Economic Cooperation and Development，簡稱ＯＥＣＤ）的盡職調查指南（Due Diligence Guidance，簡稱ＤＤＧ），包括中小型企業、合作社和傳統手工礦場。它專門設計來讓產業使用，但規劃有政府的監督，也清楚訂出政府官員的角色，以符合最近ＯＥＣＤ所發布的《受衝突影響和高風險地區礦產負責任供應鏈的盡職調查指南》（Due Diligence Guidance for Responsible Supply Chains of Minerals from Conflict-Affected and High-Risk Areas）。它還考慮了聯合國安理會的建議，將盡職調查範圍擴大到犯罪網絡和武裝團體，並將違反資產凍結和旅行禁令的受制裁個人和實體包括在內。（UN 2010b: 88）」accessed at: https:// www.itri.co.uk/index.php?option=com_zoo&task=item&item_ id=2192&Itemid=189, May 8, 2014.

10 See: http://www.passivecomponentmagazine.com/ "itsci-is-in-very-real-danger-of-failing"-says-richard-burt-president-of-the-tantalum-niobium-international-study-center/, accessed June 25, 2011.

11 Triodos Sustainable Bond Fund (March 2011). Triodos Bank, Newsletter, accessed at: http://www.triodos.com/downloads/distribution-partners/sustainable-bondfund/newsletters/tsbfnews0311.pdf, June 30, 2011.

12 See: http://www.flextronics.com/partners/supplierinfo/WebPages/Supplier%20Sustainbility%20Report%202011/ files/assets/downloads/page0020.pdf, accessed June 30, 2011.

13 富士康的全球行為準則政策這樣寫（http://ser.foxconn.com/GroupCocShow.do; accessed May 20, 2015）：「富士康不接受也不使用來自剛果民主共和國及其毗鄰國家和地區的衝突礦石。富士康要求供應商追溯所有含有潛在衝突礦石的產品的來源，包括金、鉭、錫和鎢，並向富士康提供相關資訊來源。此外，富士康的下游供應商必須按照相關法律要求對無衝突礦石進行盡職調查。」

14 Apple, Supplier Responsibility 2010 Progress Report, see page 23, accessed at: http://images.apple.com/ supplierresponsibility/pdf/L418102A_SR_2010Report_FF.pdf, June 30, 2011.

15 在「受夠了計畫」指出任天堂公司的衝突礦產政策是「毫無意義的紙上談兵」之後，全球反奴隸制組織「Walk Free」開啟了一個針對任天堂公司，敦促其行動的計畫，名為「玩夠了吧任天堂」（Enough Games Nintendo）：http://www.walkfree.org/enough-games-nintendo/. Full report available at: http://www. raisehopeforcongo.org/content/conflict-minerals-company-rankings, accessed May 9, 2014.

16 二〇一一年六月，我參觀了巴西帕拉州（Para）的一個錫石礦（與在剛果的比西阿礦開採的礦物相同）。我一吋一吋地翻走過那個礦場。我發現工人對自己的工作感到滿意，吃全職廚師準備的美味食物，來去自由，賺到很多錢。工作又髒又硬，但他們有機器來搬運重物和挖掘。他們不知道他們挖掘的礦物是做什麼用的，也不知道他們生產的是「無衝突」（conflict-free）和「公平貿易」（fair-trade）的礦物。更多資訊寫在第九章中。

17 “Peter Thiel Urges Investing in Human Rights in The Street”: http://www.thestreet.com/story/11154811/1/peter-thiel-urgesinvesting-in-human-rights.html.

18 It takes a lot of people to get a law passed and Senators Sam Brownback (R-KS), Dick Durbin (D-IL), and Russ Feingold (D-WI), Representatives Howard Berman (D-CA) and Donald Payne (D-NJ), and Chairmen Chris Dodd (D-CT) and Barney Frank (D-MA), who ushered the bill through both houses of Congress deserve praise.

19 人們很難抗拒黃金。二〇一一年六月，聯合國剛果問題專家組報告說：「兩項備受矚目的調查再次引起人們對參與剛果民主共和國自然資源非法貿易的區域和國際網絡的作用的關注。二〇一一年二月三日，一架灣流噴射式飛機（億萬富翁最喜歡的私人飛機）在戈馬機場被扣押，其美國、奈及利亞和法國乘客在調查黃金購買交易期間被拘留。在剛果民主共和國國家檢察官弗洛瑞・卡班（Flory Kabange）於二〇一一年三月二十五日宣布這些人支付了三百萬美元的罰款，當局還緝獲了四百三十五公斤黃金（價值約兩千一百萬美元）和六百萬美元現金之後，這些被拘留者被轉移到金沙薩（Kinshasa）並最終獲釋。在另一個令人感興趣的案例中，二〇一一年三月三日，應卡比拉總統（President Kabila）的要求，肯亞和剛果民主共和國聯合展開調查涉嫌經過肯亞的大規模黃金走私（行動）。二〇一一年五月十一日，肯亞警方逮捕了三名與此案有關的剛果嫌疑人。」

20 http://congress2014.cibjo.org/index.php?option=com_ content&view=article&id=664:precious-metals-commission-debatesimpact-of-dodd-frank-act-and-eu-proposals&catid=47&Itemid=290 accessed 20 April, 2015.

21 World Jewellery Confederation, Special Report, The CIBJO Precious Metals Commission (Feb. 2011). "Legislative Regulations for Heavy Metals in Children's Jewellery Spotlighted in 2011 Special Report of CIBJO Precious Metals Commission," accessed at: http:// download.cibjo.org/PM2011REPORT.pdf, July 1, 2011.

22 瓦利卡萊位於南半球，離赤道近，坐標是南緯1°25'，東經28°04'。

23 Nicholas Bariyo (May 18, 2011). "Congolese Military Withdraws from Tin Mine," *Wall Street Journal* (Online), accessed at: http://online.wsj.com/article/ SB10001424052748703509104576330580910983012.html, July 4, 2011.

24 Here is the corporate announcement by Alphamin: http://www.alphaminresources.com/s/QwikReport.asp? IsPopup=Y&printVersion=now&X1=449813,445677,445676,445675,394291 accessed July 4, 2011.

25 See the April 2014 Activity Update at http://www. infomine.com/index/pr/PB434969.PDF, accessed May 11, 2014.

26 McNeely, Jeffrey A. (2003). "Biodiversity, War, and Tropical Forests," *Journal of Sustainable Forestry*, Vol. 16, No. 3/4, pp. 1–20.

第四章　消失的紅樹林

1 附有網球場、游泳池的地方。

2 "US Shrimp Imports Fall 2.5 percent" Seafood News Supply and Trade, accessed at: http://www.seafoodsource.com/newsarticledetail.aspx?id=4294989242, July 23, 2010.

3 對方請我不要洩露他的名字，因為害怕被報復。

4 氣旋和颶風基本上是一回事，襲擊北美的逆時針旋轉，在赤道以下形成的則順時針旋轉。

5 Duke University (April 21, 2009). "Mangrove Forests Save Lives In Storms, Study of 1999 Super Cyclone Finds," *ScienceDaily*, accessed at: http://www.sciencedaily.com-/releases/2009/04/ 090414172924.htm, July 21, 2010.

6 American Institute of Biological Sciences (July 7, 2009). "Mangrove-Dependent Animals Globally Threatened," *ScienceDaily*, accessed at: http://www.sciencedaily.com-/releases/2009/07/ 090701082905.htm, July 21, 2010.

7 參考：www.350.org.

8 在紅樹林中的生物量，可以從空氣中清除的碳，比亞馬遜陸地森林中等量的生物量多百分之五十。有關桑達爾班斯之碳封存研究的所有細節資訊，請見：Ray, R., et al. (2011). "Carbon sequestration and annual increase of carbon stock in a mangrove forest," Atmospheric Environment, Elsevier, doi:10.1011 / j.atmosenv.2011.04.074.

9 See: http://www.gfdl.noaa.gov/ global-warming-and-hurricanes; and "Tropical Cyclones and Climate Change," an assessment by a World Meteorological Organization Expert Team on Climate Change Impacts on Tropical Cyclones, at http://www. nature.com/ngeo/journal/v3/n3/abs/ngeo779.html.

10 舉個例子，因為孟加拉國是如此平坦，到處都能收到很好的手機訊號，無論走到哪裡都很好。即使我人已經處在離有電的地方好多公里以外，更不用說離手機信號塔好遠了，我那二十美元的舊手機仍舊可以完美接收訊號。當地面不怎麼起伏，山丘不存在時，一個三十公尺高的塔基本上會永遠這樣高於你，至少在你移動到因為地球曲率而彎曲那麼遠的地方之前。

第五章　失速列車

1 這裡有一張詹姆斯・漢森（James Hansen）等人繪製的全球氣溫變化圖表：“The Case for Young People and Nature: A Path to a Healthy, Natural, Prosperous Future.”哥倫比亞大學戈達德太空研究所（Goddard Institute for Space Studies）的漢森是全球首屈一指的氣候變遷學家。I used a copy accessed July 14, 2011, from http://www.columbia.edu/~jeh1/mailings/2011/20110505_CaseForYoungPeople.pdf. That article included this figure showing the change in global temperature.

2 See: Karen Harpp (Oct. 4, 2005). “How Do Volcanoes Affect World Climate?” *Scientific American* (online), accessed at: http://www.scientificamerican.com/article.cfm?id=how-do-volcanoesaffect-w, on July 14, 2011.

3 Quoted in Jessica Marshall (June 27, 2011). “Humans Dwarf Volcanoes for CO2 Emissions,” Discovery News (online), accessed at: http://news.discovery.com/earth/volcanoes-co2-peopleemissions-climate-110627.html, July 14, 2011.

4 Hansen, et al. “The Case for Young People and Nature: A Path to a Healthy, Natural, Prosperous Future.” p. 2, accessed at: http://www.columbia.edu/~jeh1/mailings/2011/20110505_ CaseForYoungPeople.pdf, July 14, 2011.

5 Dittmar, Thorsten, et al. (2006). “Mangroves, A Major Source of Dissolved Organic Carbon to the Oceans,” *Global Biogeochemical Cycles*, Vol. 20, GB1012, 7 PP., 2006, doi: 10.1029/2005GB002570.

6 Daniel C. Donato, J. Boone Kauffman, Daniel Murdiyarso, Sofyan Kurnianto, Melanie Stidham, and Markku Kanninen (2011). “Mangroves Among the Most Carbon-Rich Forests in the Tropics,” *Nature Geoscience*, DOI: 10.1038/ngeo1123.

7 Kevin Bales (1999). *Disposable People: New Slavery in the Global Economy*, Berkeley: University of California Press, pp. 121–22.

8 如果想看到巴西在南馬托格羅索州（Moto Grosso do Sul）的木炭營地，請用Google地球及其衛星和航拍照片。GPS坐標為19°52′14.22″南53°03′30.84″西。那些用於將森林燒成木炭的鋼鐵工業低爐的蜂窩狀圓頂排列在土路的每一側。煙從烤爐中升起，撒滿木炭的道路附近的地面變黑了。在營地的東邊，可以看到森林已被砍伐乾淨，因為樹木被用以餵養烤爐。看著衛星圖像，你無法判斷這個營地的工人是自由的還是被奴役的，但你確實知道它就在那裡。

9 Douglas A. Blackmon (2008). *Slavery by Another Name: The Re-Enslavement of Black Americans from the Civil War to World War II*, New York: Anchor Books (Random House), pp. 344–45.

10 See, for example, Howard W. French, "Child Slave Labor Revelations Sweeping China," *New York Times*, June 15, 2007, accessed at: http://www.nytimes.com/2007/06/15/ world/asia/15iht-china.4.6160781.html?pagewanted=all, Aug. 20, 2012.

11 Yude Pan, et al. (July 15, 2011). "A Large and Persistent Carbon Sink in the World's Forests, 1990–2007." Science. Volume 333.

12 See: http://www.greenpeace.org/raw/ content/international/press/reports/carving-up-the-congo-exec.pdf, accessed July 19, 2011.

13 This piece by Greenpeace expands on these figures: http://www.greenpeace.org/usa/en/campaigns/forests/ forests-worldwide/illegal-logging/, accessed July 19, 2011.

14 Intergovernmental Panel on Climate Change, "Summary for Policymakers," *Climate Change 2007: The Physical Science Basis—Contribution of Working Group I to the Fourth Assessment Report of the Intergovernmental Panel on Climate Change*, p. 3, http:// www.ipcc-wg1.unibe.ch/publications/wg1-ar4/wg1-ar4.html. The exact amount of CO2 emissions from deforestation has a large degree of uncertainty, with estimates ranging from 1.8 to 9.9 GtCO2 /year for the 1990s. It should be recognized that some sources report gigatons of carbon (C), rather than of CO2 ; the conversion is 3.67 tons of CO2 per ton of carbon.

15 CSIRO Australia (May 11, 2007). "Confirmed: Deforestation Plays Critical Climate Change Role." *ScienceDaily*, Web. Aug. 30, 2012.

16 Greenpeace, Carving up the Congo (2007).

17 Al Gore (2006). *An Inconvenient Truth: The Planetary Emergency of Global Warming and What We Can Do About It*, Rodale

Books, p. 227.

18 根據美國能源資訊管理局（US Energy Information Administration）的數據，二〇一〇年全球能源消耗產生的二氧化碳排放總量為三百一十八億噸。其中百分之二十（估計由森林砍伐造成的數量）相當於六十三點六億噸，而其中百分之四十（估計由使用奴役工人砍伐森林造成的數量）相當於二十五點四億噸。根據美國能源信息署的數據，中國排放了八十三點二億噸，美國排放了五十六點一億噸。如果我們將所有被奴役的工人算作一個國家，那他們所造成的碳排量會在美國和中國之後，再來才是第三名，又或者稱第四名的國家，也就是印度的十六點九億噸。相比之下，整個非洲大陸的排放量為十一點四億噸。（有關國家/地區的估計，請參見http://www.eia.gov/cfapps/ipdbproject/iedindex3.cfm?tid=90&pid=44&aid=8&cid=regions&syid=2010&eyid=2010&unit=MMTCD accessed Aug. 30, 2012.）

19 Syed Nasir Ahmed Tahir and Muhammed Rafique (2009). "Emission of Greenhouse Gases (GHGs) from Burning of Biomass in Brick Kilns," Environmental Forensics, Volume 10, Issue 4, pp. 265–67.

20 Elisabeth Rosenthal (April 15, 2009). "Third-World Soot is Target in Climate Fight," *New York Times*, p. A1.

21 Kirk R. Smith, et al., "Greenhouse Gases from Small-Scale Combustion Devices in Developing Countries — Charcoal Making Kilns in Thailand." Research paper prepared for the US Environmental Protection Agency, Dec. 1999. This paper can be accessed online at the National Service Center for Environmental Publications (NSCEP) (http://www.epa.gov/nscep/index.html).

22 For recent research on biochar, see: Dominic Woolf, James E. Amonette, F. Alayne Street-Perrott, Johannes Lehmann, Stephen Joseph. "Sustainable biochar to mitigate global climate change." *Nature Communications*, Aug. 10, 2010.

23 For a complete plan for the eradication of slavery, see Kevin Bales (2007). *Ending Slavery: How We Free Today's Slaves*, University of California Press.

24 英國每月生產（和消費）大約二十萬噸雞飼料。二〇一一年，雞飼料在當地的售價約為每噸兩百六十五英鎊，即每年六點三六億英鎊或略高於十億美元。參見英國「環境、食品和農村事務部」（UK Department for Environment, Food & Rural Affairs）的動物飼料統計：http://www.defra.gov.uk/statistics/ foodfarm/food/animalfeed/, accessed July 19, 2011.

25 「森林治理的普遍失敗，包含以非法砍伐、相關的非法交易和腐敗等狀況，破壞了任何國家實現永續型經濟增長、社會平衡和環境保護的努力，這是根據一份報告，名為〈加強森林執法和治理－解決永續發展的系統性問題〉（Strengthening Forest Law Enforcement and Governance — Addressing a Systemic Constraint to Sustainable Development）。這是世界銀行在新加坡舉行的年會上發布的。」World Bank: Weak Forest Governance Costs US$15 Billion a Year, World Bank News Release No. 2007/86/SDN.

26 根據聯合國糧食及農業組織（二〇一〇年）的數據，一公頃森林每年可固存一至一點五噸的碳，每棵拯救保存下來的樹木都會清除空氣中的二氧化碳，目前我們每年損失約四百五十三萬公頃的森林。Global Forest Resources Assessment Main Report, FAO Forestry Paper 163, Rome: UN FAO.

27 CSIRO Australia (August 9, 2011). “Forests Absorb One Third of Fossil Fuel Emissions, Study Finds,” *ScienceDaily*. Accessed at http://www.sciencedaily.com/releases/2011/08/110810093835.htm, August 30, 2012.

28 「聯合國糧食及農業組織估計，肉類生產占全球溫室氣體排放量的近五分之一。這些包含在生產動物飼料過程中產生的，而反芻動物，尤其是奶牛，還會排放甲烷，而甲烷作為讓全球變暖的效力是二氧化碳的二十三倍。該機構還警告說，到本世紀中葉，肉類消費量將增加一倍。」Excerpted from Juliet Jowitt (Sept. 7, 2008). “UN Says Eat Less Meat to Curb Global Warming,” The Observer. See also: Nathan Fiala (Feb. 4, 2009). “How Meat Contributes to Global Warming,” *Scientific American* (online), accessed at: http://www.scientificamerican.com/article.cfm?id=thegreenhouse-hamburger, July 19, 2011.

29 我不說出這個人是誰，因為他希望能夠不受威脅地出入孟加拉國。我會說他的圖像已經過專家檢查和確認，與他一起潛入該島的人也確認過。我期待著有一天，像這個人一樣的廢奴英雄可以獲得他們應得的公眾榮譽，而不是得躲躲藏藏、隱姓埋名，以免奴隸組織與其幫兇施加報復。

30 Quotations from Ambassador deBaca, and those that follow from shrimper Paul Willis, were taken from a CNN feature entitled "Slave Labor Blamed for Falling Shrimp Prices" by Sean Callebs and Jason Morris, broadcast Dec. 3, 2009, accessed at: http://am.blogs.cnn. com/2009/12/03/slave-labor-blamed-for-falling-shrimp-prices/, July 26, 2011.

第六章　金戒指的代價

1 John Maynard Keynes (1924). *A Tract on Monetary Reform*, London: Macmillan, p. 172.

2 Marcus Webb, "Dubai: Ten Things to Do," #3 The Gold Souk, accessed at: http://content.time.com/time/travel/cityguide/article/0,31489,1849667_1849594_1849119,00.html, May 23, 2014.

3 See: From Child Miner to Jewelry Store, The Enough Project, Oct. 2012, available at http://www.enoughproject.org/files/Conflict-Gold.pdf.

4 Hugh Thomas (1997). *The Slave Trade: The History of the Atlantic Slave Trade 1440–1870*, New York: Simon & Schuster, p. 226.

5 Ibid., p. 226.

6 Associated Press (Apr. 1, 2008). "Colbert Man Dies from Mercury Poisoning," *Tulsa World*, accessed at: http://www.tulsaworld.com/news/article.aspx?articleID=20080401_12_80377, January 7, 2009.

7 我記得我兩歲時，自豪地用花園水管給我爸的汽車加液體。那時我的理由是，汽車需要來自水管裡的東西，所以我在幫忙。不過我爸就笑不出來了。

第七章　記憶之屠殺

1 Ehrenberg, Rachel (May 10, 2008). "Eight-Legged Bags of Poison," *Science News*, Vol. 173, No. 16, accessed at: http://www.sciencenews.org/view/generic/id/31459/title/Eight-legged_bags_of_poison, Jan. 13, 2009.

2 http://unpan1.un.org/intradoc/groups/public/ documents/other/unpan022294.pdf.

3 Ghana Forest Information and Data, accessed at: http:// rainforests.mongabay.com/deforestation/2000/Ghana.htm, August 22, 2011.

4「在迦納，由於森林砍伐和土地退化，大約百分之三十五的土地表面遭受嚴重侵蝕和生產力損失，相當於國內生產總值的百分之四的損失。另據估計，迦納原有的八百二十萬公頃封閉林已被毀，僅剩約一百九十六點二萬公頃。迦納的荒漠化是由於人口增長、森林砍伐、森林火災的高發率和不適當的土地使用造成的，例如農業上的刀耕火種系統（slash and burn system），荒漠化導致大草原區跨越落葉林區擴大到高雨林生態區。」Accessed at: http:// www.povertyenvironment.net/?q=ghana_in_the_fight_against_ desertification_and_drought, Aug. 22, 2011.

5 "FOREST HOLOCAUST" http:// www.nationalgeographic.com/eye/deforestation/effect.html, accessed Aug. 22, 2011.

6 Quoted at: http://db.jhuccp.org/ics-wpd/exec/icswppro.dll?BU=http://db.jhuccp.org/ics-wpd/exec/icswppro.dll&QF0=DocNo&QI0=075326&TN=Popline&AC=QBE_QUERY&MR=30%25DL=1&&RL=1&&RF=LongRecordDisplay&DF=LongRecordDisplay accessed July 12, 2010.

7 "US economy recovery hurts Ghana's gold sales — Dr Wampah" — See more at: http://www.ghanabusinessnews.com/2013/07/25/us-economy-recovery-hurts-ghanas-gold-sales-dr-wampah/ #sthash.RIWXOD0g.dpuf, accessed Sept. 13, 2013.

8 沒有人能確定，因為自二〇〇六年以來一項新法律（第七〇三號法案）保留了公司不披露授予特許權的方式、地點和時間的權利。

9 World Gold Council, Market Intelligence, accessed at: http://www.marketintelligence.gold.org/news/ 2008/12/11/story/10889/ghana_2007_gold_exports_total_173bn, Feb. 11, 2009.

10 黃金占迦納總出口量的百分之三十五左右，二〇一二年約為四百二十萬盎司。

11 Helen Vesperini (June 17, 2008). "Illegal Gold Mining on the Rise," *The Australian Business*, accessed at http:// www.theaustralian.news.com.au/story/0,25197,23878342-23850,00.html, Feb. 22, 2009.

12 The State of Human Rights in Mining Communities in Ghana, Commission on Human Right and Administrative Justice of Ghana, 2008.

13 因為保證匿名，他才願意和我說話。

14 See, for example, Akyeampong, Emmanuel (2001). "History, Memory, Slave-Trade and Slavery in Anlo (Ghana)," Slavery and Abolition, 22 1–24. See also: Martin Klein (1989). "Studying the History of Those Who Would Rather Forget: Oral History and the Experience of Slavery," History in Africa, 16, 209–17. I am indebted to Dr. Laura Murphy for helping me to understand this, and many other things about Ghana.

15 "Ghana: Favouring Gold Over Miners," February 23, 2009, IRIN, the humanitarian news and analysis service of the UN Office for the Coordination of Humanitarian Affairs; accessed at: http://www.irinnews.org/Report.aspx? ReportId=82624, Feb. 24, 2009.

16 我已經大大簡化了關於黃金認證的概念。有關更詳細和更好的解釋，請參閱Certification and Artisanal and Small-scale Mining: An Emerging Opportunity for Sustainable Development, a report by Communities and Small-Mining (CASM), June 2008.

17 "IDEX Online Research: Jewelry sales hit record," National Jeweler, Feb. 4, 2013, retrieved Sept. 12, 2013. See also: http://www.jckonline.com/2013/12/24/report-us-jewelry-and-watch-salesexpected-to-reach-79-billion-in-2013, accessed May 25, 2014.

18 有關迦納非法採礦的替代方案可以如何發展的深入討論，請參見：Hilsen, Gavin, and Banchirigah, Sadia Mohammed (Feb. 2009). "Are Alternative Livelihood Projects Alleviating Poverty in Mining Communities? Experiences from Ghana," *Journal of Development Studies*, Vol. 45, Issue 2, pp. 172–96.

第八章　當森林倒下

1 Lana Cristina (July 1, 2005). "Lula Blames Slavery for Brazil's 'Social Abyss,' " Brazil Magazine.

2 這可能可以是另一本書的主題，但值得記住的是，大多數國家都已經廢除了合法奴隸制，而且沒有經歷像美國和海地那樣的內戰。與此同時，大多數國家也假裝宣稱奴隸已經被解放，卻暗中建立一套相似的體制，在表面不違法的情況下繼續推行奴役。今天，當各國政府爭先恐後地解決其境內的奴役問題時，大多數情況下的做法都是下意識的反應、聊備一格，和對問題本身相當無知，同時吹噓將可笑的小資源分配當作偉大的自由勝利。巴西在當代奴役方面的紀錄遠非完美，但至少他們認真對待。

3 http://old.antislavery.org/archive/submission/ submission2005-brazil.htm.

4 我常常想知道，他們冒著生命危險讓人們擺脫奴役並保護環境，為什麼我們對這些英雄的了解如此之少。可是同時我們卻會看見關於慶祝成功通過戒毒康復的B咖電視演員的深入報導。

5 一五三四年，葡萄牙國王將國家分為十五位世襲的「都督府」（captaincies），每一個都分配給一個貴族家庭。他們的工作是轉變或消滅當地原始居民，有些人失敗了，另一些人則因為種植糖業而富貴發達。

6 Tatyana Soubbotini and Katherine Sheram (2000). *Economic Growth: Meeting the Challenge of Global Development*, Chapter 5 — Inequality, accessed at: http://www.worldbank.org/depweb/beyond/beyondco/beg_05.pdf, Sept. 6, 2011.

7 Walt Whitman (1982). "Specimen Days," Walt Whitman: Poetry and Prose, Justin Kaplan (ed.), New York: Library of America, p. 864.

8 S. C. Gwynne (2010). Empire of the Summer Moon: Quanah Parker and the Rise and Fall of the Comanches, the Most Powerful Indian Tribe in American History, New York: Scribner, p. 5.

9 在葡萄牙語中，就是「Centro de Defesa da Vida e dos Direitos Humanos de Açailândia」。這個生命和人權保衛中心（Center for Defense of Life and Human Rights of Açailândia）位於馬拉尼昂州西部的阿賽蘭迪亞市，與坎布尼（Comboni）平信徒天主教社區有聯繫，致力於促進和捍衛馬拉尼昂州西部人民的人權。該中心打擊奴役勞動的努力，包括為那些從奴役中解脫出來的人提供社會服務轉介，支持創造收入和就業的計畫，以幫助減少「高風險」人們掉入奴隸勞動的誘惑，幫助那些希望正式譴責奴役的人，並促進當地對奴工的認識和預防運動。他們在這個領域與年輕人合作，讓我留下了特別深刻的印象，尤其因為那裡的正常工作很少而且相距甚遠，而且高等教育機會缺乏。我看到了生產無奴隸木炭的計畫、用負責任管理的樹木來製作家具的計畫、還有會教授生產技能的廣播電台、以及英語和西班牙語課程。

10 You can see this photo on the NASA Earth Observatory website, access at: http://earthobservatory.nasa.gov/IOTD/view.php?id=71256, May 25, 2014.

11 我想特別感謝一個名為MIVA (www.miva.at)的奧地利救援和發展組織。他們致力於打擊貧困並促進社會正義：他們為那些從事重要工作的人提供車輛，包含自行車、摩托車、汽車和卡車，他們支持六十多個國家或地區的交通運輸。將我（以及其他人以及食物、藥品、書籍，有時還有一頭尖叫的小豬）運到亞馬遜地區的就是一輛ＭＩＶＡ的車。謝謝ＭＩＶＡ。

12 See the League of American Orchestras' work on pernambuco at http://americanorchestras.org/ advocacy-government/travel-with-instruments/endangered-species- material/pernambuco-exemption-and-conservation.html (accessed May 25, 2014); and the International Pernambuco Conservation Initiative at http://www.ipci-usa.org (accessed May 25, 2014).

13 想一想這種長壽對碳封存意味著什麼。雖然大多數亞馬遜樹木會在幾十年後死亡，並在分解時釋放其儲存的碳，但一些古老的巴西堅果樹今天仍在儲存碳，儲存那些它們從英國人簽署《大憲章》的一二一五年就從大氣中固存下來的碳。巴西堅果樹的保存和繁殖是解決全球變暖問題的一個微小卻重要的步驟。

14 我不會在這裡提到他們好友的名字。這個人抵抗奴隸主和破壞環境的人，但在巴西這是一項危險的工作，而且往往會要人命。我希望不透露朋友的姓名可以讓他更安全一些。

15 accessed at: https://www.fdh.org/IMG/pdf/report_brazil_2012_english.pdf.

16 From TEDx Amazonia — an "independently organized TED event" — available here: https://www.youtube.com/watch?v=OSS2ALiU1ss in Portuguese with English subtitles.

17 John Collins Rudolf (May 28, 2011). "Murder of Activists Raises Questions of Justice in Amazon," New York Times, accessed at: http://green.blogs.nytimes.com/2011/05/28/murder-of-amazon-activistsraises-justice-questions/#more-103425, Jan. 30, 2012.

第九章　解答沒有我們想像的遙遠

1 美國就是一個有趣的例子。儘管是一個擁有大量農田的大國，糧食收支只有剛好收支平衡。二〇一〇年，美國出口的食品、動物飼料和飲料總額達到一千四百六十五億美元。與此同時，我們進口的食品、動物飼料和飲料總額達到一千三百二十三億美元。因此，如果將一百五十二億美元的農業補貼支付給稅收，那麼美國的收支平衡似乎為一百四十一億美元。值得注意的是，補貼前百分之十的大型企業化農業獲得的平均補貼超過三萬美元；百分之八十的其他農民（如小型家庭農場）平均獲得五百八十七美元的補貼。更多請見："US International Trade in Goods and Services, November 2011" US Census Bureau, US Bureau of Economic Analysis, Dept. of Commerce, Press Release Jan. 13, 2012, accessed at: http://www.census. gov/foreign-trade/Press-Release/current_press_release/ft900.pdf, Feb. 2012; and Farm Subsidy Database, Environmental Working Group, accessed at: http://farm.ewg.org/region? fips=00000&regname=UnitedStatesFarmSubsidySummary, Feb. 7, 2012.

2 如果習慣北美東部的森林，在高大的橡樹和其他樹冠下，會發現林下包括紫荊（redbud）、山茱萸（dogwood）、番木瓜（pawpaw）和角樹（hornbeam）等物種。

3 A good explanation of the forces at work in cocoa in Brazil can be found in: Leiter, Jeffrey, and Harding, Sandra (2004). "Trinidad, Brazil, and Ghana: Three Melting Moments in the History of Cocoa," *Journal of Rural Studies*, 20, pp. 113–30.

4 Joanne Silberner (June 14, 2008). "A Not-So-Sweet Lesson from Brazil's Cocoa Farms," National Public Radio, accessed at: http://www.npr.org/templates/story/story.php?storyId=91479835, Feb. 8, 2012.

5 屢獲殊榮的人權調查組織「巴西記者」（Reporter Brasil）幫助我了解了巴西農業和政府政策的複雜性。兩份出版物特別有用：《巴西生物燃料：作物對土地、環境和社會的影響》（*Brazil of Biofuels: Impacts of Crops on Land, Environment and Society*）和《甘蔗二〇〇九》（*Sugarcane 2009*），兩者都是巴西記者生物燃料觀察中心（Biofuels Watch Center of Reporter Brasil）的產品。(www.reporterbrasil.org.br)

6 Edith M. Lederer (Oct. 27, 2007). "UN Expert Calls BioFuel 'Crime Against Humanity,' " *LiveScience*, accessed at: http://www.livescience.com/4692-expert-calls-biofuel-crime-humanity. html, May 9, 2012.

7 The information in this paragraph was drawn from a number of research papers, including: 1. Timothy A. Wise (May 2012). "The Cost to Mexico of U.S. Corn Ethanol Expansion," Global Development and Environment Institute Working Paper No. 12-01, Tufts University. 2. Action Aid (May 2012). Biofueling Hunger: How US Corn Ethanol Policy Drives Up Food Prices in Mexico, Washington DC: Action Aid. 3. Marco Lagi, Alexander S. Gard-Murray, and Yaneer BarYam (May 2012). "Impact of Ethanol Conversion and Speculation on Mexico Corn Imports," New England Complex Systems Institute, http:// necsi.edu/research/social/foodprices/mexico/. 4. Institute for Agriculture and Trade Policy and Global Development and Environment Institute (Jan. 2012). Resolving the Food Crisis: Assessing Global Policy Reforms since 2007, Tufts University.

8 Shelby J. Hayhoe, Christopher Neill, Stephen Porder, Richard McHorney, Paul Lefebvre, Michael T. Coe, Helmut Elsenbeer, Alex V. Krusche (May 2011). "Conversion to Soy on the Amazonian Agricultural Frontier Increases Streamflow without

Affecting Stormflow Dynamics," *Journal of Global Change Biology*, Vol. 17, No. 5, pp. 1821–33.

9 McCullough, David (1987). *The Johnstown Flood*, Simon & Schuster, New York.

10 Schwartz, S. (1985). *Sugar Plantations in the Formation of Brazilian Society: Bahia, 1550–1835*, Cambridge University Press, UK, pp. 133–34, 257.

11 「社會觀察站」由中央工人工會（Central Workers Union）於一九九七年在當代文化研究中心（Centre for Contemporary Cultural Studies）、工會間社會經濟研究部（The Inter-Union Department of Socioeconomic Studies）和大學間研究與研究中心（Inter-University Studies and Research on Work）的支持下創建。其基礎源於對國際貿易協定中的社會和環境監督條款的關注。更多資訊請看：http://www.observatoriosocial.org.br/portal/。

12 See: Fitzgerald, Daniel C. (1994). Faded Dreams: More Ghost Towns of Kansas, Lawrence: University Press of Kansas.

13 高等法院（二〇〇六年十二月）做出了一項關於對奴役問題管轄權的決定，但該裁決不被視為最終裁決，隨時可能被撤銷。在實踐中，自二〇〇七年以來，聯邦法院傾向於審判這種罪行。

第十章　你無法假裝不知道

1 Jonathan Safran Foer (2009). *Eating Animals*, New York: Hamish Hamilton, pp. 258.

2 Wendell Berry (2003). *The Art of the Commonplace: The Agrarian Essays of Wendell Berry*, edited by Norman Wirzba, Berkeley: CA: Counterpoint.

八旗國際16

血與土

現代奴隸、生態滅絕，與消費市場的責任

Blood and Earth: Modern Slavery, Ecocide, and the Secret to Saving the World

作　　者　凱文·貝爾斯（Kevin Bales）
翻　　譯　江玉敏
編　　輯　王家軒
校　　對　陳佩伶
封面設計　李東記

企　　劃　蔡慧華
社　　長　郭重興
發行人兼出版總監　曾大福
出版發行　八旗文化／遠足文化事業股份有限公司
地　　址　新北市新店區民權路108-2號9樓
電　　話　02-22181417
傳　　真　02-86671065
客服專線　0800-221029
信　　箱　gusa0601@gmail.com
Facebook　facebook.com/gusapublishing
Blog　gusapublishing.blogspot.com
法律顧問　華洋法律事務所／蘇文生律師

印　　刷　前進彩藝有限公司
定　　價　500元
初版一刷　2022年（民111）5月
ISBN　978-626-7129-24-1　9786267129289 (EPUB)　9786267129272 (PDF)

The Translation published by arrangement with Spiegel & Grau, an imprint of Random House, a division of Penguin Random House LLC

國家圖書館出版品預行編目（CIP）資料

血與土：現代奴隸、生態滅絕,與消費市場的責任／凱文·貝爾斯（Kevin Bales）著作；江玉敏譯. -- 一版. -- 新北市：八旗文化出版：遠足文化事業股份有限公司發行, 民111.05
　面；　公分. --（八旗國際；16）
譯自：Blood and earth : modern slavery, ecocide, and the secret to saving the world
ISBN 978-626-7129-24-1（平裝）

1.CST: 奴隸制度　2.CST: 環境汙染

546.2　　111005305